W0373504

Olivier Kessler

64 irreführende Politikbegriffe

Wie Sie trotz Nebelpetarden den Durchblick behalten

Olivier Kessler

64 irreführende Politikbegriffe
Wie Sie trotz Nebelpetarden den Durchblick behalten

Liberales Institut
1. Auflage
Zürich 2023

ISBN 978-3-952-55373-2

Copyright
Liberales Institut
Hochstrasse 38
8044 Zürich, Schweiz
www.libinst.ch

Umschlag: Jean-Baptiste Bernus
Korrektorat: Arnold Fröhlich

Alle Rechte, auch des auszugsweisen Nachdrucks, vorbehalten.

Printed in Switzerland

Für die freundliche Unterstützung dieser Publikation bedankt sich das Liberale Institut bei Reichmuth & Co, Roman Roth sowie weiteren Unterstützern.

«Sprache ist Denken. Vernebelte Sprache verursacht unscharfes oder gar irrtümliches Denken. Deshalb ist Olivier Kesslers neues Buch so wichtig: Es räumt grandios auf mit dem sprachlichen Missbrauch, dessen sich Politiker und Sonderinteressengruppen bedienen, um ihre Agenden auf Kosten einer im Unklaren gelassenen, nicht selten bewusst getäuschten Mehrheit durchzusetzen. Olivier Kesslers Werk ist eine unverzichtbare Lektüre für alle, die die individuelle Freiheit, den Fortschritt und den Wohlstand verteidigen wollen!»

Prof. Dr. Thorsten Polleit
Universität Bayreuth und Präsident des Ludwig von Mises Institut Deutschland

«Wenn die Sprache genau ist, ist auch das Denken genau – es ist höchste Zeit für dieses Buch.»

Prof. Dr. Henrique Schneider
Direktor des Schweizerischen Gewerbeverbands

«Das Buch ist sowohl Pflichtlektüre wie Nachschlagewerk für alle, besonders für jene, die sich in Politik und Medien für eine offene Gesellschaft einsetzen.»

Dominik Feusi
Leiter der Bundeshausredaktion beim Nebelspalter

Inhalt

IV. Recht

V. Rechtfertigungen zur Einschränkung von Freiheitsrechten

VI. Politischer Wettbewerb

VII. Besteuerung

VIII. Arbeitsmarkt

Geleitwort

Eine intensive Belüftung der politischen Wortnebelfelder

Carlos A. Gebauer

Menschen sind Gemeinschaftswesen. Einsamkeit quält sie. Einzelhaft ist Folter. Überleben kann man nur zusammen mit anderen. Arbeitsteilung sichert die körperliche Existenz. Gespräche miteinander beseelen uns. Der letzte Mensch auf Erden zu sein, ist voraussetzungslos allgemeinverständlicher Stoff für Horrorfilme.

Wesentliche Grundlage alles zwischenmenschlichen Zusammenwirkens ist die Gabe, sich miteinander verständigen zu können. Die Fähigkeit, zu reden und zuzuhören, erweitert den individuellen Erkenntniskreis. Jedem einzelnen wird möglich, von Umständen zu erfahren, die er nicht unmittelbar selbst erkannt hat. Neben das eigene Wissen von der Realität tritt das Wissen von Erzählungen anderer über die Realität.

Anders als das direkte eigene Realitätswissen beruht alles indirekte Erzählungswissen dieser Art aber unvermeidlich auf nur mittelbarem Erkennen. Wer selbst in dem Fluss hinter dem Berg gebadet hat, der kann sich auf dessen Existenz und Lage unbedingt verlassen. Wem nur erzählt wurde, dass es hinter dem Berg einen Fluss gebe, der muss zu seiner Orientierung auf die Richtigkeit der Erzählung vertrauen.

Der Umstand fehlender eigener Anschauung von Teilen der Realität verschafft jedem Berichtenden grosse Macht über die Konstruktion des Weltbildes in der Vorstellung seiner Zuhörer. Denn nicht nur das unwissentliche Irren des Berichterstatters kann das Weltbild des Berichtempfängers verzerren, sondern auch die absichtlich unrichtige Darstellung.

In dem damit beschriebenen Machtpotential über die Vorstellungswelten von Mitmenschen gründet ein Anreiz für jeden Herrschsüchtigen. Gelingt es ihm, anderen Menschen Bilder von der Realität als Wahrheit zu präsentieren, obwohl sie die Welt gar nicht realitätsgetreu wiedergeben, kann er die Irrtumsdifferenz zwischen Schein und Sein zu seinem Vorteil nutzen. Die Täuschung des Nächsten wird so zum Vorteilsquell des Machthungrigen.

Nach alledem kann nicht verwundern, dass gerade dort, wo es zentral um die Verteilung von Macht und Herrschaft geht, propagandistisch verzerrte Darstellungen der Realität den Alltag prägen: Politik liefert nicht nur Lösungen für die Probleme anderer, sondern sie zielt – nicht zum Mindesten – immer auch auf die Bereitstellung von Hoffnungen und Vertröstungen für das Publikum, um während dessen Stillhaltens die greifbaren Vorteile für sich selbst zu sichern.

Man kann dieser Bereitschaft zur Unwahrhaftigkeit mit moralischen Argumenten entgegentreten. Es besteht indes nach aller historischen Erfahrung wenig Aussicht, den Streit um die Wahrheit einzig auf dem Gebiet der Ethik zugunsten der Realität entscheiden zu können. Eher liegt – bei auch insoweit realistischer Betrachtung der Welt – nahe, das Vernebeln von Wirklichkeiten, das Tarnen und Täuschen als geradezu naturgegeben und unabänderlich anzuerkennen. Die schier unendliche Vielgestalt von Mimikry in der Welt lässt vermuten, dass dieser Art von Überlebensstrategie mit blossen Worten der Liebe nicht begegnet werden kann. Ein scheinbar bedeutungslos im Wind zitternder, kahler Ast lässt sich nicht mit einem Plädoyer für Wahrheitsdiskurse überzeugen, sich als perfekt umgebungsadaptierte Stabheuschrecke auf der Wanderschaft zu enttarnen. Der vernebelnde Anschein des Äusseren kann nur durch Offenlegung aus anderer Quelle gelüftet werden.

Olivier Kessler hat sich mit seinem hier vorgelegten Werk der Aufgabe gewidmet, die derzeit täuschungsmächtigsten 64 Begriffe des politischen Diskurses aus ihren Tarnanzügen zu schälen. Kenntnisreich und detailliert dekonstruiert er Stück für Stück die Irreführung und Fehlleitung des Publikums, ohne dabei je in einen anklagenden oder vorwürflichen Ton zu fallen. Nicht empört, sondern eher verwundert entdeckt er – im wahrsten Sinne dieser Vokabel – seinen Lesern das desorientierende Erzählen mancher Politik. Landete ein Ausserirdischer erstmals auf unserem wundersamen Planeten, wäre er nach Lektüre dieser 64 begrifflichen Enttarnungen schnell in den Stand gesetzt, den meisten gegenwärtigen Disputen hinterfragend folgen zu können. Zur Meisterschaft in Kesslers Beschreibungen gehört, auch gut verborgen Erstaunliches an das Licht zu holen: Wussten Sie, dass die DDR schon 1972 ein Umweltministerium eingerichtet hatte? Mir war das noch nie zu Ohren gekommen. Aber es belegt wie so viele andere Exempel dieses Buches, welche absurden Diskrepanzen zwischen der Realität und der politischen Erzählung klaffen. Dies aufzudecken, statt es nur zu beweinen, ist das Verdienst dieses Buches. Sein Lufthauch möge den Begriffsnebel lichten!

Carlos A. Gebauer
Rechtsanwalt, Fachanwalt für
Medizinrecht, Anwaltsrichter und
Publizist

Einführung

Die Fallstricke politischer Debatten

Olivier Kessler

Der Verlauf wegweisender politischer Debatten wird heute oftmals durch geschickte rhetorische und sprachliche Tricks entscheidend beeinflusst, denen sich nur die wenigsten bewusst sind. So kommt es immer wieder vor, dass gutherzige Politiker und Aktivisten, die tatsächlich nur das Beste für die Gesellschaft im Sinne haben, von ihren Gegnern in Debatten überfahren werden. Noch bevor sie realisieren, was gerade abgeht, finden sie sich plötzlich im Abseits wieder, werden der Lächerlichkeit preisgegeben oder als Unmensch geframt, mit dem man nicht mehr weiter diskutieren dürfe und den man nicht mehr länger ernst nehmen solle. In Anlehnung an Clausewitz könnte man sagen, dass politische Diskussionen die Weiterführung des Kriegs mit rhetorischen Waffen sind.

Es reicht deshalb nicht aus, die Grundlagen von Frieden, Freiheit und Prosperität verstanden zu haben und diese mit Herzblut verteidigen zu wollen. Man muss als Politiker, Aktivist oder Bürger mit allen rhetorischen und sprachlichen Wassern gewaschen sein, um in diesem Hexenkessel der polarisierten, oft manipulierten und zuweilen auch gehässigen öffentlichen Debatten bestehen zu können.

In politischen Diskussionen geht es leider nur selten darum, das Publikum mit den besten Argumenten zu überzeugen, wobei unter «Überzeugen» die *offene* Beeinflussung durch einleuchtende Gründe gemeint ist. Oft wird die Audienz irregeführt, damit sich die Akteure selbst in einem vorteilhaften Licht präsentieren und den Gegner in ein möglichst zwiespältiges Licht rücken können. Unter «Manipulation» versteht man im Gegensatz zum «Überzeugen» die *verdeckte* Beeinflussung zum eigenen Nutzen (ohne dass es der Beeinflusste merkt, dass er irregeführt wird). Moralisch verwerflich ist Manipulation besonders dann, wenn dem Beeinflussten dadurch einen Schaden zugefügt wird, wenn er also z.B. dazu verleitet wird, Parteien, Ideologien oder Gesetzesanpassungen zu unterstützen, die ihm bei genauerer Betrachtung selbst schaden.

Die Trickkiste derjenigen, denen es nicht in erster Linie um eine liberale, allgemeinwohlorientierte Ordnung geht (welche es jedem Einzelnen freilässt, nach seinem persönlichen Glück zu streben), sondern um persönliche Vorteile auf Kosten anderer, beinhaltet eine ganze Reihe von raffinierten Psychospielchen, sprachlichen Nebelpetarden und schauspielerischen Einlagen, die von den eigentlichen Interessen der Akteure ablenken und das Publikum irreleiten sollen.

Es ist wie bei einem Magier, auf dessen Tricks die meisten hereinfallen, weil es dem Magier gelingt, die Aufmerksamkeit der Zuschauer von jenen Handlungen wegzulenken, die den Trick verraten würden. Was in einer Zaubershow als willkommene Unterhaltung durchgeht, wird im politischen Kontext zurecht als Betrug und feindliche Handlung gedeutet. Denn wäre der Wählende nicht getäuscht worden, hätte er vermutlich anders gewählt.

Es gibt Muster, die in politischen Debatten immer wieder vorkommen. Ein Beispiel ist die Strohmann-Widerlegungstechnik. Nachdem jemand seine Argumente vorgetragen hat, werden sie vom Gegenüber entweder verzerrt oder falsch umformuliert, damit sie lächerlich klingen. Eine beliebte Formulierung hierfür ist: «Was Sie also sagen ist…». Oder aber das Gegenüber stürzt sich lediglich auf die schwächsten Argumente oder die am schlechtesten begründeten Punkte, und tut so, als gäbe es die gutbegründeten und starken Argumente gar nicht.

Ein weiterer Trick ist es, jemandem, der ein Argument logisch nachvollziehbar ausgeführt hat, zu unterstellen, dass dieses Argument *irrelevant* sei, womit man den anderen oftmals komplett durcheinander bringt. Denn aus dem Stand ist es für viele schwierig zu begründen, warum die eigene Aussage wichtig ist. Wenn das Gegenüber dann auch noch behauptet, dass es etwas gäbe, dass noch viel wichtiger sei, als das, was der Vortragende gerade ausgeführt hat, wird es umso schwieriger. Denn das Gemeine an diesem Vorwurf ist, dass niemand beweisen kann, was wichtiger ist, zumal es sich um subjektive Wertungen handelt.

Wer vom politischen Gegner angegriffen wird, kann die kritisierten Punkte auch als etwas Positives darstellen. Wenn Liberale zum Beispiel die viel zu hohen Staatsausgaben kritisieren, wenden Etatisten die Kritik manchmal dadurch ab, indem sie behaupten: «Gerade weil das so ist, gibt es in der Schweiz hochwertigere Staatsleistungen als anderswo, worauf wir alle stolz sein können.» Sie tun so, als ob der kritisierte Punkt in Wahrheit gar nichts Negatives sei oder lediglich ein Nachteil, der durch einen viel grösseren Vorteil mehr als aufgewogen werde.

Wem es an Argumenten fehlt, greift gerne auch zum Mittel des persönlichen Angriffs («ad hominem»). «Beleidigungen sind die Argumente derer, die unrecht haben», wie schon Jean-Jacques Rousseau erkannte. Statt sich zur Sache zu äussern, versuchen Manipulatoren die Quelle zu diskreditieren, die etwas sagt. Das ist die sogenannte Brunnenvergiftungstechnik. Die wenigsten wurden ausgiebig darauf trainiert, wie man auf Respektlosigkeiten wie Beleidigungen, Unterbrechungen und ständiges Dazwischenrufen reagieren sollte und erwarten das in den meisten Fällen auch gar nicht. Viele von uns stehen dann entweder baff und sprachlos da, wenn wir Opfer einer solchen Attacke werden, oder aber geraten in Rage, verlieren den Verstand, die Kontrolle und damit auch die Debatte.

Gerade liberale Streiter sehen sich im aktuellen etatistischen Meinungsklima oft dem Versuch ausgesetzt, die angebliche Güte des Status quo zu preisen: Liberale Reformen werden zur Bedrohung für diesen Status quo hochstilisiert und damit ausgebremst. Diese Technik macht sich unsere Verlustaversion zunutze. Verlust bereitet nämlich den meisten von uns viel mehr Schmerzen, als uns der Gewinn der gleichen Sache freut. Beliebte Phrasen, um eine Diskussion abzuwürgen, sind z.B.: «Das haben wir schon immer so gemacht!», «Lassen Sie uns beim Bewährten bleiben!», «Never change a winning team!», «Wir sollten da keine Experimente machen!», «Da könnte ja jeder kommen!», «Wo kämen wir denn da nur hin?», «Das klingt in der Theorie ja schön, in der Praxis funktioniert das aber nicht!» usw. Solche Totschlagargumente funktionieren vor allem dann, wenn der damit Konfrontierte nicht hartnäckig genug bleibt.

Wer die schlechteren Argumente hat, greift oft auch auf die Technik des «unbesiegbaren Unwissens» zurück, um sich in einer Diskussion mit jemandem, der bessere Argumente hat, nicht geschlagen geben zu müssen. Er antwortet dann beispielsweise salopp «Na ja» oder «Das glaube ich nicht» oder «Das überzeugt mich nicht» oder «Das ist Ihre Meinung, ich habe eine andere». Die meisten wissen dann nicht, wie sie mit diesen Aussagen umgehen sollen. Denn man kann die Zustimmung des anderen ja nicht erzwingen.

Ideologische Trickser versuchen die politische Debatte auch dadurch zu gewinnen, indem sie wertende Wörter benutzen, um Zustimmung zu den eigenen Ideen oder Ablehnung zu gegnerischen Ideen zu erzeugen. Unangenehme und schlechte Dinge werden mit günstigen Wörtern (Euphemismen) umschrieben, damit sie gut und angenehm klingen. Entnahme von Eigentum unter Androhung oder Anwendung von Gewalt wird dann verniedlichend als «Besteuerung» bezeichnet. Zwangsmassnahmen, in die die Gezwungenen nie eingewilligt haben, werden in den Köpfen der Zuhörer erträglicher gemacht, indem diese als «Pflicht» bezeichnet werden, was sanfter klingt.

Auf der anderen Seite werden vernünftige Ideen mit möglichst unsympathischen Begriffen (Dysphemismen oder Kakophemismen) belegt. Wer sich z.B. für die Freiheit und gegen die Raubzüge des Staates und dessen Machtanmassung einsetzt, wird kurzerhand als «Egoist», «Sozialdarwinist» oder «Asozialer» abgestempelt. Wer sich für die Freiwilligkeit zwischenmenschlicher Interaktionen ausspricht, ist ein «Neoliberaler», «Libertärer» oder sogar «Anarchist», was in den Ohren der meisten als extremistisch, radikal und unvernünftig klingt, obwohl sie den dahinter verborgenen Ideen grundsätzlich zustimmen könnten.

Auch wird oftmals Objektivität vorgegaukelt, wo gar keine ist, indem ein Passiv verwendet wird: «Es wird angenommen, dass...» (Wer nimmt das an?), «Man hat herausgefunden, dass...» (Wer hat das herausgefunden?), «Das Parlament empfiehlt ein Ja» (Wer im Parlament empfiehlt ein Ja?), «Frankreich verbietet ...» (Wer hat diese Entscheidung für das ganze Land getroffen?) «Die Wirtschaft will ein Rahmenabkommen...» (Welche Wirtschaftsvertreter sind das konkret und können die wirklich für *alle* wirtschaftlich Tätigen sprechen?), «Es wurde wissenschaftlich bewiesen, dass...» (Wer hat das wie beweisen können und ist dieser Beweis abschliessend oder einfach nur der neueste Stand des Irrtums?). Gerade auch bei der Verwendung des Wortes «man» ist Vorsicht geboten, zumal damit eine Tat oder Überzeugung anonymisiert und oftmals auch unzulässigerweise generalisiert wird.

Eine weitere Technik, um das Publikum verdeckt von einer Behauptung zu überzeugen, besteht darin, eine Begründung vorzutäuschen, wo es keine gibt. Das Zauberwort lautet «weil». Im berühmten Fotokopierer-Experiment, in welchem sich jemand an einer Schlange vor dem Kopiergerät vordrängelt, wurde herausgefunden, dass die meisten Menschen einem anderen ein sozial unzulässiges Verhalten durchgehen lassen, sofern dieser dafür eine Begründung vorweisen kann. Dabei kann diese Begründung – und das ist hier der entscheidende Punkt – noch so sinnfrei oder lächerlich sein. Es genügte also z.B. die Begründung: «Ich muss kurz vor, *weil* ich es eilig habe» oder sogar «Ich muss kurz vor, *weil* ich das erledigen muss». Analog dazu könnte man in politischen Diskussionen beispielsweise behaupten: «Wir brauchen diese Reform, *weil* das jetzt genau das Richtige ist» oder «Wir müssen diese Massnahme ergreifen, *weil* es dazu keine Alternative gibt».

Wirkungsvoll ist auch, wenn Etatisten so tun, als würde die Büchse der Pandora geöffnet, wenn man *dieser einen* Entstaatlichungs-Massnahme jetzt zustimmen würde. Wenn man dieses eine Gesetz jetzt abschaffen würde, würden staatskritische Kreise Blut riechen und dann anschliessend gleich den ganzen Staat abschaffen. Daher müsse man dieses Vorhaben schon im Ansatz ersticken.

Manchmal wird auch an den gesunden Menschenverstand appelliert, um eine Behauptung als absolut wahr darzustellen, ohne eine entsprechende Begründung mitzuliefern. Beliebte Formulierungen sind: «Jedes Kind weiss, dass...», «Jedem vernünftigen Menschen ist klar, dass...», «Zweifelsohne kann man sagen, dass...», «Es ist doch selbstverständlich, dass...». Wer will das Gesagte anschliessend schon hinterfragen, da er dann ja als unvernünftig und unwissender als ein Kind erscheinen könnte.

Anstatt rational zu argumentieren, versuchen Manipulatoren auch gerne, Unterstützung für ihre Position zu gewinnen, indem sie mit Appellen an positive Dinge wie zum Beispiel die Liebe, Solidarität, Hilfe an den Bedürftigen, den Gesundheitsschutz, den Umweltschutz und den nationalen Zusammenhalt positive Gefühle zu wecken versuchen. Oder aber sie versuchen, die Gegenseite zu diskreditieren, indem in diesem Zusammenhang negative Gefühle wie Hass, Neid, Missgunst und Angst hervorgerufen werden. Die Hoffnung besteht dann insgeheim darin, dass die Bürger mit ihren Emotionen statt mit ihrem Verstand entscheiden.

Auch werden zwiespältige Reformen gerne mit offenen Begrifflichkeiten angepriesen: Eine Gesetzesanpassung bringe z.B. mehr *Freiheit*, mehr *Gleichheit* oder mehr *Sicherheit*. Diese Begrifflichkeiten sind bewusst so allgemein gehalten, damit jeder sie gedanklich mit seinen Idealvorstellungen füllen kann. Dies bewirkt in der Regel eine breitere Zustimmung, obwohl die angedachten Gesetzesänderungen den meisten bei genauem Hinsehen schaden und nur einigen wenigen nützen.

Wenn man Drittquellen heranziehen möchte, die die eigene Meinung untermauern, so tut man dies vorzüglich mit dem Begriff «Experte». Idealerweise hängt man gleich noch ein «renommiert» vorne dran, um diesem Experten den Ritterschlag zu verpassen und ihn in den Stand einer hochangesehenen und nicht hinterfragbaren Autorität zu heben. Will man jedoch die Glaubwürdigkeit der Quellen der Gegner zerstören, so bezeichne man sie als «umstritten» oder «irgendetwas-nah», wobei «irgendetwas» mit einer möglichst unbeliebten Gruppe ersetzt werden muss.

Auch wird bei Auftreten einer Kausalität gern eine Korrelation behauptet, um die eigene Position zu untermauern oder den Gegner zu schwächen. Doch nur weil gewisse Dinge in einer bestimmten Periode oder an einem bestimmten Ort auftreten, bedeutet das noch lange nicht, dass ein ursächlicher Zusammenhang zwischen ihnen besteht. Regierende machen sich dies oft zunutze, indem sie z.B. behaupten, dass die Wirtschaft derzeit gerade wegen ihnen so gut laufe. Natürlich kann es unmittelbare politische Gründe geben für eine gute Entwicklung, indem man z.B. entschlossene Deregulierungs- und Steuersenkungsmassnahmen umsetzt, die neue unternehmerische Potenziale ermöglichen. Doch es gibt eben auch noch viele andere möglichen Gründe, weshalb sich die Wirtschaft gerade positiv entwickelt, z.B. neue Technologien, neue Produkte und Dienstleistungen, neue Unternehmen, die gegründet wurden, die geopolitische Lage, das Bildungsprogramm, das vor zwanzig Jahren implementiert wurde, kulturell überlieferte Werte usw.

Diese Liste allgemeiner rhetorischer Tricks könnte noch lange weitergeführt werden. Es stellt sich jedoch die Frage, wie Betroffene am besten darauf reagieren sollen. Als Grundregel kann man wohl sagen, dass die effektivste Taktik die Offenlegung der gerade zur Anwendung kommenden Manipulationstechnik des politischen Gegners ist, um ihn damit zu entwaffnen. Denn wenn die Tricks beim Publikum ins Bewusstsein dringen, verlieren sie an Wirkung.

******

Doch es reicht nicht, sich lediglich diese allgemeinen Rhetoriktricks anzueignen und sie zu benennen, um in politischen Debatten bestehen zu können. Es braucht daneben auch spezifische Sachkenntnisse und ein Gespür dafür, wie eine Diskussion je nach Thema mit konkreten Einzelbegriffen stark beeinflusst werden kann. Es ist entscheidend, dass man sich als Diskutant dieser im Unterbewusstsein der Zuhörer ablaufenden Prozesse und Bilder bewusst ist.

In diesem Buch wird deshalb der Versuch unternommen, liberale Streiter auf 64 relevante und häufig vorkommende Kampfbegriffe, Euphemismen und Dysphemismen aufmerksam zu machen und sie für deren Wirkung zu sensibilisieren. Es werden ausserdem relevante Fakten präsentiert, die man einfach kennen muss, wenn über die entsprechenden Begrifflichkeiten diskutiert wird und man sich erfolgreich gegen die Manipulationsversuche zur Wehr setzen will. Ansonsten läuft jeder liberaler Streiter Gefahr, die Debatte zu verlieren, noch bevor er realisiert, wie ihm geschieht.

Aufgeteilt ist das Buch in 16 Kapitel mit je vier Begriffen auf je vier Seiten. Dabei wird kein Anspruch auf Vollständigkeit erhoben. Warum aber gerade 64 Begriffe? Nun, das hat auch mit dem Vorgängerwerk dieses Buchs zu tun: «64 Klischees der Politik: Klarsicht ohne rosarote Brille» (2020). Dort wurden 64 weitverbreitete Mythen entkräftet, die in der Politik von den meisten als wahr angesehen werden. Im vorliegenden Buch geht es nun in erster Linie um wichtige Begrifflichkeiten, bei denen bei jedem Diskutanten die Alarmglocken schrillen sollten, wenn sie verwendet werden. Jedes der 64 Kapitel kann problemlos einzeln gelesen werden und bedarf nicht der Vorkenntnisse der anderen Kapitel. Sie dürfen sich also, wenn Sie mögen, gerne im Sinne eines Rosinenpickers einfach jene Begriffe aussuchen, für die Sie sich besonders interessieren und andere weglassen.

Die vorliegende Schrift versteht sich als einen zugänglichen und praxisbezogenen Beitrag zur Aufklärung. Sie soll zu diesem Zweck als griffbereites Nachschlagwerk für liberale Streiter im öffentlichen Diskurs dienen, aber auch die Neugier des Lesers wecken, sich mit den reichhaltigen zeitgenössischen und klassischen Erkenntnissen der liberalen politischen Ökonomie auseinanderzusetzen.

Ich wünsche Ihnen, geschätzte Leserin, geschätzter Leser, viel Freude bei der Lektüre. Es wäre toll, wenn Sie während des Lesens so richtig Lust bekommen, künftig (wieder) in den Ring der politischen Debatten zu steigen, um die offene Gesellschaft gegen ihre vielfältigen Feinde zu verteidigen. Gerade in der heutigen Zeit gibt es viel zu wenige, die das wirklich tun. Die Hoffnung und der Antrieb des Autors bestehen darin, an diesem Zustand etwas zum Positiven verändern zu können.

I.
Werte

Freiheit

Freiheit ist ein starkes Gefühl. Alle sind irgendwie für Freiheit. Kein Politiker, der wiedergewählt werden will, erklärt, dass er mit Unfreiheit, Bevormundung und Knechtschaft sympathisiert, obwohl die Handlungen der meisten Politiker nur diesen Rückschluss zulassen. Doch wie kriegen diese es hin, sich einerseits als Verfechter der Freiheit, als «liberal» darzustellen, und andererseits für immer weitergehende staatliche Interventionen in das Leben der Bürger einzutreten? Ganz einfach: Indem sie die Begriffe «Freiheit» und «Liberalismus» pervertieren und sie in ihr Gegenteil verkehren.

Es ist offenkundig, dass die Freiheit, welche die meisten politischen Akteure meinen, nichts mehr mit der liberalen Freiheit im herkömmlichen Sinne zu tun hat. Freiheit meinte in den Menschenrechten erster Generation ein Abwehrrecht gegen Zwangseingriffe des Staates. Es meinte, wie der Buchautor Roland Baader es so schön formulierte, «das Recht, in Ruhe gelassen zu werden – von jedem, den man nicht eingeladen hat oder den man nicht willkommen heisst.»

Wenn die so verstandene Freiheit gesichert ist, hat niemand ein Recht, andere unter Androhung oder Ausübung physischer Gewalt zu einer Handlung zu zwingen, die diese freiwillig nicht ausüben würden. Alle Menschen werden universell als Zweck an sich verstanden, nicht als unfreiwilliges Mittel zum Zweck für Dritte. Eine solche wahrhaft liberale Ordnung ist menschenfreundlich, weil so die Würde und Selbstbestimmung eines jeden Menschen respektiert wird und jeder sein Leben gemäss seinen eigenen Vorstellungen leben kann.

Die eigene Freiheit endet so erst an der Freiheit des Nächsten. Konkret heisst dies: an den Abwehrrechten, resp. am Privateigentum der anderen. Dieses umfasst nicht nur die rechtmässig erlangten materiellen Güter wie etwa ein Auto, ein Haus oder die Handtasche, sondern auch den eigenen

Körper. Niemand hat das Recht, mit diesem Körper ohne Einwilligung des Eigentümers (also demjenigen, der diesen Körper unmittelbar kontrolliert) irgendwelche Handlungen vorzunehmen.

Nur wenn jemand die Eigentumsrechte anderer verletzt, wenn er also z.B. jemanden beraubt oder vergewaltigt, verwirkt er zu einem verhältnismässigen Grad seine eigenen Eigentumsrechte. Das Opfer oder gegebenenfalls die Angehörigen haben wiederum ein Recht darauf, dass der Täter adäquat bestraft wird, indem z.B. Schadenersatz und Schmerzgeld eingefordert oder eine Freiheitsstrafe durchgesetzt wird, um Gerechtigkeit wiederherzustellen. Nur, wenn ein konkretes Verschulden in Form einer Eigentumsverletzung vorliegt, darf in Privateigentumsrechte eingegriffen werden.

Eine solche liberale Ordnung, in welchem Abwehrrechte universell durchgesetzt werden, ist gekennzeichnet durch eine hohe Rechtssicherheit. Das schafft Vertrauen und erhöht tendenziell den Wohlstand. Auch ist so von vornherein klar, dass niemand mit bösen Taten einfach ungestraft davonkommt, weil die Regeln ausnahmslos für alle gelten: keine Beamtenprivilegien, kein Immunität für Politiker.

Ganz anders sieht es jedoch aus, wenn eine sozialistische Definition von Freiheit durchgesetzt werden soll. Hier wird Freiheit nicht als Abwesenheit von Zwang verstanden, sondern als Anspruch, etwas zu tun, selbst wenn man nicht über die nötigen Mittel verfügt. So wurden in den letzten Jahrzehnten zunehmend Anspruchsrechte wie etwa ein Recht auf Medizin, auf Bildung, auf Freizeit und weitere Ansprüche erfunden.

Dabei besteht die perfide Taktik darin, dass jegliche Ablehnung von sozialistischen Anspruchsrechten absichtlich so missinterpretiert wird, dass es andernfalls keinen Weg mehr gäbe, an die benötigten Güter zu kommen. Doch es geht nicht darum, dass Gegner des «Rechts auf Bildung» oder des «Rechts auf Medizin» anderen Menschen Bildung und Medizin vorenthalten wollen – Gott, bewahre. Gegnern von solchen sozialistischen Anspruchsrechten geht es vielmehr darum, den Kerngehalt der Freiheit zu schützen – nämlich die Abwehrrechte.

Wenn nun Anspruchsrechte durchgesetzt werden sollen, also ein Anspruch auf bestimmte Güter und Dienstleistungen, die sich jemand nicht aus eigener Kraft leisten kann, dann geht das nur, indem jemand anderem diese Dinge unter Androhung oder Anwendung von Gewalt weggenommen werden. Je mehr Anspruchsrechte gesetzlich durchgesetzt werden sollen, desto akuter wird dieses Problem des gesellschaftlichen Raubs und desto stärker müssen Abwehrrechte – also die Freiheit im ursprünglichen Sinne – verletzt werden.

Die Durchsetzung von Anspruchsrechten ist also unfreiheitlich und illiberal. Wer unschuldigen, rechtschaffenen Bürgern gewaltsam etwas wegnimmt, ist im naturrechtlichen Sinne ein Krimineller. Dasselbe gilt für all jene, die den Staat damit beauftragen (z.B. durch die Wahl entsprechender Politiker oder die Zustimmung einer entsprechenden Volksvorlage), einen solchen Akt des Raubs zu begehen. Wer eine derart verbrecherische Politik als «freiheitlich» deklariert, versteht entweder die Sachlage nicht oder täuscht die Öffentlichkeit bewusst über seine wahren Absichten.

Nun gut, werden Sie jetzt vielleicht einwenden, aber was ist denn mit jenen, die sich wichtige Güter tatsächlich nicht leisten können? Irgendjemand muss doch dafür sorgen, dass diese an lebensnotwendige Dinge herankommen? Liberale setzen hier auf eine Lösung, die ohne Verletzung elementarer Freiheitsrechte auskommt: Indem sie klarmachen, dass es keine solchen gesetzlichen Ansprüche gibt. Damit werden Anreize für jeden Einzelnen gesetzt, sich für die Gesellschaft irgendwie nützlich zu machen, um so auf rechtmässigem Weg an die benötigten Ressourcen zu kommen, die andere Gesellschaftsmitglieder dann freiwillig im Tausch gegen von ihnen benötigte Dinge (wie z.B. die Arbeitskraft) hergeben.

Wer vollumfänglich arbeitsunfähig ist, wird von der Solidarität anderer (Familienmitglieder, Freunde, Hilfswerke etc.) aufgefangen. Diese ist erfahrungsgemäss in freiheitlicheren Ländern viel grösser als in sozialistischen und übermässig interventionistischen Zwangsumverteilungs-Systemen, weil hier wesentlich mehr Wohlstand und damit überschüssige Ressourcen über das Lebensnotwendige hinaus erwirtschaftet werden: Der Kuchen wächst dank ständigen Win-Win-Tauschverhältnissen. Dies erlaubt es, auch schwachen Gesellschaftsmitgliedern zu helfen.

Werden Anspruchsrechte durchgesetzt, bedeutet dies immer, dass jemand auf Kosten eines anderen gewinnt (win-lose). Doch der Kuchen bleibt dann nicht immer gleich gross, wie einige fälschlicherweise annehmen, sondern schrumpft aufgrund der negativen Anreize. Wenn den Produktiven viele Früchte ihrer Arbeit zwangsweise abgenommen werden, sinkt auch der Anreiz, etwas zu leisten. Je exzessiver die fiskalische Gier, desto demotivierter die Leistungsträger.

Wer also auf die sozialistische Definition von Freiheit hereinfällt und auf Anspruchsrechte setzt, weil er den «Bedürftigen» helfen möchte, tut diesen nicht nur einen Bärendienst, sondern schafft paradoxerweise noch mehr Bedürftige.

In der liberalen Vision gibt es zwar keine staatlich durchsetzbare Garantie, dass den Bedürftigen geholfen wird. Die Zahlen zeigen allerdings, dass freiwillige Beiträge an Hilfswerke gerade in den freiheitlichen Ländern am höchsten sind und den Bedürftigen sehr wohl geholfen wird, auch wenn man diejenigen, die die Hilfe leisten, nicht mit staatlichen Zwangsmassnahmen bedroht.

Die liberale Freiheitsidee ist folglich ethisch, ökonomisch und im Bezug auf die Unterstützung der Schwachen dem absurden sozialistischen Freiheitsversprechen in hohem Grade überlegen.

Gleichheit / Chancengleichheit

Regelmässig prangern NGOs, Politiker und Meinungsmacher die materielle Ungleichheit an und stellen diese als grösstes Problem unserer Zeit dar. Mit steigender Ungleichheit wachse die Gefahr sozialen Unfriedens, wird behauptet. Als Gegenrezept wird dann jeweils eine Politik der Zwangsumverteilung vorgeschlagen.

Entscheidend für die wahrgenommene Gerechtigkeit und den sozialen Frieden in einer Gesellschaft sind aber nicht die Einkommens- und Vermögensgleichheit, sondern die soziale Mobilität: Gibt es die Möglichkeit des beruflichen Aufstiegs bei guten Leistungen und gewinnbringenden Ideen? Die soziale Durchlässigkeit wäre in einem wahrhaft freien Markt gegeben: Es ist mitnichten davon auszugehen, dass sich immer die gleichen Leute und Familien an der Spitze befinden würden, wie das etwa im Feudalismus oder im Sozialismus dank gesetzlichen Privilegien der Fall war. Die Fluktuation bei den Wohlhabendsten wäre vermutlich enorm. Jeder, der der Allgemeinheit einen Nutzen stiftet, könnte sich in der Einkommens- und Vermögenshierarchie emporarbeiten, solange Märkte offen und nicht für Neueinsteiger abgeschottet sind. Die daraus folgende Einkommens- und Vermögensverteilung wäre deshalb gerecht, weil es den individuellen Beitrag zum Allgemeinwohl widerspiegeln würde.

Natürlich gibt es auch Leistungen wie die familieninterne Kinderbetreuung, die nicht direkt monetär entgeltet werden. Der Lohn solcher «Arbeiten» besteht in der meist lebenslangen «psychischen Befriedigung», die die Betroffenen daraus ziehen. In den meisten Fällen sorgt ausserdem der Familienverbund dafür, dass die Betroffenen auch indirekt für ihre Arbeit entschädigt werden, z.B. in Form benötigter Güter wie Essen, ein Dach über dem Kopf, Kleider usw.

Ungerecht ist die Einkommens- und Vermögensverteilung dann, wenn sie durch staatliche Einmischung in eine freiwillige zwischenmenschliche Interaktion verfälscht wird. Wenn jemand etwa seinen Reichtum nur deshalb erlangt oder behauptet, indem er seine Konkurrenz durch regulatorische Privilegien auszustechen vermag (z.B. Überregulierung in einer bestimmten Branche, damit sich nur noch Grosskonzerne die benötigten Compliance-Abteilungen leisten können) oder weil er ein besonders privilegierter Nettosteuerempfänger ist, dürfte dies von der breiten Masse kaum als «gerecht» taxiert werden. Denn dabei handelt es sich um ein «unverdientes» Einkommen, das deshalb zustande kommt, weil die Spielregeln zu eigenen Gunsten abgeändert wurden.

Interessanterweise zeichnen sich wirtschaftlich freie Länder nicht nur durch einen allgemein höheren Lebensstandard für alle Schichten aus. Sie haben auch einen geringeren Gini-Koeffizienten – in anderen Worten: Die tatsächlichen Einkommens- und Vermögensunterschiede sind wesentlich geringer als in wirtschaftlich unfreien Ländern. Wem also materielle Ungleichheit ein Dorn im Auge ist, der muss sich für ein System freier Märkte einsetzen.

Wer die Wirtschaftsfreiheit opfert, um Vermögens- und Einkommensgleichheit herzustellen, wird am Ende beides verlieren: Die Freiheit und die Gleichheit. Denn erstens vermag nur ein totalitäres System mit unmenschlichen Zwangseingriffen in sämtliche Lebensbereiche hinein annähernd eine ökonomische Gleichheit herzustellen, wobei es dann immer auch noch eine politische Klasse geben wird, die über besondere Privilegien verfügt, wie wir aus all den sozialistischen Experimenten wissen. Zweitens verleihen die dazu notwendigen Kompetenzen der Staatsgewalt eine problematische Macht, welche eine neue Ungleichheit begründet: nämlich jene zwischen staatlichen Herrschern und nichtstaatlichen Untertanen. Eine derart ausgestaltete politische Ungleichheit, die sich dann in einer Ungleichheit der Menschen vor dem Gesetz manifestiert, ist viel gefährlicher für den gesellschaftlichen Frieden, als eine ökonomische Ungleichheit, weil sie einigen wenigen leichtfertig die Schalthebel der Macht in die Hände legt. Der Historiker Lord Acton (1834–1902) brachte das Kernproblem wunderbar auf den Punkt: «Macht korrumpiert, und absolute Macht korrumpiert absolut.»

Materielle Ungleichheit ist eine menschliche Realität und Konstante, mit der wir uns abfinden müssen. Viel wichtiger als die materielle Gleichheit ist das absolute Wohlstandsniveau. Entscheidend ist, dass die Menschen der Armut entkommen, keine materielle Not leiden müssen und ihre wichtigsten Bedürfnisse befriedigen können. Dies lässt sich nur durch eine freie Wirtschaftsordnung erreichen.

Nun gibt es jene, die zwar die sozialistische *Gleichheit im Ergebnis* ablehnen, sich aber auch nicht auf eine liberale *Gleichheit vor dem Gesetz* beschränken wollen, gemäss welcher alle unabhängig von Hautfarbe, Religion, Geschlecht, Gesinnung etc. gleich behandelt werden. Sie plädieren anstatt dessen für eine Form der *Chancengleichheit*. Demnach sollen alle Menschen über die gleichen Startbedingungen verfügen, damit sie nicht schon mit Nachteilen in den Wettbewerb mit anderen treten müssen.

Verfechter der Chancengleichheit können aber zentrale Fragen nicht befriedigend beantworten. Beispielsweise: Bis zu welchem Grad, an welchem Zeitpunkt in ihrem Leben und in Bezug auf was müssen Menschen gleich sein, damit die propagierte Chancengleichheit erfüllt ist? Angenommen, zwei Jünglinge im Alter von 18 Jahren wollen Profi-Basketballspieler werden, der eine 1.60 Meter, der andere 2.00 Meter gross. Müsste man hier nun, um Chancengleichheit herzustellen, dem grösseren Jungen 40 cm seiner Körpergrösse wegoperieren? Bei diesem vielleicht absurd erscheinenden Beispiel mögen die meisten abwinken und die Diskussion stattdessen dahingehend umlenken, dass es vor allem um das Geld ginge. Ungerecht sei es, wenn jemand vom Elternhaus aus mit mehr Mitteln ausgestattet sei, um so z.B. ein gutes Studium in Angriff zu nehmen, was jemand aus der Unterschicht nicht könne. Deshalb habe der eine dann bessere Berufsaussichten als der andere. Doch hier stellen sich unweigerlich Folgefragen: Warum dieser rein materialistische Fokus auf das Geld? Hat nicht der 40 cm höhergewachsene Basketballspieler auch bessere Berufsaussichten in der Basketballbranche? Warum rechtfertigt der eine Fall einen Zwangseingriff des Staates und der andere nicht?

Um das Dilemma noch verständlicher zu machen, wollen wir uns nun vorstellen, dass der 40 cm höhergewachsene Basketballspieler talentiert sei, aus der Unterschicht komme und sehr liebevolle Eltern habe, die ihn enorm mit ihrer emotionalen Unterstützung gefördert hatten. Dem Kleineren auf der anderen Seite fehlt es an Talent: Er hatte zwar keine Liebe in seiner Kindheit erfahren, weil die Eltern früh gestorben sind, er konnte aber auf eine grosse Erbschaft zurückgreifen. Wie in aller Welt kann hier nun ein rein materialistischer Ansatz der Chancengleichheit so etwas wie Gerechtigkeit herstellen, indem es dem ohnehin schon unbegabten, kleingewachsenen Spieler auch noch die Hälfte der Erbschaft an den talentierten Grosswüchsigen zwangsumverteilt? Kann man Chancengerechtigkeit tatsächlich herstellen, indem man sich auf plumpe Zahlen wie Einkommen oder Vermögen fokussiert? Ist ein Konzept der Chancengleichheit, das sich auf materielle Faktoren einschiesst, nicht oberflächlich und ungerecht?

Andererseits ist eine Chancengleichheit, die alle relevanten Faktoren miteinschliessen will, unpraktikabel und totalitär. Denn zur Überwachung aller bedeutenden Charakteristiken müsste man die Menschen totalüberwachen: Wie viele Liebesbekundungen und welche Förderung bekommen sie von ihren Eltern? Wie gut sind ihre Lehrer? Was bekommen sie wann zu essen? Die Kriterien müssten dann willkürlich abgewogen und Ausgleichsmassnahmen beschlossen werden. Die Chancengleichheit als politisches Postulat ist daher nichts weiter als unreflektierte Träumerei.

Soziale Gerechtigkeit

Fast alle politischen Parteien haben sich im Laufe der letzten Jahrzehnte dem Credo angeschlossen, wonach die Politik für «soziale Gerechtigkeit» zu sorgen habe. Darunter versteht man das Gewähren sogenannter «Anspruchsrechte», also etwa ein Recht auf fremdfinanzierte Nahrung, Bildung und medizinische Versorgung. Keine grosse Partei in der Schweiz – geschweige denn in anderen westlichen Ländern – stellt den Sozialstaat prinzipiell in Frage, sie unterscheiden sich nur im Umfang der geforderten staatlichen Garantien. Mit politischen Massnahmen eine «soziale Gerechtigkeit» herzustellen, ist allerdings von vornherein wissenschaftlich unmöglich. Denn das Ergebnis wird weder sozial noch gerecht sein.

Sie ist nicht für alle *gerecht*, weil Gerechtigkeit etwas Subjektives ist. Darüber gibt es unterschiedliche Vorstellungen. In einer marktwirtschaftlichen Umgebung ohne Zwangseinflüsse des Staates verhandeln Individuen tagtäglich millionenfach darüber, was ihnen recht ist. Sie schliessen nur Verträge miteinander ab, wenn das Vereinbarte im Sinne aller involvierten Parteien ist. Aus Sicht aller Beteiligten ist dies «gerecht», weil es ihnen persönlich recht ist.

Wenn Politiker nun allerdings ihrer Klientel Privilegien im Sinne einer «kostenlosen Leistung» verschaffen wollen, bedeutet dies notwendigerweise, dass jemand anders gezwungen werden muss, diese Leistung zu finanzieren oder ohne entsprechende Entschädigung zu erarbeiten. Dies ist so, weil etwa Wohnungen und Medikamente nicht einfach so da sind, sondern von jemandem produziert werden müssen. Diese Zwangsarbeit und dieser Raub werden vielleicht den Profiteuren recht sein, den Geschädigten jedoch nicht. Sie empfinden es als ungerecht. Eine Politik der «sozialen Gerechtigkeit» führt also unausweichlich zu einer Ausweitung von Unrecht.

Eine «sozial gerechte» Politik ist auch nicht *sozial*, weil einfach über den Willen der Beraubten und/oder zur Zwangsarbeit Genötigten hinweggegangen wird. Es findet kein sozialer Akt der zwischenmenschlichen Verhandlung statt, wie es in einer freien Marktwirtschaft der Fall wäre. Die voranschreitende Sozialdemokratisierung geht folglich mit einer Ausweitung aggressiven und daher asozialen Verhaltens einher.

Wer tatsächlich etwas zur sozialen Gerechtigkeit beitragen möchte, darf keine Politik unterstützen, die sich diesen Grundsatz auf die Fahne schreibt, weil es sich hierbei um einen dreisten Etikettenschwindel handelt. Vielmehr sollte man sich für eine Entpolitisierung aller Lebensbereiche einsetzen, damit sich das durchsetzen kann, was Menschen friedlich und freiwillig miteinander vereinbaren, eben das, was ihnen als gerecht erscheint. Auch jenen, die auf soziale Hilfe angewiesen sind, wird geholfen: Hilfeleistungen am Nächsten bedürfen keines Zwangs, sondern sind Ausdruck echter (da freiwilliger) Solidarität.

Fragt man die Menschen unverblümt, ob sie es ethisch korrekt finden, wenn einige das Recht hätten, sich als Menschen erster Klasse aufzuspielen und Menschen zweiter Klasse Gewalt anzudrohen oder anzutun, wenn sich diese nicht an ihr Diktat halten, so verneinen fast alle – ohne die Parallelen zum aktuellen System zu erkennen. Die Dauerpropaganda in vielen Medien und an den Schulen hat es fertiggebracht, Unrecht als Recht darzustellen, indem feindliches Handeln mit einem behaupteten «Allgemeinwohl» schöngeredet wird. Man fühlt sich unweigerlich an den Ausspruch in George Orwells *1984* erinnert: «Krieg ist Frieden; Freiheit ist Sklaverei; Unwissenheit ist Stärke.»

Die meisten verstehen gar nicht, in was für einen schädlichen Klassenkampf diese Politik der «sozialen Gerechtigkeit» letztlich mündet. Mit «Klassenkampf» ist hier nicht der von Marx behauptete Klassenkampf im Kapitalismus zwischen Arbeitnehmern auf der einen Seite und Arbeitgebern und Kapitaleignern auf der anderen Seite gemeint, der bei genauem Hinsehen gar kein echter Kampf ist. Denn diese Gruppen arbeiten zum gegenseitigen Vorteil zusammen. Sie schliessen miteinander Verträge, weil sie überzeugt sind, dass sie sich beide besserstellen im Vergleich zu einer Situation, in der sie nicht zusammenarbeiten.

Der Arbeitgeber und der Kapitaleigner benötigen die Arbeitskräfte, um jene Produkte herzustellen oder jene Dienstleistungen anzubieten, von denen sie glauben, dass es auf eine entsprechende Marktnachfrage stossen wird. Behalten sie mit ihrer Prognose recht, so fahren sie einen entsprechenden Gewinn ein, der ihnen erlaubt, noch mehr Güter und Dienstleistungen anzubieten, wovon sich die Allgemeinheit offensichtlich mehr wünscht. Dabei tragen Arbeitgeber und Kapitaleigner aber immer noch das Risiko, dass ihre Einschätzung falsch sein könnte und sie einen Verlust erleiden, den sie mit dem Verlust ihres Kapitals und ihrer Reputation bezahlen müssen.

Die Arbeitnehmer auf der anderen Seite profitieren vom Arbeitsvertrag mit dem Kapitalisten, resp. dem Arbeitgeber, weil er ihnen Kapital zur Verfügung stellt, womit ihre Arbeit produktiver, d.h. ergiebiger wird. Sie können z.B. dank des Krans und des Baggers schneller ein Haus aufbauen, als sie es gekonnt hätten, wenn sie diese Hilfsmittel nicht zur Verfügung gehabt hätten. Sie hätten pro Stunde folglich wesentlich weniger verdient, als sie es dank der Hilfe des Kapitalisten taten. Ein weiterer Vorteil auf Seiten der Arbeitnehmer ist es, dass sie für ihre Arbeit so oder so einen Lohn ausbezahlt bekommen, auch wenn sich das Projekt letztlich nicht rentiert. Sie tragen also nicht das Risiko der Fehleinschätzung. Sie bekommen vom Kapitalisten/Arbeitgeber also sozusagen Gelder vorgeschossen, die der Endabnehmer den Arbeitern sonst erst später (oder vielleicht auch gar nicht) bezahlt hätte.

Dieser von Marx ausgerufene und von seinen Jüngern blind übernommene «Klassenkampf» ist also in Wahrheit gar keiner. Es ist eine freiwillige Kooperation.

Ganz im Gegensatz dazu steht ein echter «Klassenkampf», von dem kaum je die Rede ist und der erst durch eine marxistisch inspirierte Politik der «sozialen Gerechtigkeit» entstehen kann. Hier werden durch die Politik der Zwangsumverteilung im Wohlfahrtsstaat tatsächlich zwei Lager geschaffen: Die Netto-Steuerprofiteure und die Netto-Steuerzahler. Erstere sind jene, die mehr aus dem Steuergeldtopf ausbezahlt bekommen als sie einzahlen. Letztere sind jene, die mehr einbezahlen als sie zurückbekommen. Die Netto-Steuerprofiteure beuten die Netto-Steuerzahler aus, denn diese beiden Gruppierungen schliessen untereinander keine freiwilligen Verträge ab. Vielmehr bedroht die eine Gruppe direkt oder indirekt (mit der Hilfe der Staatsgewalt) die andere Gruppe und raubt diese aus. Weil es in einem System der «sozialen Gerechtigkeit» eben nur einen einzigen Gewaltmonopolisten (den Staat) gibt, sind die Ausgeplünderten eine schutzlose Minderheit, die den Plünderern hilflos ausgeliefert bleibt.

Ein solcher politisch eingeführter Klassenkampf widerspricht allen Geboten einer liberalen und friedfertigen Gesellschaft: angefangen bei der Gleichheit aller Menschen vor dem Gesetz über den Schutz des individuellen Eigentums bis hin zum Verbot von Angriffshandlungen. Auch führt eine ausgedehnte Politik der «sozialen Gerechtigkeit» letztlich zur moralischen Korruption und zum Niedergang einer Zivilisation. Ein Land, das sich dem *politischen* Grundsatz der «sozialen Gerechtigkeit» verschrieben hat – und darunter einen ausgebauten Sozial- und Umverteilungsstaat meint – wird über kurz oder lang implodieren, sowohl ökonomisch als auch sozial.

Sicherheit

Sicherheit ist ein Grundbedürfnis aller Menschen. Kaum jemand mag es, sich unsicher zu fühlen. Unsere Aufmerksamkeit gilt evolutionär bedingt mehr den potenziellen Gefahren als den angenehmen Dingen im Leben. Das war und ist in gewissen Situationen auch vernünftig: Hätten unsere Vorfahren nicht so priorisiert und sich nicht ein paar Mal zu viel als zu wenig in Sicherheit gebracht, als sie z.B. glaubten, einen Tiger hinter einem Busch bemerkt zu haben, wären wir wohl nie geboren worden. Die Menschheit wäre ausgestorben. Doch auch wenn diese Wahrnehmungsfokussierung einst überlebensnotwendig war, leitet sie uns heute oftmals in die Irre und lässt uns politischen Scharlatanen auf den Leim gehen, welche die Ängste der Menschen für ihr Machtstreben instrumentalisieren.

Unser selektiver Aufmerksamkeitsfilter, der vor allem Dramatisches und Negatives durchsickern lässt, ist auch der Grund, weshalb Medien hauptsächlich «bad news» publizieren. Dramatische Schlagzeilen wie «5 Leute sind heute in der Schweiz mit oder an Corona gestorben» erwecken viel eher unsere Aufmerksamkeit als die Meldung «700.000 Menschen haben diesen Monat eine Corona-Infektion überlebt».

Wir müssen uns der Möglichkeit bewusst sein, dass diese selektive Sinneswahrnehmung unsere Vorstellung der Realität verzerren kann. Es ist eine vordringliche Aufgabe, diese Realitätsverzerrung mithilfe unserer Vernunft unter Kontrolle zu bringen, da wir ansonsten Gefahr laufen, bestimmte Risiken zu überschätzen und andere (z.B. medial weniger beachtete) zu unterschätzen. Denn durch eine falsche Priorisierung unserer Mittel zur Bewältigung von Herausforderungen würden wir uns paradoxerweise grösseren Gefahren aussetzen.

Diese Realitätsverzerrung machen sich politische Agitatoren heute schamlos zunutze. Obwohl die Welt noch nie so sicher und wenig gewalttätig war wie heute, wird sie dennoch als zunehmend instabiler und gefährlicher dargestellt. So ist etwa die Zahl der aufgrund von Naturkatastrophen umgekommenen Menschen in den letzten 100 Jahren um weit mehr als die Hälfte gesunken. Dies ist bemerkenswert, weil die Weltbevölkerung in dieser Zeit um 5 Milliarden Menschen gestiegen ist. So gesehen sterben heute nur noch sechs Prozent der Menschen an Naturkatastrophen als noch vor 100 Jahren. Das hat vor allem mit dem Wohlstand zu tun, der auf relativ freien Märkten erwirtschaftet wurde. Je mehr Mittel den Menschen zur Verfügung stehen, desto besser können sie sich gegen Naturkatastrophen wappnen. Sie bauen stabilere Häuser, die Stürmen und Erdbeben besser standhalten, sie errichten Staudämme und Kanäle gegen Überschwemmungen, installieren Klimaanlagen und Heizungen, um sich gegen Hitzetage und die kalte Jahreszeit zu wappnen usw. Den meisten Menschen ist dieser Fortschritt entgangen, genaugenommen wissen das gemäss Umfragen des Statistikers Hans Rosling gerade einmal 10 Prozent aller Befragten.

2016 war auch die Anzahl Gefechtstoter pro Million Menschen auf einem Rekordtief (12 Tote), was man kaum glauben kann, wenn man sich dem täglichen Nachrichtenstrom aussetzt. 1986 gab es auf der Welt noch 64.000 nukleare Sprengköpfe, heute gibt es in militärischen Einrichtungen nur noch 15.000, was natürlich immer noch viel zu viel ist, aber die Entwicklung ging zumindest in die richtige Richtung.

Trotz dieser gewaltigen Erfolge tut ein Grossteil der Medien und Politiker so, als werde alles immer unsicherer, damit sie anschliessend darauf aufbauend ihre politischen Programme vorstellen können, in denen es seltsamerweise praktisch immer darum geht, die Macht des Staates (und damit auch ihre eigene) noch weiter auszubauen. Auch wenn weltweit 18 Mal mehr Menschen an Kälte als an Hitze sterben, warnt man in apokalyptischer Panikmache vor einer «menschengemachten Klimaerwärmung», die man um jeden

Preis verhindern und deshalb auch diverse Freiheitsrechte beschneiden und neue Steuern einführen müsse.

Bei Pandemien ist eine ähnliche Realitätsverzerrung auszumachen. Seit der Spanischen Grippe 1918 sind nicht nur die wirtschaftlichen Schäden in Prozent des BIP, sondern auch die Todesraten bei Pandemien immer weiter zurückgegangen. Ein Grund dafür ist die bessere Versorgung mit Gesundheitsgütern und die bessere Ernährung aufgrund des höheren Wohlstands. Ein weiterer Grund ist die Globalisierung und der erhöhte internationale Reiseverkehr. Fünf britische Forscher (R. N. Thompson et. al.) wiesen 2019 darauf hin, dass einige Erregerstämme mit niedrigem Virulenzfaktor dazu beitragen, Immunität gegen verwandte hochvirulente Stämme zu schaffen. Häufige internationale Reisen können deshalb bewirken, dass diese niedrigvirulenten Erreger auf eine Weise verbreitet werden, die die globale Resistenz gegen virulentere Stämme stärkt. Anstatt die Ausbreitungsrisiken zu erhöhen, würde eine stärker globalisierte Welt und eine vermehrte internationale Reisetätigkeit die Wahrscheinlichkeit einer schwerwiegenden Pandemie verringern.

Nichtsdestotrotz wurde von einer Vielzahl von Bürgern begrüsst, dass der Staat im Namen des Gesundheitsschutzes und der Sicherheit plötzlich radikale Massnahmen zur Bekämpfung eines historisch verhältnismässig harmlosen Virus erlässt, die nicht nur diesen gesundheitsstärkenden Virenaustausch unterbindet (mit einer massiven Einschränkung der Reisetätigkeit durch Grenzschliessungen, Zertifikatszwang, Impfzwang, Maskenzwang etc.), sondern auch den Wohlstand reduziert (z.B. durch Lockdowns, Verschuldung, Inflation etc.). Damit wurden unsere Handlungsmöglichkeiten bei künftigen Herausforderungen reduziert. Wir müssen verstehen, dass der Staat die Welt durch seine Interventionen unsicherer macht.

Auch der Terrorismus wird regelmässig für massive Staatsausbauprogramme wie Massenüberwachung missbraucht. Obwohl 2016 lediglich 0,05 Prozent aller Todesfälle weltweit auf sein Konto gingen, führen medial stark beachtete Einzelfälle dazu, dass sich eine ganze Gesellschaft angstgesteuert entscheidende Freiheitsrechte wie die Privatsphäre über Bord wirft. Wenn hier die Vernunft am Werk wäre, würde man das Risiko nicht daran bemessen, wie gross die eigene Angst davor ist, sondern wie wahrscheinlich ein solches Ereignis tatsächlich ist und wie sehr der Einzelne dieser Gefahr ausgesetzt wäre.

Die Forschungsliteratur zeigt, dass Unsicherheit nicht nur unsere Solidarität gegenüber der eigenen Gruppe stärkt, sondern auch zu einer rigiden Gruppennormen-Konformität und einer Ablehnung von Aussenseitern führt. Unsicherheit führt dazu, dass sich Menschen vermehrt starke, autoritäre Führer wünschen, die sie vermeintlich vor gefährlichen Aussenseitern beschützen, durch die man sich in der persönlichen Sicherheit bedroht sieht. Was liegt also für machthungrige Politiker näher, als die allgemeine Unsicherheit in der Bevölkerung zu schüren, indem man ihr Gruselgeschichten auftischt und das Negative überbetont, indem man z.B. die Terror- und Klimagefahr überhöht oder die Möglichkeit, durch einen Virus zu sterben, als viel grösser darstellt, als es die Statistiken tatsächlich erlauben würden?

Wenn die Politik im Namen der Sicherheit bei irgendwelchen Ereignissen sofort drastische Massnahmen ergreifen will, ist Skepsis gefragt. Dies gilt umso mehr, als einmal erlassene Massnahmen kaum je wieder vollständig zurückgenommen, sondern zumindest partiell langfristig Bestand haben werden. Fragen Sie nach den Daten, den Fakten und den tatsächlichen Risiken. Vielleicht ist es lohnenswert, sich in diesen Momenten zu vergegenwärtigen, ob Politiker tatsächlich jemals erfolgreicher als Nicht-Politiker darin waren, Probleme zu lösen und ob es klug ist, Ihre Freiheit unter dem Vorwand der Sicherheit aufzugeben.

II.
Politische und wirtschaftliche Systeme

Demokratie

Die Demokratie geniesst bei den meisten von uns einen ausgezeichneten Ruf. Demokratie ist zu einem Synonym für Frieden, Freiheit und Wohlstand geworden. Und tatsächlich bringt ein demokratisches System so einige Vorteile mit sich: Es ermöglicht einen unblutigen Machtwechsel, erlaubt politische Mitbestimmung und verschafft dem staatlichen Handeln dadurch eine grössere Legitimität. Wenn die Demokratie nicht nur eine repräsentative, sondern eine (halb)direkte ist, steigt das Interesse sowie das Bewusstsein der Bürger für komplexe gesellschaftliche und wirtschaftliche Zusammenhänge und es darf von einem höheren politischen Bildungsgrad ausgegangen werden.

Demokratieverherrlichung ist dennoch fehl am Platz, auch weil im Namen der Demokratie grossen Unsinn betrieben wird. Die Demokratie hat fundamentale Schwächen, welche verdeutlichen, dass die Welt keineswegs eine bessere wäre, wenn wir bloss überall der Demokratie (militärisch) zum Durchbruch verhelfen.

Ein zentrales Argument für die Demokratie ist jenes, dass sie den friedlichen, unblutigen Machtwechsel ermögliche. Im Gegensatz zu autokratischen oder diktatorischen Regimen ist das natürlich ein Vorteil. Doch wir sollten die Demokratie nicht nur mit offensichtlich dysfunktionalen und unethischen Systemen vergleichen, in welchen eine Minderheit eine Mehrheit ausplündert, sondern auch mit möglicherweise funktionalen Alternativen, in welchen niemand irgendjemanden ausplündern darf und in welchen das Recht für alle gleichermassen gilt. Das heisst: Mit Systemen, in welchen niemand legal einen Staatsapparat dazu einsetzen darf, seinen Willen unter Androhung oder Anwendung von Gewalt gegenüber anderen durchzusetzen. Ein solches System wurde weltweit leider noch nirgendwo konsequent umgesetzt. Doch vielleicht ist genau das der Hauptgrund dafür, weshalb es das noch nicht gibt: Weil die Bürger meinen, die Demokratie sei das beste aller denkbaren Systeme des Zusammenlebens. Doch wie Lysander Spooner anmerkte: «Ein Mensch ist nicht weniger versklavt, wenn ihm erlaubt wird, alle paar Jahre einen neuen Herrn auszuwählen.»

Oft wird davon ausgegangen, dass Freiheit und Demokratie zwingend zusammengehörten. Doch das ist ein Irrtum. Es gibt undemokratische Länder wie Singapur (der Bertelsmann Transformation Index etwa ordnet Singapur den autokratisch regierten Staaten zu), die eine wesentlich grössere Wirtschaftsfreiheit aufweisen als demokratische Länder wie z.B. Deutschland, Frankreich oder Italien. Das autokratisch regierte Singapur weist gemäss aktuellem Index wirtschaftlicher Freiheit sogar eine grössere wirtschaftliche Freiheit auf als die Schweiz. Ausserdem bietet die Demokratie keinen Schutz gegen Unfreiheit, wie Friedrich A. von Hayek schon betonte: «Nachdem sich viele Millionen immer wieder in die vollständige Abhängigkeit eines Tyrannen gewählt haben, versteht unsere Generation vielleicht irgendwann, dass die Möglichkeit, seine Regierung wählen zu können, nicht notwendigerweise dazu führt, seine Freiheit zu bewahren.»

Freiheit und Demokratie schliessen sich auf der anderen Seite aber auch nicht aus. Es ist durchaus denkbar, mit dem Prozess einer demokratischen Abstimmung zu einem ethisch vertretbaren Resultat zu gelangen. Nämlich dann, wenn vor einer Abstimmung alle von der Abstimmung Betroffenen eingewilligt haben, dass sie mit dem Instrument einer Abstimmung zu einem bindenden Ergebnis gelangen möchten. Liegt diese Einwilligung allerdings nicht vor, handelt es sich bei einer Abstimmung um eine Scheinlegitimation für Gewaltausübung gegen Minderheiten. Dies gilt insbesondere, wenn Abstimmungen lanciert werden, die im Kern nichts anderes sind, als Angriffe auf Leben und Eigentum einiger (z.B. eine Sondersteuer für Reiche). In einem solchen Fall trifft der Benjamin Franklin zugeschriebene Ausspruch durchaus zu: «Demokratie, das ist, wenn zwei Wölfe und ein Schaf über die nächste Mahlzeit abstimmen.»

In den nahezu unbeschränkten Demokratien von heute können die Wähler sich zwar selbst zur Wahl aufstellen und *mitbestimmen*. Aber sie können eben nicht *selbstbestimmen*. Ihre eigenen Geschicke liegen nicht in ihren eigenen Händen, sondern in den Händen einer wie auch immer definierten politischen Macht. Es ist offensichtlich, dass es für jeden Einzelnen vorteilhafter wäre, wenn er über seine eigenen Angelegenheiten selbst befinden dürfte, weil wir davon ausgehen, dass jeder seine Situation am besten kennt und besser als andere Menschen einschätzen kann, was gut und schlecht für ihn ist. Es wäre z.B. besser, wenn jeder in einer Pandemie selbst gemäss seiner eigenen Risikoabwägung entscheiden dürfte, ob er sich zuhause einigeln, zum Selbstschutz eine Maske tragen oder sich einen experimentellen Impfstoff verabreichen und diesen mehrmals auffrischen möchte. Unethisch erscheint hingegen ein System, in dem eine Stimmbürger-Mehrheit allen anderen (auch Nicht-Stimmbürgern wie Minderjährigen und Ausländern) aufzwingen kann, wie sich jeder zu verhalten hat. Die besonders hässliche Seite eines Menschen tritt zutage, wenn dieser aufoktroyierte Verhaltenskodex bei Nonkonformität medial denunziert und bei der Polizei angezeigt wird, damit diese mit Gewalt gegen Abtrünnige durchgreift.

Es kann zudem durch logisches Nachdenken einfach erkannt werden, dass ein liberales System der Selbstbestimmung einem demokratischen System der Mitbestimmung nicht nur ethisch, sondern auch im Hinblick auf die Anhebung des Lebensstandards überlegen wäre. Im reinen Liberalismus stünde im Gegensatz zur ausgedehnten Demokratie nicht die von einer Stimmbürger-Mehrheit befohlene Zwangsausübung im Vordergrund, sondern freiwillige Vertragsvereinbarungen. Während es sich bei einer Zwangsausübung immer um eine Win-Lose-Beziehung handelt (eine Gruppe gewinnt auf Kosten einer anderen), entsteht bei freiwillig abgeschlossenen Verträgen aus Sicht der Vertragsparteien immer eine Win-Win-Situation. Denn niemand würde freiwillig einen Vertrag abschliessen, wenn man dadurch verliert. Weil der Wohlstand kein Nullsummen-Spiel ist – kein immer gleichbleibender Kuchen, den man einfach jedes Jahr wie von Zauberhand geschaffen aus dem Ofen holen und dann verteilen kann – wächst der Kuchen umso mehr, je mehr Win-Win-Beziehungen entstehen.

Der Ökonom Hans-Hermann Hoppe formulierte in seinem Buch *Demokratie: Der Gott, der keiner ist* die wohl vernichtendste Demokratie-Kritik, die je geäussert wurde:

> *«Die Demokratie muss sowohl in wirtschaftlicher als auch in moralischer Hinsicht als historischer Fehlschlag beurteilt werden. Demokratie fördert Kurzsichtigkeit, Kapitalverschwendung, Unverantwortlichkeit und moralischen Relativismus. […]. Sie fördert das Demagogentum und den Egalitarismus. Sie ist nach innen gegenüber der eigenen Bevölkerung und nach aussen hin aggressiv und tendenziell totalitär. Insgesamt führt sie zu einem dramatischen Anstieg der Staatsmacht […]. Sie ist ebenso zum Untergang bestimmt wie der Sowjetkommunismus zum Untergang bestimmt war».*

Winston Churchill (1874–1965) hatte vielleicht Recht, wenn er meinte, dass «die Demokratie die schlechteste aller Staatsformen» sei – «ausgenommen aller anderen». Doch wir sollten eben nicht nur in «Staatsformen», sondern wie Roland Baader (1940–2012) auch etwas «out of the box» denken:

> *«Wir haben tausend Jahre gebraucht, um festzustellen, dass wir keine Kaiser, Könige und Fürsten brauchen, die uns vorschreiben, was wir zu tun und zu lassen haben. Hoffentlich brauchen wir keine weiteren tausend Jahre, um zu begreifen, dass wir dazu auch keine Regierungen, keine Parteien, keine Politiker und keine Funktionäre brauchen.»*

(Demokratischer) Sozialismus

Die autoritären und totalitären Formen des Sozialismus sind durch die Vorkommnisse im 20. Jahrhundert und darüber hinaus diskreditiert worden. Obwohl viele sozialistische Länder zu Beginn oft als «sozialistische Musterbeispiele» bejubelt wurden, behaupten dieselben Sozialismus-Anhänger etwas später plötzlich, dass die bislang ausprobierten und allesamt gescheiterten Sozialismus-Experimente mit dem echten Sozialismus nichts zu tun gehabt hätten. Es heisst, die politischen Anführer hätten den Sozialismus falsch verstanden und inkorrekt umgesetzt – und dass er nur deshalb gescheitert sei. Der Ideal-Sozialismus wird so von jeglicher Konfrontation mit der Wirklichkeit abgeschirmt. Diese Kommunikationsstrategie verfängt, insbesondere bei den Jungen: Mehr als die Hälfte (51 Prozent) der Amerikaner im Alter von 18 bis 29 Jahren etwa sehen den Sozialismus positiv, wie das Meinungsforschungsinstitut Gallup jüngst herausfand.

Obwohl Sozialisten behaupten, ein echter Sozialismus sei noch nie ausprobiert worden, tun sie sich schwer damit, zu erläutern, was denn genau anders gemacht werden müsste, damit es ein «echter Sozialismus» wäre. Was konkret war genau «unecht» am Sozialismus, wie er in der Realität ausprobiert wurde? Darauf haben Sozialisten keine konkrete Antwort. Vielmehr lenken sie ab, indem sie abstrakt über hehre Ziele schwadronieren: Echter Sozialismus sei ein demokratischer von unten und sorge dafür, dass Macht und Wohlstand gleichmässig verteilt seien. Über konkrete Wege zum Ziel schweigt man sich aber aus.

Es wird salopp unterstellt, dass der autokratische Charakter ehemaliger oder immer noch bestehender Sozialismussysteme gewollt gewesen sei. Die Annahme ist, dass die Gründer der DDR oder der Sowjetunion ihren Sozialismus anstatt diktatorisch auch basisdemokratisch hätten einrichten können, sie sich aber einfach dagegen entschieden hätten. Das Scheitern des Sozialismus hängt aber mitnichten von guten oder schlechten Absichten der Umsetzer ab, wie immer wieder behauptet wird. Selbst der Sozialismus eines Hugo Chávez, der in Venezuela – dem einst reichsten Land Südamerikas – explizit nicht den Weg der Sowjetunion beschreiten wollte, landete am Ende wieder bei einem inhumanen, planwirtschaftlichen Terror-Regime, in welchem die Leute sogar ihre eigenen Haustiere verspeisen mussten, um nicht an Hunger zu sterben. Dass der Sozialismus scheitern *muss*, liegt nicht an Charakterschwächen von Menschen, sondern in der Natur der Sache selbst.

Sozialisten verweisen oft darauf, dass selbst Sozialismus-Vordenker Karl Marx Freiheitseinschränkungen nicht begrüsst habe und es deshalb nicht nötig sei, die Freiheit der Menschen zu beschneiden, um den Sozialismus umzusetzen. Kristian Niemietz, Autor des Buchs *Sozialismus: Die gescheiterte Idee, die niemals stirbt*, entgegnet darauf Folgendes:

> *«Das Problem dabei ist, dass Marx die zahlreichen Schwierigkeiten, mit denen realsozialistische Systeme zu kämpfen hatten, gar nicht erst voraussah. Wie hätte ein ‹Arbeiterstaat› sich beispielsweise verhalten sollen, wenn ihm in Scharen die Arbeiter weglaufen, weil sie in diesem System nicht leben möchten? Wie soll er mit Massenstreiks, die die Erfüllung des Plans gefährden, umgehen? Wie soll er auf Massenproteste, die, wenn sie aus dem Ruder laufen, zu einer Restauration des Kapitalismus führen könnten, reagieren? Das sind Fragen, die Marx sich gar nicht erst gestellt hat. Wenn man solche Möglichkeiten einfach per Annahme ausschliesst, dann ist es natürlich sehr leicht, sich einen Sozialismus vorzustellen, der sich hervorragend mit individuellen Freiheitsrechten verträgt. Wer eine Welt beschreibt, in der es per Annahme keine Schwerkraft gibt, der kann auch sehr leicht davon erzählen, wie in dieser Welt Menschen von Hochhäusern springen, ohne Schaden zu nehmen. Es ist daher*

kein Argument, dass Marx selbst keine Mauern und keine Gulags wollte. Es ist völlig egal, was Marx wollte oder nicht wollte. Wir würden auch kein anderes Gesellschaftssystem ausschliesslich danach bewerten, wie seine geistigen Väter sich das ursprünglich einmal vorgestellt haben.»

Das ökonomische Scheitern des Sozialismus hat auch nicht mit einem Demokratiedefizit zu tun, wie «demokratische Sozialisten» uns weismachen wollen. Es ist nicht die Demokratie, die ein Land wohlhabender macht (siehe dazu auch das Kapitel «Demokratie» in diesem Buch). Es gibt diverse empirische Studien zum Verhältnis zwischen dem politischen System und der Wirtschaftsleistung. Eine davon (Adam Przeworski, 2002) vergleicht 135 Länder über mehrere Jahrzehnte hinweg, und kommt zu folgendem Ergebnis:

«Das politische System hat keinen Einfluss auf das Einkommenswachstum. [...] Unter den wenigen Ländern, die während der letzten fünfzig Jahre spektakuläre wirtschaftliche Erfolge erzielt haben, gibt es genauso viele Demokratien wie Diktaturen. Im Durchschnitt sind die Einkommenswachstumsraten unter den beiden Systemen fast identisch.»

Sozialistische Diktaturen waren also nicht deswegen arm, weil sie Diktaturen waren, sondern weil sie sozialistisch waren.

Einige meinen, der Sozialismus sei gescheitert, weil die meisten Menschen sich nicht altruistisch genug verhalten hätten, um für das Gemeinwohl zu arbeiten. Doch auch das ist ein Missverständnis. Sozialistische Systeme haben kaum je auf den Altruismus der Menschen gesetzt: Es gab Produktionsvorgaben, Arbeitsnormen, materielle Leistungsanreize, Lohnunterschiede etc.

Der Erfolg von marktwirtschaftlichen Systemen im Gegensatz zu sozialistischen Systemen geht vielmehr auf ihre

Fähigkeit zurück, wirtschaftlich relevantes Wissen zu erzeugen und zu verbreiten. Als Informationsquellen und Signale sind insbesondere Marktpreise zentral. Diese entstehen durch die Kauf- und Verkaufsentscheidungen von Millionen von Menschen. All diese Akteure verfügen über irgendwelche wirtschaftlich relevanten Kenntnisse – und sei es auch nur die Kenntnis ihrer eigenen Präferenzen, die sich ständig ändern. Märkte zapfen folglich ein enormes Reservoir an verstreutem Wissen an, das niemandem in seiner Gänze zugänglich ist. Oft handelt es sich dabei um implizites Wissen, also solches, das sehr zeit- und ortsspezifisch ist, und das wir nicht, oder nicht vollständig, in Worte oder Zahlen fassen können. Personen, die dieses Wissen besitzen, sind oft nicht in der Lage, dieses zu artikulieren – aber das müssen sie in einer Marktwirtschaft auch nicht. Sie müssen nur entsprechend handeln.

Marktpreise enthalten viele wichtige Informationen in konzentrierter Form (z.B. auftretende Knappheit eines Rohstoffs oder steigende respektive sinkende Nachfrage danach) und streuen diese Fakten schnell und weitläufig. Ändern sich die Bedingungen (wird z.B. eine neue Verwendung für einen bestimmten Rohstoff gefunden), führt dies zu Preisänderungen. In der Folge passen die Marktteilnehmer ihr Verhalten an die neuen Bedingungen an, auch wenn sie nicht immer wissen, was konkret zu dieser Preisänderung geführt hat: Sie gehen z.B. sparsamer mit dem bestimmten Rohstoff um oder suchen nach kostengünstigeren Substituten.

Dem Sozialismus fehlt eine Methode, Wissen zu erzeugen und zu verbreiten, und er kann sie auch nicht reproduzieren. Der Kapitalismus ist dem Sozialismus deswegen überlegen, weil sozialistische Planer nicht genug wissen können, um eine Volkswirtschaft zu steuern. Man muss den Sozialismus an seiner Realitätstauglichkeit messen, nicht an den Träumereien seiner Erfinder oder Verfechter. Tatsache ist, dass der Sozialismus in der Praxis bislang nirgendwo funktioniert hat – und auch nie funktionieren *kann*. Er gehört auf den Müllhaufen der Geschichte.

Kapitalismus

Der Kapitalismus hat einen schlechten Ruf. Kapitalismuskritik gehört heute gerade in intellektuellen Kreisen zum guten Ton. Das liegt sicherlich auch an seinem Namen, die ihm sein Rivale Karl Marx aufgedrückt hat, was wohl eine der erfolgreichsten PR-Coups aller Zeiten war. «Kapitalismus» impliziert eine Überhöhung von Kapital, worunter sich die meisten Geld vorstellen (obwohl Kapital ja vielmehr als nur Geld ist, z.B. Werkzeuge und Maschinen). Der Begriff suggeriert fälschlicherweise, es ginge in dieser Wirtschaftsordnung alleine um die Anhäufung von Geld, und nicht um den Menschen. Die meisten assoziieren den «Kapitalismus» deshalb mit zwischenmenschlicher Kälte, Egoismus und Gier, wohingegen beim Begriff «Sozialismus» vor allem an das Soziale, das Miteinander, das Altruistische gedacht wird, weshalb sich letzterer intuitiv einfach besser anfühlt.

Die meisten Kapitalismuskritiker können den Kapitalismus allerdings nicht einmal korrekt definieren. Oftmals wird er mit dem Korporatismus verwechselt, einem System also, in welchem «Big Business» mit «Big Government» zusammenspannt, um Macht und Geld bei einigen wenigen zu konzentrieren. Doch das hat mit Kapitalismus nichts zu tun. Was also bedeutet Kapitalismus überhaupt?

Der Kapitalismus ist *per definitionem* ein Wirtschaftssystem, in welchem sich die Produktionsmittel nicht in staatlicher Hand befinden, sondern in privatem Eigentum. Das entscheidende Kriterium, um zu beurteilen, ob es sich bei einem System um ein kapitalistisches System handelt, ist, ob das Privateigentum vollständig geschützt wird oder nicht. Ein vollständig geschütztes Privateigentum hätte zur Folge, dass jeder Mensch als Zweck per se behandelt werden müsste, und nicht als unfreiwilliges Mittel für einen Zweck anderer. Jeder Mensch hätte ein Abwehrrecht gegen andere. Sämtliche Angriffe auf Leib, Leben und Eigentum durch Mitbürger oder den Staat wären dann konsequent als Verbrechen zu ahnden und zu verfolgen. Eigentumstitel könnten nur auf freiwilliger Basis den Besitzer wechseln. Der erzwungene, gewalttätige Besitzerwechsel wäre im reinen Kapitalismus illegal.

Ein vollständig geschütztes Privateigentum würde bedeuten, dass jeder Mensch vor dem Gesetz gleichbehandelt würde, unabhängig seines Geschlechts, seiner Rasse, seiner Ethnie, seiner Religion und weiterer Unterscheidungsmerkmale. Es gäbe keine Sonderrechte für ein paar wenige Privilegiert, wie z.B. Immunität für Beamte und Politiker, Frauenquoten oder Bail-outs für Grossbanken. Im reinen Kapitalismus würden Abwehrrechte durchgesetzt, nicht Anspruchsrechte (siehe dazu das Kapitel «Freiheit»).

Wenn jeder rechtmässige Eigentümer die vollständige Verfügungsgewalt über seine Eigentumstitel hätte und nur durch die Eigentumstitel anderer eingeschränkt wäre, so wäre die daraus entstehende Wirtschaftsordnung eine freie Marktwirtschaft, in welcher Eigentumstitel friedlich im gegenseitigen Einverständnis ausgetauscht werden könnten. Die dem Kapitalismus entsprechende politische Ordnung ist der Liberalismus, in welchem die Freiheitsrechte eines jeden geschützt sind, wie z.B. die Vereinigungs- und Versammlungsfreiheit, die Medienfreiheit, die Glaubens- und Gewissensfreiheit, die Forschungsfreiheit. Es wäre zwar immer noch kein Paradies auf Erden, aber immerhin eine ziemlich humane Ordnung, in der jedes Individuum durch das Gesetz gleichermassen geschützt und gleichbehandelt wird.

In keinem Land der Welt ist das Privateigentum zu 100 Prozent geschützt, weshalb wir festhalten können, dass es weltweit bislang kein einziges wirklich kapitalistisches Land gibt. Es gibt lediglich Länder, die kapitalistischer sind als andere, nämlich solche, in welchem die Eigentumsrechte relativ gesehen besser geschützt werden. Gemäss dem Index für Eigentumsrechte belegt die Schweiz im Jahr 2022 hinter Finnland und Singapur den dritten Rang. Am stärksten bedroht war das Eigentum im selben Jahr in Haiti, Jemen und Venezuela. Die Länder mit den besten Positionierungen in diesem Ranking sind aber ebenfalls mit einer Fülle von eigentumsbeschränkenden Staatsinterventionen durchtränkt, weshalb es sich selbst bei den Spitzenreitern nur um semisozialistische Systeme und nicht um «kapitalistische» Länder handelt. Es ist also unredlich, sämtliche dort auftretenden Probleme pauschal dem Kapitalismus in die Schuhe zu schieben, wie das leider immer wieder geschieht.

So werden etwa die immer wieder auftretenden Wirtschaftskrisen gerne dem Kapitalismus angelastet. Es heisst, der Kapitalismus fördere die Profitgeilheit und die grenzenlose Gier. Die Menschen könnten im Kapitalismus den Hals nicht vollkriegen und verspekulierten sich dann grandios, was wiederum die ganze Volkswirtschaft in Mitleidenschaft ziehe. In dem Zeitpunkt, in welchem der Staat eingreift, um taumelnde Banken und Versicherungen zu retten, rufen Antikapitalisten jeweils genüsslich: «Seht ihr, wir haben es ja gesagt, dass der Kapitalismus nicht funktioniert, es braucht einen starken Staat!».

Doch es wird dabei verschwiegen, dass der Finanzmarkt einer der am stärksten regulierten Sektoren überhaupt ist. Das können Sie selbst überprüfen, indem Sie heute z.B. ein Konto bei einer Bank eröffnen wollen und Ihnen der Bankberater entschuldigend unzählige Formulare unterbreitet, die er von Gesetzes wegen auszufüllen habe. Ausserdem wird das Geld – das Blut in den Adern der Finanzmärkte – planwirtschaftlich durch eine politisch eingeführte Zentralbank kontrolliert, die mit dem Mittel des unlimitierten Gelddruckens die Konjunktur ankurbeln will, was rein gar nichts mit einer marktwirtschaftlichen Ordnung zu tun hat.

Der Ökonom Ludwig von Mises hatte bereits vor über 100 Jahren aufgezeigt, dass die Inflationierung der Geldmenge durch die Zentralbanken zu Störungen im Wirtschaftssystem führt. Zunächst kommt es zu einem künstlichen Boom, in welchem die Investoren durch falsche Preissignale fehlgeleitet werden und mehr Güter hergestellt werden, als von den Nachfragern tatsächlich gewünscht wäre. Wenn diese Fehlinvestitionen auffliegen, crasht die Wirtschaft. Insofern kann man sagen, dass wiederkehrende Wirtschafts- und Finanzkrisen dem Geldsozialismus anzulasten sind, und eben nicht dem Kapitalismus.

Auch ist die Unterstellung falsch, der Kapitalismus führe zu mehr Gier und sozialer Kälte. Dass gewisse Personen gierig, rücksichtslos und asozial sind, ist eine menschliche Konstante. Diese unerwünschten Eigenschaften treten in allen Wirtschaftssystemen auf. Die Frage ist vielmehr, welches System diese menschlichen Schwächen am besten unter Kontrolle zu halten vermag. Und auch hier kommt nun eine der grössten Stärken des Kapitalismus zum Vorschein. Der Kapitalismus hat den Vorteil, dass jemand seine allenfalls vorhandene Gier nur insofern ausleben kann, indem man anderen nützliche Produkte oder Dienstleistungen anbietet, die diese freiwillig kaufen. Man kommt also nur dann zu mehr Geld, wenn man anderen etwas Gutes tut.

Ganz anders in interventionistischen oder sozialistischen Systemen. Dort zählen vor allem die guten Beziehungen zu den politischen Entscheidungsträgern, die einem Privilegien verschaffen können, indem z.B. Gesetze erlassen werden, die die einen übermässig bevorteilen, während anderen die Kosten dafür auferlegt werden.

Vielleicht wäre es angebracht, dem Kapitalismus einen neuen Namen zu geben, damit die Leute seine Vorteile besser wertzuschätzen wissen und ihn nicht instinktiv ablehnen, weil sie dahinter eine Ordnung vermuten, die das Schlechteste im Mensch zutage fördert. Wie wäre es z.B. mit «Voluntarismus», was die Freiwilligkeit aller Handlungen betont? Oder ganz einfach mit «freie Marktwirtschaft», «offene Gesellschaft» oder «Liberalismus»?

Anarchie

Wann immer Entpolitisierungs-Massnahmen vorgeschlagen werden, wird früher oder später die Befürchtung geäussert, dass dies anarchistische Zustände zur Folge hätte, was doch niemand ernsthaft wollen könne. Hier wird bewusst mit Schreckensbildern gearbeitet, welche den meisten Menschen durch den Kopf schiessen, wenn sie den Begriff «Anarchie» hören. In den gedanklichen Vorstellungen fliegen Pflastersteine, Fensterscheiben werden durch rücksichtslose Plünderer eingeschlagen und Hauswände besprayt. Es gilt das Recht des Stärkeren. Alle anderen kommen drunter.

Doch diese Horrorvorstellungen haben mit der eigentlichen Bedeutung des Begriffs «Anarchie» nichts zu tun. Anarchie bedeutet nicht «Gesetzeslosigkeit» oder «Chaos», wie oft impliziert wird (der dafür zutreffende Begriff wäre «Anomie»). «Anarchie» hat seinen Ursprung im Altgriechischen und bedeutet so viel wie «Herrschaftslosigkeit». *Ohne Herrschaft* ist nicht dasselbe wie *ohne Regeln* oder *ohne Gesetze*. Kaum einem Anarchisten dürfte es darum gehen, Dieben und Räuberbanden den roten Teppich auszurollen. Vielmehr erkennt er im staatlichen Gewaltmonopol eine kriminelle Organisation, die andere Menschen herumkommandiert, sie ausraubt, versklavt und notfalls auch ermordet.

Anarchisten argumentieren, der Staat knöpfe der Bevölkerung z.B. unter Androhung oder Anwendung von Gewalt Steuern ab. Steuern seien auch eine Form von Raub, einfach einer, der durch das staatliche Gesetz legalisiert wurde. Man könnte nun einwenden, dass dieser Vergleich unzulässig sei, weil der Staat mit diesen eingezogenen Geldern ja etwas «Sinnvolles» tue: Er behalte das Geld ja nicht nur für sich, sondern gebe es aus, wovon die Allgemeinheit profitiere. Doch auch ein Räuber tut mit dem von ihm geraubten Geld Sinnvolles, etwa wenn er sich davon einen Kaugummi kauft, es einem Bettler spendet, sich ein Konzert-Ticket beschafft oder sich ein Fitness-Abo leistet. Auch davon profitieren die Armen, die Kultur, die Wirtschaft etc. Der behauptete ethische Unterschied zwischen Steuern und Raub scheint also eher eine Schutzbehauptung der staatlichen Beutemacher zu sein.

Einige Anarchisten argumentieren, dass Raub weniger schlimm sei als Besteuerung, nicht weil er weniger gewalttätig, sondern weil er meist nur einmalig vollzogen werde. Steuern jedoch würden wiederholt eingetrieben, bei jedem Einkauf, den Sie tätigen und bei jedem Franken, den Sie verdienen. Es sei nicht ein Akt, bei dem man dem Räuber sein Geld geben müsse und dann wahrscheinlich für immer von ihm in Ruhe gelassen werde. Vielmehr werde man regelmässig vom Steuereintreiber belästigt und auch zuhause aufgesucht, wenn man der staatlichen Plünderei keine Folge leiste.

Und drängt der Staat nicht auch einen Grossteil der jüngeren Bevölkerung gewissermassen zur Sklavenarbeit, indem er sie ins Militär oder in den Zivildienst einzieht und sie Zwangsarbeiten verrichten lässt? Staaten schrecken auch nicht davor zurück, ihre zwangsweise eingezogenen Arbeiter gegen ihren Willen in Kriege zu entsenden und damit ihr Leben aufs Spiel zu setzen. Allein im 20. Jahrhundert fielen schätzungsweise 170 Millionen Menschen der Staatsgewalt zum Opfer, wie der Politikwissenschaftler Rudolph Rummel in seinem aufsehenerregenden Werk *Death by Government* errechnet hatte.

Anarchisten haben also nicht unrecht, wenn sie auf das zerstörerische, gewalttätige Potenzial des Staates hinweisen. Die unter Liberalen kontrovers diskutierte Frage ist, ob wir als Gesellschaft gänzlich ohne Staat auskämen. Klassisch Liberale verneinen und versprechen sich von einem Minimalstaat, der sich auf den Schutz von Leib, Leben und Eigentum beschränkt, den effektivsten Schutz der Freiheit. Doch diese Theorie hat einen Haken, auf den die sogenannten Anarchokapitalisten (anarchistische Liberale) hinweisen: Ist erst einmal ein staatliches Gewaltmonopol installiert, das über ein Besteuerungsrecht und die Letztentscheidungsgewalt über alle Konflikte auf seinem Territorium verfügt, so wächst es unaufhaltsam. Selbst wenn man also nur einen Minimalstaat haben möchte, verwandelt sich dieser über kurz oder lang aufgrund seiner inneren Logik in einen Maximalstaat. Das haben alle einst einigermassen liberal organisierten Länder gezeigt.

Doch auch der Anarchokapitalismus hat seine Tücken: Wenn sich hier zwei Streitparteien z.B. nicht auf ein Gericht oder gewisse Regeln einigen können, so könnten Konflikte in gewalttätigen Auseinandersetzungen enden (wobei man anmerken muss, dass auch ein Staat regelmässig in gewalttätigen Auseinandersetzungen verstrickt ist). Auch stellt sich die Frage, wie gewisse Güter wie Luft vollends privatisiert werden könnten, damit Haftungsfragen wie etwa bei Verschmutzung klar beantwortet werden könnten.

Sowohl der klassische Liberalismus wie auch der Anarchokapitalismus haben also theoretische Stärken und Schwächen und es dürften wohl noch viele Debatten darüber geführt werden, ob Freiheitsfreunde nun Minimalstaatler oder Anarchisten sein sollten. Dennoch kann man festhalten, dass der Ruf des Anarchismus, gemessen an seinen Forderungen, viel zu schlecht ist. Er wird von den meisten schlichtweg missverstanden. Anarchie bedeutet die Abwesenheit einer politischen Herrschaft. Und viele alltägliche Situationen funktionieren bestens ohne Politiker, wie der Philosoph Larken Rose argumentiert:

> *«Supermärkte sind sehr gut organisiert, sehr effizient, äusserst nützlich und alles andere als chaotisch und gewalttätig – unter Abwesenheit einer Regierung. Sie können daher durchaus korrekt als ‹anarchistisch› bezeichnet werden. Die meisten zwischenmenschlichen Interaktionen sind ‹anarchistisch›, weil Regierungen dabei keine Rolle spielen. Die Menschen grüssen sich*

> *gegenseitig, sie pflegen ihre Gärten, sie gehen in die Kirche, sie machen gemeinsam Musik, sie halten sich die Türen auf, sie malen Bilder, sie kaufen ihren Kindern Fahrräder, sie wünschen sich gegenseitig einen schönen Tag, sie winken ihren Nachbarn zu usw. – und das alles ohne irgendein Gesetz, das sie dazu zwingt. Trotzdem denken sie sofort an einen Mob, der plündernd und brandschatzend durch die Strassen zieht, wenn sie das Wort ‹Anarchie› hören. Bei einem Begriff, der definitionsgemäss Abwesenheit (einer Gewalt und Zerstörung verursachenden) Regierung bedeutet, denken sie sofort an Chaos, Gewalt und Zerstörung.»*

Für den Journalisten Joseph Sobran ist diese Tatsache, dass die Menschen beim Begriff «Anarchie» sofort an Schreckliches denken, ein Anzeichen dafür, dass die Staatspropaganda bestens verfangen hat:

> «Der Massstab des Erfolgs eines Staates ist, wie sehr sich die Menschen vor dem Wort *‹Anarchie› fürchten und wie harmlos das Wort ‹Staat› für sie ist.*»

Dass Menschen die Abwesenheit einer politischen Autorität für so gefährlich halten, hat auch mit dem weit verbreiteten Menschenbild zu tun, das gemäss dem Bestseller-Autor Rutger Bregman viel zu pessimistisch sei. In seinem lesenswerten Buch *Im Grunde gut* liefert er unzählige Belege für diese These. Mit einigen Ausnahmen sei der Mensch von Natur aus tendenziell gut. Eine Mehrheit habe etwa Skrupel davor, andere zu ermorden, wie diverse Untersuchungen von Kriegsschauplätzen ergeben haben. Wenn wir hier zu einem realistischeren Menschenbild kämen, würde uns eventuell bewusst, dass wir tendenziell von jenen wenigen Menschen politisch beherrscht werden, die keine Skrupel haben. Demnach wären unsere Mitbürger gar nicht unsere Feinde, weil sie mehrheitlich gar nicht die «Wölfe» darstellen, wie Hobbes behauptete.

III.
Politische Strömungen

Linke vs. Rechte

Mit den Begriffen *links* und *rechts* wird seit geraumer Zeit Schindluderei betrieben. Sie leisten nicht nur einem oberflächlichen Schubladendenken Vorschub. Weil sie nicht präzis definiert sind, eignen sie sich zudem bestens zur Dämonisierung von Personen, Parteien oder Bewegungen.

Es wird impliziert, dass *rechts* irgendwas zu tun habe mit Ausländerfeindlichkeit, der Präferenz zur Abschottung des eigenen Landes gegenüber Fremden, Intoleranz, Nationalismus, Kriegstreiberei und Militarismus sowie Diskriminierung und Ausgrenzung von Minderheiten. Rechte stehen immer im Verdacht, eine Nähe zum Nationalsozialismus und seinen schrecklichen Verbrechen aufzuweisen. Wer rechts ist, mit dem kann also etwas nicht in Ordnung sein. Er hat kein Herz, ist menschenverachtend, böse und ein Spinner, mit dem man gar nicht erst diskutieren, sondern ihn vielmehr meiden und aus seinem Umfeld ausschliessen sollte. Dieser Appell schwingt zumindest implizit immer mit, wenn man sich die derzeitige massenmediale Berichterstattung zu Gemüte führt.

Auf der anderen Seite gehört es mittlerweile in vielen Kreisen zum guten Ton, dass man sich als *links* outet. Denn links wird im massenmedialen Mainstream als ein Synonym für Menschenfreund verwendet. Linke werden dargestellt als sozial, tolerant und offen. Sie würden für ihre Mitmenschen unabhängig ihres Geschlechts, ihrer Hautfarbe, Religion, Ethnie und sexuellen Orientierung angeblich nur das Beste wollen: Inklusion und Antidiskriminierung seien daher Werte, für die sich Linke einsetzten. Anstelle von Nationalismus und Militarismus stünden sie für weltweiten Frieden und Glückseligkeit. Jeder mit einem Herz müsse daher zwingend links sein. Kurz gesagt: Links ist gut, rechts ist böse.

Die beiden Begriffe werden allerdings oftmals völlig schwammig und inkonsistent verwendet. Derweilen werden sie auch als manipulative Waffe im öffentlichen Diskurs eingesetzt, um Andersdenkende und alle, die nicht auf offizieller Linie sind, zu diskreditieren und diffamieren, obwohl diese paradoxerweise gerade jene Werte vertreten, die eigentlich in der allgemeinen Wahrnehmung als gut gelten.

So wird etwa im derzeitigen medialen Diskurs so ziemlich jeder als «rechts», «rechtsaussen» oder gar «rechtsextrem» betitelt, der sich nicht vollständig der Deutungshoheit des massenmedial publizierten Meinungshauptstroms und den Regeln der «political correctness» unterwirft. Man könnte auch sagen, dass heute alle, die nicht stramm auf sozialdemokratisch bis sozialistischer Linie sind, als «rechts» gelabelt werden. Es wird verschwiegen, dass es sich dabei aber um ein ganzes Sammelsurium an stark unterschiedlichen Ansichten handelt, die man vereinfachend in eine einzige Schublade steckt.

So verkommen selbst Liberale zu «Rechtsextremen», obwohl sie ja gerade für eine offene Gesellschaft, Toleranz und die Gleichheit aller Menschen vor dem Gesetz einstehen. Ihnen ist es fremd, politisch nach Rasse, Ethnie, Religion oder Geschlecht zu diskriminieren. Übertriebener Nationalismus, im Sinne eines nationalen Sozialismus und Kriegstreiberei lehnen Liberale ebenfalls ab. Sie teilen also all die oben beschriebenen Werte, die heute klassischerweise den Linken zugeschrieben werden. Dennoch werden sie meist zusammen mit anderen Nationaletatisten als «rechts» verschrien und damit schlechtgeredet. Doch warum? Der Grund liegt wohl darin, dass sogenannte linke Parteien und Bewegungen die linken Werte, wie sie oben definiert wurden, eigentlich gar nicht teilen, sondern bewusst oder unbewusst für ihr Gegenteil stehen. Einige Beispiele gefällig? Die derzeit gepushten Woke-Policies sind in hohem Masse diskriminierend und ausgrenzend. Staatliche Geschlechterquoten am Arbeitsplatz etwa sorgen nicht für Gleichstellung, sondern für eine Übervorteilung eines bestimmten Geschlechts im Einstellungsprozess. Ein besser- oder gleich gut qualifizierter Mann hat dann gegenüber einer Frau das Nachsehen: Sexistischer geht es kaum noch. Wenn im Zusammenhang mit Rastafrisuren, die von Weissen getragen werden, von «kultureller Aneignung» gesprochen wird und solche Frisuren für einige aufgrund ihrer Hautfarbe untersagt werden, so ist das klar eine rassistisch motivierte Handlung.

Heutige sogenannte linke Bewegungen und Parteien sind also nicht wirklich gegen Sexismus und Rassismus, vielmehr betreiben sie im Gegensatz zu Liberalen eine sexistische und rassistische Politik. Daran ändert auch nichts, dass diese sogenannten linken Bewegungen und Parteien an Demonstrationszügen Fahnen schwenken, mit denen sie angeblich für «Antirassismus» und «gegen Diskriminierung» einstehen. Gleiches gilt für sogenannte linke Gruppierungen wie die «Antifa», die sich angeblich gegen den Faschismus engagieren (worunter alles fällt, das angeblich nicht links sei). Doch es gibt aktuell kaum eine andere Gruppierung, die offener mit faschistischen Methoden gegen Andersdenkende vorgeht – nämlich mit perfider Einschüchterung, um die Leute vom Reden abzuhalten sowie gewalttätigen Protesten und Attacken, um Andersdenkende mundtot zu machen. Die selbst deklarierten Antifaschisten von heute sind die neuen Faschisten.

Nach beschriebener Logik könnte man also sagen, dass die einzig wahren Linken die echten Liberalen sind (was nicht dasselbe ist wie die selbstdeklarierten liberalen Parteien, die heute oft meilenweit entfernt von dem politisieren, was man noch mit gutem Gewissen als «liberal» bezeichnen könnte). Den selbstdeklarierten Linken hingegen geht es darum, das positiv besetzte «links» für sich alleine zu beanspruchen und es manipulativ umzudeuten. Doch mit diesem Label dürften wiederum viele Liberale ein Probleme haben, zumal sie sich entweder als weder links noch rechts verstehen oder sogar als rechts. Das kommt daher, dass es keine einheitliche und klare Definition gibt, was denn nun wirklich links und rechts bedeuten.

Anstelle der anfangs beschriebenen Einordnung könnte man mit gutem Recht auch sagen, dass links bedeutet, dem Staat so viele Kompetenzen wie möglich abzutreten. Rechts würde dann «so wenig Staat wie nötig» implizieren, wobei ein Rechtsextremer ein Nullstaatler ist und ein Linksextremer jemand, der die Bürger maximal entmündigen will. Nach diesem Verständnis wäre ein Liberaler wiederum ein Rechter, während alle Etatisten links von ihm stünden. So gesehen sind auch die Nationalsozialisten Linke, wie das der Propaganda-Minister der Nazis, Josef Goebbels, selbst zugab: «Der Idee der NSDAP entsprechend sind wir die deutsche Linke (...) Nichts ist uns verhasster als der rechtsstehende, nationale Besitzbürgerblock.» Auch Adolf Hitler erklärte: «Wir sind Sozialisten, wir sind Gegner des heutigen kapitalistischen Wirtschaftssystems».

Damit dürfte klargeworden sein, dass Labels wie «links» und «rechts» mehr oder weniger beliebig sind und ohne weitere Konkretisierung irreführen können. Das macht sie so gefährlich. Weil viele darunter jeweils etwas anderes verstehen, können die Begriffe von Meinungsagitatoren zum eigenen Vorteil verwendet werden, um ihre politischen Gegner anzuschwärzen oder sich selbst besser dastehen zu lassen.

So oder so sollte man sich der starken Wirkung der Begriffe in öffentlichen Debatten bewusst sein. Fragen Sie nach der genauen Definition von links und rechts und zwingen Sie Ihr Gegenüber so, auf den Boden der Fakten zurückzukehren. Wenn Ihnen Ihr Gesprächspartner irgendwelche unvorteilhaften Etiketten umhängen will, drehen Sie den Spiess einfach um: Sie könnten ihn ohne Probleme als das framen, was er Ihnen zuvor verachtend anhängen wollte. Wenn ein selbstdeklarierter Antirassist, Antifaschist und Antidiskriminierungsmensch Ihnen vorwirft, Sie seien ein böser Rechter, nur weil Sie seine rassistisch-sexistische Politik ablehnen, dann halten Sie ihm ruhig den Spiegel vor.

Progressive vs. Konservative

Die Gesellschaft wird von Politanalysten gern in zwei Lager aufgeteilt: Die Konservativen und die Progressiven. Dabei ist aus der Sicht der meisten Beobachter völlig klar, wer hier unsere Sympathien verdient: Weil die Progressiven für Fortschritt stünden, die Konservativen hingegen für Stillstand oder Rückschritt, müssten wir bedingungslos die Progressiven unterstützen, wenn wir uns eine bessere Zukunft wünschten. Doch ist die Angelegenheit wirklich so simpel?

Zunächst einmal müssen wir uns bewusst werden, dass der Begriff «Fortschritt» heute sehr positiv besetzt ist. Der Grund dafür ist die unglaubliche Entwicklung in den letzten 200 Jahren, die in der Menschheitsgeschichte beispiellos war. Der Wohlstand hatte sich verdoppelt, und dann nochmals verdoppelt, und nochmals, und nochmals. Noch nie in der Historie ging es so vielen Menschen weltweit so gut. Progressive nehmen in Anspruch, für diesen Fortschritt verantwortlich zu sein. Und das stimmt gewissermassen auch. Dass der Wohlstand zunächst in Europa und dann auch weltweit immer weiter ansteigen konnte, hat gemäss Historiker Ralph Raico (1936–2016) vor allem damit zu tun, dass die Regierungen in Europa die Marktakteure aufgrund eines intensiven politischen Wettbewerbs nicht mehr so stark einschränken konnten wie zuvor. Liberale Progressive hatten hier sicherlich eine wichtige Rolle gespielt bei der Verteidigung der individuellen Freiheit vor kollektivistischen Kontrollgelüsten.

Aber es ist eben wichtig zu verstehen, dass sich heute auch Kräfte als «progressiv» labeln, die dieses Prädikat überhaupt nicht verdienen, weil sie sich Methoden bedienen, die nachweislich für die meisten Menschen nicht zu Fortschritt, sondern zu Rückschritt führen.

Genau genommen bedeutet der Begriff «Fortschritt» nicht einmal zwingend, dass die Entwicklung eine positive sein muss. Fortschreiten bedeutet lediglich, dass man nicht still steht und man irgendwohin gehen möchte. Doch über die Richtung ist damit noch nichts ausgesagt. Auch nicht darüber, ob es den Menschen tatsächlich besser ginge, wenn man woandershin ziehen würde. Die Annahme, dass alle sogenannt Progressiven für das Gute stehen, ist also zu hinterfragen.

Im Umkehrschluss bedeutet der Begriff «konservativ» auch nicht zwingend, dass eine Entwicklung zu etwas Besserem verhindert wird, oder gar ein Zurück zu etwas Schlechterem angestrebt wird. Natürlich ist das eine Möglichkeit, aber es muss eben nicht so sein. Genauso gut könnte ein Konservativer mit Recht argumentieren, dass man bewährte Institutionen wie etwa das Privateigentum, die Marktwirtschaft und den Föderalismus nicht über Bord werfen sollte, weil dies zu einer Verschlechterung der Verhältnisse führen würde.

Die Beschreibung einer politischen Bewegung oder Partei als «progressiv» oder «konservativ» kann daher durchaus in die Irre führen, weil die sogenannt «Konservativen» eben auch den Fortschritt im Sinne haben könnten – und die sogenannt «Progressiven» mit ihrer Politik genauso einen Rückschritt bewirken könnten.

Konservativ im schlechten Sinne des Wortes – also als Verhinderungsideologie, die sich gegen eine Verbesserung der gesellschaftlichen Verhältnisse stellt – ist jemand dann, wenn er zu politischen Mitteln greift, wie etwa Technologiemoratorien und -verboten, um eine von ihm mit Argwohn betrachtete Technik zu vereiteln. Es ist nicht nur so, dass er die Technologie selbst nicht benutzen möchte und sich deshalb dafür entscheidet, entsprechende Produkte und Dienstleistungen nicht zu beziehen (das wäre eine liberale Haltung, weil abweichende Ansichten respektiert werden). Vielmehr möchte er andere unter Androhung und Anwendung von Gewalt davon abhalten, entsprechende Technologien zu entwickeln oder benutzen.

Progressiv im negativen Sinne können Bewegungen und Parteien sein, denen der Wandel nicht schnell genug gehen kann und deshalb zu politischen Mitteln wie Subventionen oder Förderprogrammen greifen, um die aus ihrer Sicht wichtigen Technologien, Produkte oder Dienstleistungen voranzutreiben. Auch hier wird zur Gewaltandrohung oder -anwendung gegriffen, um Mitmenschen Steuergelder abzuknöpfen oder ihnen freiheitseinschränkende Regulierungen aufzudrücken. Ob der Drang zur Gewaltandrohung und -anwendung aus konservativem oder progressivem Motiv erfolgt, ist unerheblich. So oder so ist ein solches Vorgehen unethisch, asozial und überheblich.

Die Herangehensweise der technokratischen «Progressiven» bei allen Problemen lautet: Wir finden die beste Lösung und setzen diese überall durch. Doch dieses staatliche Erzwingen einer bestimmten Lösung beseitigt das Wissen der Vielen, das u.a. über den marktwirtschaftlichen Preismechanismus zum Ausdruck kommt. Staatsinterventionen zur Forcierung einer bestimmten Zukunftsvision unterdrücken die unterschiedlichen Bewertungen und verschiedenen Herangehensweisen, verunmöglichen die unzähligen Problemlösungsversuche durch Millionen von Menschen und ersetzen diese dezentralen Prozesse durch die Einschätzung einer kleinen Gruppe von Politikern und Funktionären. Es kommt zu einer enormen Reduktion an Wissen, was das Hauptproblem einer jeden Planwirtschaft ist und tendenziell zu schlechteren Ergebnissen führen muss – und eben nicht zu Fortschritt.

Es ist *eine* Frage, ob jemand den Fortschritt mag oder nicht. Eine *andere* Frage ist es, ob jemand Fortschritt mit offenem Ende zu akzeptieren bereit ist. Ist man gewillt, jedem Einzelnen seine Freiheiten zu lassen, damit alle experimentieren, Neues ausprobieren und nach eigenem Gutdünken investieren und unternehmerisch tätig werden zu können – auch wenn man nicht weiss, was das Endresultat sein wird? Denn nur dies ist die Art von Wandel, der natürlich-evolutiv erwächst und eben nicht von oben verordnet wird. Nur ein solcher ermöglicht den Fortschritt auf überraschende Art und Weise – und es war in erster Linie dieses überraschende Element, das dabei geholfen hat, unsere Lebensstandards in den letzten rund 200 Jahren massiv anzuheben. Niemand hat dies vornherein am Reissbrett so geplant.

Viginia Postrels führt uns in ihrem Buch *The Future and Its Enemies* vor Augen, dass sowohl die Konservativen, die den Status quo verteidigen, als auch die progressiven Technokraten eine gemeinsame Eigenschaft haben: Sie sind gegenüber einem Wandel mit offenem Ende feindselig eingestellt. Sie wollen beide keinen Wandel, der aus Millionen von Experimenten, also aus Versuch und Irrtum entsteht, sondern höchstens einen, der von politischen Planern herbeigeführt und gelenkt wird. Sie beide wollen kontrollieren, was nicht kontrolliert werden kann. Für beide Gruppen ist das Ziel der Stillstand: Die eine Gruppe will den Stillstand in der Vergangenheit, die andere den Stillstand in der Zukunft.

Die entscheidende Unterteilung der Lager verläuft also nicht zwischen Konservativen einerseits, die die Vergangenheit mit staatlichem Zwang zementieren wollen, und den technokratischen Progressiven andererseits, die mit staatlichem Zwang die Zukunft gestalten wollen. Vielmehr verläuft der Graben zwischen *Dynamisten* und *Stasisten*. Suchen wir nach Statik, also einer regulierten, durchkonstruierten Welt? Oder heissen wir die Dynamik willkommen, eine Welt also, in der stets Neues geschaffen und entdeckt wird? Schätzen wir Stabilität und Kontrolle? Oder die Evolution und das Lernen? Glauben wir, dass der Fortschritt eine Blaupause braucht, also sozusagen von unfehlbaren und allwissenden Experten erdacht und geplant werden kann? Oder sehen wir ihn als einen dezentralisierten, evolutionären Prozess, der nicht einem übergreifenden Plan folgt? So gesehen sind sich etatistische Konservative und technokratische Progressive ähnlicher, als ihnen lieb ist.

Liberale / Neoliberale / Libertäre

Heute bezeichnen sich fast alle Bewegungen und Parteien in irgendeiner Art und Weise als *liberal*. Der Begriff ist positiv besetzt, weil er für Freiheit steht, weshalb ihn jeder gerne für sich beanspruchen möchte. Doch damit wurde er auch seiner ursprünglichen Bedeutung beraubt, verwässert, ausgehöhlt und beliebig.

Historisch wurden Aufklärungsphilosophen, -autoren und -wissenschaftler wie etwa Adam Smith oder die Gründerväter der USA als «liberal» bezeichnet. Persönlichkeiten also, die tendenziell klassisch liberale Werte teilten wie die Vorstellung, dass jeder Mensch Zweck an sich und nicht unfreiwilliges Mittel zum Zweck eines anderen sein soll; dass mit Freiheit in erster Linie die Abwesenheit von Zwang und nicht Anspruchsrechte gemeint sind und dass alle Menschen vor dem Gesetz gleichbehandelt werden sollten und es keine Privilegien geben dürfe.

Im Laufe der Zeit wurde der Begriff «liberal» jedoch von den Gegnern dieser Werte gekappt – in den USA besonders erfolgreich, wo die Sozialisten heute ein Alleinanspruchsrecht auf den Begriff haben. Auch im deutschen Sprachraum wird unablässig daran gearbeitet, klassisch Liberale nicht mehr einfach als «Liberale» zu bezeichnen, sondern sie in etwas Ungünstiges umzubenennen. Und dies obwohl sie doch eigentlich das Original waren. Weil sich jetzt aber auch Etatisten aller Art neu als «liberal» framen wollen, musste eine Abgrenzung zu den wirklich «Liberalen» her. So werden klassisch Liberale neu kurzerhand als «neoliberal» und «libertär» betitelt – Begriffe, die negativ konnotiert werden.

Neoliberal klingt in den Ohren der meisten Menschen negativ, auch wegen des «Neo», das vor allem im Zusammenhang mit heutigen Anhängern des Nationalsozialismus verwendet wird («Neonazis»). Weil beim Begriff «Nationalsozialismus» das Wort «Sozialismus» vorkommt und man nicht den Verdacht erwecken möchte, dass der Nationalsozialismus eine ähnliche Ideologie wie der Internationalsozialismus und Kommunismus sein könnte, nennt man sie einfach verkürzt «Neonazis», obwohl es hier erstaunliche Parallelen zu den anderen Sozialisten gibt.

Doch wie ist der Begriff «neoliberal» überhaupt entstanden? Inmitten der Grossen Depression traf sich eine kleine Gruppe liberal gesinnter Denker – u.a. Ludwig von Mises und Friedrich August von Hayek – in Paris am sogenannten Walter Lippmann Colloquium. Viele Teilnehmer kamen mit der Idee an dieses Treffen, einen geeigneten Mittelweg zwischen «Laissez faire» und «Sozialismus» zu finden. Sie wollten dem Staat und dem freien Markt klare Rollen zuteilen. Alexander Rüstow schlug für diese Bewegung den Namen «Neoliberalismus» vor. Doch schon am Meeting selbst stiess dieser Vorschlag auf Widerstand, unter anderem von Jacques Rueff.

1947 trafen sich viele dieser Persönlichkeiten erneut – dieses Mal in Mont Pèlerin am Genfersee. Dort debattierten sie, ob man dem Aufstieg des Marxismus sowie des keynesianischen Zentralplanertums entgegenwirken könne, indem man diesen gewisse Konzessionen einräume, etwa in Form der Errichtung eines Wohlfahrtsstaates als Mittelweg zwischen Sozialismus und Kapitalismus. Ludwig von Mises erhob jedoch seine Stimme entschlossen gegen solche Konzessionen und wies sie als «sozialistisch» zurück. Diese Debatte zieht sich unter Liberalen bis heute weiter. Der Begriff «Neoliberalismus» wurde dabei sowohl am Walter Lippmann Colloquium sowie am Mont Pèlerin Meeting stets zurückgewiesen.

So verschwand der Begriff dann auch wieder nach den späten 1940er-Jahren bis in die frühen 1980er-Jahre. Dann kamen mit Margaret Thatcher in Grossbritannien und Ronald Reagan in den USA relativ liberale Politiker an die Macht, die vom liberalen Ökonomen Milton Friedman beraten wurden und welche den Wohlfahrtsstaat mit entsprechenden Reformen zurückdrängten. Es war diese Zeit, als der Begriff «neoliberal» als abschätzende Bezeichnung für die entsprechende Politik wieder aus der Mottenkiste geholt wurde – und zwar von illiberalen Kritikern. Alles, das nicht stramm auf sozialistischer Linie war, wurde mit dem Prädikat «neoliberal» versehen, sogar Bill und Hillary Clinton.

Heute bezeichnen sich einige selbst als neoliberal und sind stolz darauf, vor allem einige Gruppierungen in den USA (z.B. das Center for New Liberalism). Tendenziell handelt es sich dabei allerdings nicht um hartgesottene Liberale, wie der Begriff implizieren könnte, sondern um solche, die einen Wohlfahrtsstaat befürworten. Sie sind der Meinung, dass der Staat die Bürger zwar nicht mit brutaler Gewalt zu etwas zwingen solle, sie aber immerhin zu den «richtigen» Entscheidungen hin schubsen («nudgen») sollte. Aber das sind eben keine konsequent liberalen Positionen. Man könnte sie auch als «Sozialdemokraten light» bezeichnen, die an eine sanftere Rolle des Staates im Bereich der sozialen Wohlfahrt glauben.

Es gibt auch Liberale, die die Bezeichnung «neoliberal» konsequent ablehnen, weil sie eben – Mises folgend – bewusst nicht einen Mittelweg zwischen Kapitalismus und Sozialismus anstreben, sondern für einen unverwässerten Liberalismus ohne Konzessionen einstehen.

Weil in den USA der Begriff «liberal» von sozialistischen Kräften gekappt wurde, hat sich zur Bezeichnung echter Liberaler auch der Begriff «libertarian» durchgesetzt, der im Deutschen mit «libertär» übersetzt wird. Doch auch dieser Begriff ist nicht ganz unproblematisch: Erstens ist nicht ganz klar, was damit gemeint ist. Es könnten einerseits klassische Liberale sein, die einen Minimalstaat zum Schutz der Eigentumsrechte befürworten oder auch Anarchokapitalisten, also jene, die den Staat in Bausch und Bogen ablehnen. Der Begriff «libertarian» wird nun wahlweise so oder so verwendet, weshalb hier Vorsicht geboten ist, weil damit plötzlich jeder Liberale als radikaler Libertärer und damit in den Augen gewisser Kreise als Spinner gebrandmarkt werden kann.

Zweitens ist es unnötig, dass echte Liberale in Europa sich einen neuen Begriff für ihre Ideen suchen, nur weil andere sich auch liberal framen wollen. Um einer Entwicklung vorzubeugen, wie sie sich in den USA vollzogen hat, wo Sozialisten die neuen «Liberals» sind, gilt es den durchaus positiv konnotierten Begriff zu verteidigen und für sich in Anspruch zu nehmen. Wenn man nun in der deutschen Sprache plötzlich von «Libertären» spricht, so könnte dies fälschlicherweise implizieren, dass die so bezeichneten Personen eine gänzlich neue (extremistische) Ideologie vertreten, die ausserhalb des Mainstreams angesiedelt und deshalb inakzeptabel sei. Doch der Liberalismus hat eine jahrhundertelange reichhaltige Tradition, die man nicht einfach über Bord werfen oder verleugnen sollte, indem man sich selbst umbenennt.

Vielmehr sollte man im öffentlichen Diskurs Rückgrat beweisen und aufzeigen, dass viele derjenigen, die sich gerne als «liberal» bezeichnen, das Gegenteil dessen vertreten, was sie vorgeben zu sein. Man sollte diese Wölfe im Schafspelz enttarnen.

Echte Liberale waren und sind immer noch die Hauptfeinde aller anderen politischen Strömungen, die auf Macht, politischen Zwang und Gewalt setzen, um ihre Ziele durchzuboxen. Sowohl Kommunisten, Nationalsozialisten, Sozialdemokraten wie auch etatistische Konservative sehen im Liberalismus ihren schlimmsten Widersacher. Denn dieser würde ihnen ihre Machtpöstchen entziehen. Ihre Macht basiert letztlich lediglich auf dem wahnwitzigen Glauben, dass einige Menschen das Recht hätten, gewaltsam über andere zu herrschen. Der Liberalismus ist insofern die einzige friedliche Alternative zu den politischen Dauerkonflikten und Machtkämpfen unserer Zeit.

Die Mächtigen

Wir leben heute in einer egalitaristisch orientierten Gesellschaft, in einer post-monarchischen Epoche, in welcher gesetzliche Sonderprivilegien als ungerecht empfunden und die Könige gestürzt wurden. «L'état c'est moi» wich dem Glauben, dass der Staat *wir alle* seien. Damit meinen viele, das Machtproblem gelöst zu haben, weil die Macht neu in den Händen *vieler* (Demokratie) statt in den Händen *weniger* liege. Macht wird deshalb heute nur noch dann als Problem erachtet, wenn Private über zu viel Einfluss verfügen (wenn z.B. ein Konzern zu gross geworden ist), während man beim wachsenden Staatsapparat gerne wegschaut und hier keine gefährliche Machtkonzentration erkennt.

Das Problem mit dem Begriff der Macht ist, dass er oftmals den falschen Personengruppen zugeschrieben wird, wodurch der gesellschaftliche Unmut auf aufgebauschte Sündenböcke gelenkt wird, anstatt auf die wirklich Mächtigen.

Wenn hier von *Macht* die Rede ist, so ist damit nicht die Autorität einer Vorbilds- oder Vertrauensperson gemeint, die ein Mensch aufgrund seiner Erfahrung, Werte, Rolle, Ausstrahlung, Handlungen oder seines Wissensvorsprungs erlangen kann.

Gewiss hat ein charismatischer Popstar oder Social Media-Influencer das Potenzial, Millionen von Fans zu beeinflussen, genauso wie ein wortgewandter Intellektueller auf die öffentliche Meinung einwirkt. Natürlich hat auch ein Arzt «Macht» über seine Patienten, ein Vorgesetzter über seine Untergebenen, eine Ehefrau über ihren Ehemann und umgekehrt. Doch wir wollen bei diesen Phänomenen in Abgrenzung zu unserem engeren Verständnis von Macht von natürlicher Autorität sprechen, weil sie nicht auf menschlichem Zwang basiert. Ein Patient kann seinen Hausarzt bei Unzufriedenheit wechseln. Ein Angestellter kann seinen freiwillig eingegangenen Arbeitsvertrag auflösen und sich eine andere

Stelle suchen. Eheleute haben die Möglichkeit, sich scheiden zu lassen. All diese Beziehungen beruhen nicht auf Gewaltandrohung oder Gewaltanwendung, sondern auf Freiwilligkeit.

Hier ist also jene Macht gemeint, die es einem Einzelnen oder einer Gruppe von Menschen erlaubt, anderen ihren Willen durch die Androhung oder Ausübung physischer Gewalt aufzunötigen. Es geht nicht um die Fähigkeit, seine Mitmenschen mit guten Argumenten oder Angeboten (die sie ablehnen können) zu überzeugen, sondern diese gegen ihren Willen zu Handlungen oder Unterlassungen zu zwingen (die sie ablehnen würden, wenn sie die freie Wahl hätten).

Oftmals herrscht Konfusion: Macht wird insbesondere von Etatisten reichen Privatpersonen oder Konzernen zugeschrieben, jedoch selten dem Staat selbst, der als ungefährlich erachtet wird, weil dieser ja «dem Gemeinwohl» verpflichtet sei. Es wird behauptet, in einer Demokratie seien der Staat «wir alle» und «wir alle» könnten ja bestimmen, was der Staat tun solle. Dieser Sichtweise liegt aber ein unzulässiger Anthropomorphismus zugrunde, welcher ein abstraktes Gebilde wie den Staat fälschlicherweise als handelndes Wesen darstellt, das im Gegensatz zu Privaten ausschliesslich dem Gemeinwohl diene. Der Staat aber sind nicht «wir alle». Es sind jene Akteure, die in seinem Namen handeln. Auch sie verfolgen – wie alle anderen Menschen auch – Eigeninteressen. Diese Eigeninteressen legen sie nicht ab, wenn sie zum Parlamentarier, Regierungsmitglied oder Richter gewählt werden oder in der öffentlichen Verwaltung zu arbeiten beginnen. Worin bestehen diese Eigeninteressen? In der Maximierung ihres Einflusses und ihres Einkommens sowie in ihrer Wiederwahl zur Sicherung ihrer Macht und Einkünfte.

Staatliche Macht basiert auf dem Gewaltmonopol. Die entsprechenden Zwangsmittel können von jenen, die den staatlichen Machtapparat gerade kontrollieren, eingesetzt werden, um anderen ihren Willen aufzunötigen. Das Gewaltmonopol erlaubt es, andere Menschen zu unterwerfen – notfalls mit Polizeigewalt, wenn die Herumkommandierten und vom Fiskus Bedrohten sich nicht fügen wollen. Diese potenzielle Macht ist es, die für die Gesellschaft eine permanente Gefahr darstellt. Es besteht eine ständige Versuchung zum *Gebrauch* des Gewaltmonopols für die Durchsetzung von Interessen einiger auf Kosten anderer.

Nichtsdestotrotz hält sich aufgrund intensiver Propaganda hartnäckig der Glaube, die wirklich Mächtigen seien in Wahrheit die Reichen und die grossen Konzerne. So waren nach einer Umfrage der Friedrich-Ebert-Stiftung 74,6 Prozent der Befragten der Meinung, dass letztlich nicht die Politik, sondern die Wirtschaft in ihrem Land entscheide. Das stimmt so natürlich nicht. Kein Unternehmen und kein Reicher kann einen Politiker auf legalem Weg dazu zwingen, dass dieser in seinem Sinne handelt. Wer das als Privater tut, macht sich strafbar. Über legale Instrumente der Gewaltandrohung und -anwendung verfügen einzig die Akteure des Staates.

Die «Macht» von wohlhabenden Privaten zur Durchsetzung ihrer Interessen ist also – im Gegensatz zu jener der Politiker und Bürokraten – beschränkt (es sei denn, sie werden selbst zu Politikern oder Staatsdienern). Abgesehen von ein paar wenigen Ausnahmen (wie Volksabstimmungen) entscheiden Politiker und Beamte darüber, welche Regeln für alle gelten sollen. Auch entscheiden sie darüber, ob sie sich bestechen lassen wollen oder nicht. Ein Privater kann lediglich Bestechungsangebote machen, jedoch nicht die Entscheidung für den Politiker treffen. Deshalb gilt: «Die Herrschenden müssen bewacht werden, nicht die Beherrschten», wie es der Schriftsteller Friedrich Dürrenmatt (1921–1990) formuliert hatte.

In der Geschichte bis und mit heute wurde Macht mit wandelnden Argumenten legitimiert. Oftmals geht die Rechtfertigung für eine «legalisierte» Zwangsanwendung durch den Staat mit der Verabsolutierung eines Werts einher. Irgendetwas – sei es eine Ideologie, eine Religion, eine wissenschaftliche Disziplin oder Studie, die Sicherheit, die Umwelt, das Klima, die Gesundheit etc. – wird dabei verklärt und als wichtiger als alle anderen Werte dargestellt, weshalb man diesem um jeden Preis (meist ist dieser Preis die Freiheit) mit politischem Zwang zur Durchsetzung verhelfen müsse.

Verschiedene Interessengruppen favorisieren, gewichten, priorisieren dabei unterschiedliche Werte. Wenn viele dieser Gruppen auf staatlichen Zwang als Durchsetzungsinstrument ihrer Interessen setzen, ist das Ergebnis eine wachsende Machtballung beim Staatsapparat und eine zunehmende Entmachtung der Bürger in immer mehr Lebensbereichen – ein Phänomen, dass wir heute nur allzu gut beobachten können.

Je mehr Zwang in einer Gesellschaft verbreitet ist, desto stärker ist die individuelle Freiheit eingeschränkt und desto schlechter steht es um den Frieden, Wohlstand und das Glück. Das Ziel muss es deshalb sein, Macht, respektive die problematische Zwangsausübung, in der Gesellschaft auf ein absolutes Minimum zu reduzieren, damit es allen willigen Individuen möglich ist, ein selbstbestimmtes Leben in Eigenverantwortung zu führen und so ihre selbstgesetzte Zielen mit eigens definierten Mitteln zu erreichen.

Dieses Ziel, die Macht der Politik zu limitieren, könnte beispielsweise durch eine Politikerhaftung erreicht werden, damit Politiker mit ihrem Privatvermögen haften müssen, wenn sie den Bürgern einen Schaden zufügen. Auch gilt es, durch diverse Entpolitisierungs-Reformen (Abbau von Überregulierung, Abschaffung unnötiger Ämter, Steuersenkungen) den schädlichen Einfluss des Entmündigungs-, Bevormundungs- und Kontrollstaates zu minimieren.

IV.
Recht

Menschenrechte

Wenn heute von «Menschenrechten» die Rede ist, meinen die meisten Dinge wie ein «Recht auf Bildung», «auf Medizin» oder auf «bezahlte Ferien». Doch können solche Anspruchsrechte tatsächlich Menschenrechte im eigentlichen Sinne sein?

Die Idee universeller Menschenrechte – verstanden als individuelle Abwehrrechte – konnte sich seit der Aufklärung immer stärker durchsetzen. Es ereignete sich ein regelrechter Siegeszug individueller Abwehrrechte, welche die einengenden Ansprüche von Gruppen und politischen Herrschern zurückzudrängen vermochten. Mittlerweile ist insbesondere in der westlichen Welt weitestgehend anerkannt, dass alle Menschen gleichermassen über individuelle Abwehrrechte verfügen sollten – unabhängig ihrer Hautfarbe, ihrer Ethnie, ihres Standes, ihres Geschlechts und weiterer Unterscheidungsmerkmale. Quelle dieser Überzeugung ist die Einsicht, dass Menschen vernunftbegabte Wesen mit einem freien Willen sind. Entsprechend gilt es, sie in ihrer Würde zu schützen. Alle Menschen sollen die gleichen Rechte haben und vor dem Gesetz gleichbehandelt werden – allein aufgrund ihres Menschseins.

Jedoch geraten Menschenrechte, die im Verlauf der Geschichte mühsam erstritten und erkämpft werden mussten, nun zunehmend unter Druck. Diese Bedrohung kommt weniger im Gewand offen deklarierter, unverblümter Missachtung akzeptierter Menschenrechte daher, sondern vielmehr unter dem Deckmantel der sozialdemokratischen Forderung, nebst individuellen Abwehrrechten auch individuelle oder kollektive Forderungen und Ansprüche an andere Menschen zu erheben und diese ebenfalls zur Kategorie der «Menschenrechte» hinzuzuzählen. Dieser Paradigmenwechsel, der sich hauptsächlich im vergangenen Jahrhundert vollzogen hatte, verdrängt zunehmend die ursprünglichen Menschenrechte – die Abwehrrechte –, weil sich Anspruchsrechte nicht komplementär neben den bereits existierenden individuellen Freiheitsrechten aufreihen lassen, sondern letztere relativieren.

Was sind Menschenrechte überhaupt? Menschenrechte sind subjektive Rechte, auf die sich jeder Mensch gleichermassen allein aufgrund seines Menschseins berufen kann. Sie sind Existenzbedingungen, die der Mensch seiner Natur nach zum angemessenen Überleben und Prosperieren braucht. Sie sind unveräusserlich und unteilbar. Damit Menschenrechte universelle Gültigkeit beanspruchen können, müssen sie unabhängig der Umstände, der involvierten Personen, der Zeit und des geografischen Ortes angewendet werden können.

Heute hat sich eine Unterteilung der Menschenrechte in drei verschiedene Kategorien – sogenannte Generationen – durchgesetzt, die fälschlicherweise auf einen Fortschritt hindeuten. Die erste Generation umfasst Abwehrrechte zum Schutz des Lebens, der Persönlichkeit und der individuellen Freiheit, wobei unter «individueller Freiheit» nicht die Ermächtigung gemeint ist, etwas tun zu können, sondern die Tatsache, dass man von anderen nicht daran gehindert wird, nach eigenem Urteil zu handeln, solange man dasselbe Recht auch anderen zugesteht. Diese Rechte werden auch als «ursprüngliche» Menschenrechte bezeichnet.

Eher neuartig sind die wohlfahrtsstaatlichen Anspruchsrechte der zweiten Generation, welche jedem Menschen das Recht auf einen «angemessenen» Lebensstandard garantieren wollen, sowie kollektive Rechte der dritten Generation, bei denen es nicht um Rechte für Menschen, sondern um Sonderrechte für Gruppen von Menschen geht. Doch diese beiden neueren Kategorien eignen sich nicht, um als «Menschenrechte» durchzugehen. Warum? Beginnen wir bei den kollektiven Rechten.

Eine Gruppe stellt nichts weiter dar als die Summe der Gruppenmitglieder. Eine Gruppe kann deshalb nicht mehr Rechte haben als sämtliche Gruppenmitglieder zusammengenommen. Aus diesem Grund reicht es, sich bei der

Definition von Menschenrechten auf individuelle Rechte zu beschränken. Gruppen innerhalb der Menschheit, wie beispielsweise Weisse, Arbeitnehmer, Angehörige einer religiösen Minderheit, einer sexuellen Ausrichtung usw., können an sich keine Träger von Menschenrechten sein. Ist eine Gruppe Träger von Rechten, eine andere jedoch nicht, bedeutet dies, dass gegen das Universalitätsgebot verstossen wird, wonach alle Menschen dieselben Rechte haben müssen. Kollektive Rechte, welche heute als «Menschenrechte dritter Generation» bezeichnet werden, sind deshalb keine Menschenrechte.

Anspruchsrechte, welche jedem Menschen auf Kosten anderer die Macht zugestehen wollen, etwas zu tun, können auch keine Menschenrechte sein, weil sie ebenfalls nicht universell anwendbar sind und im Widerspruch zu den ursprünglichen Menschenrechten – den individuellen Abwehrrechten – stehen.

Während Anspruchsrechte die Menschen zwingt, etwas zu tun – beispielsweise die Früchte ihrer Arbeit für andere zu opfern –, sind sie bei Abwehrrechten lediglich dazu angehalten, gewisse Dinge zu unterlassen. Es geht dabei um sämtliche Handlungen, welche das Leben oder Eigentum anderer Menschen verletzen.

Im Gegensatz zu Anspruchsrechten und kollektiven Rechten genügen Abwehrrechte dem Universalitätsgebot und können daher als Menschenrecht qualifiziert werden. Sie können auf alle Menschen angewendet werden, ohne gleichzeitig die Rechte einiger Menschen zu verletzen. Das Abwehrrecht des einen verletzt nicht das Abwehrrecht des anderen. Die eingeräumte Freiheit für alle, zu tun und zu lassen, was man will, findet dank der Durchsetzung der Abwehrrechte jedes Einzelnen dort seine Grenze, wo sie mit Abwehrrechten anderer Menschen kollidiert. Insofern sind Abwehrrechte nicht nur universell anwendbar, sondern dienen auch der friedlichen Koexistenz der Gesellschaftsmitglieder unter

Einräumung maximal möglicher Freiheiten für jeden Einzelnen.

Ausschliesslich Abwehrrechte können daher universell anwendbare Menschenrechte sein. Darunter fallen grob gesagt zwei Arten von Rechten, die eng miteinander verbunden sind. Einerseits ist es das *Recht auf Leben und körperliche Unversehrtheit.* Dieses bedeutet nicht, dass Drittpersonen per Gesetz dazu angehalten werden können, einem anderen Menschen die Existenz mit ihrer Arbeitskraft zu sichern. Denn dies käme einer Legalisierung der Sklaverei gleich und würde in die Kategorie der Anspruchsrechte fallen. Das Recht auf Leben umfasst vielmehr die Tatsache, dass jeder Mensch sein eigenes Leben mit eigener Anstrengung erhalten darf. Es bedeutet, dass andere gegen ihn keine körperliche Gewalt und keinen Zwang initiieren dürfen, schon gar nicht, wenn dies das Leben und die körperliche Unversehrtheit gefährdet.

Vom Recht auf Leben leitet sich untrennbar das *Recht auf Eigentum* ab, denn ohne geschütztes Eigentum ist der Schutz des Lebens unmöglich. Das Recht auf Eigentum bedeutet nicht, dass jeder eine Garantie erhält, irgendwelches Eigentum zu erlangen oder dass andere Menschen jemanden mit Eigentum versorgen müssen, sondern dass jeder das Recht hat, die Früchte der eigenen Arbeit und anderes rechtmässig erworbenes Eigentum (beispielsweise durch Handel, Schenkungen oder Erbschaften) sein Eigen zu nennen und damit zu tun und zu lassen, was man will, solange man damit die entsprechenden Rechte anderer nicht verletzt – das heisst solange man keine Gewalt oder Zwang gegen andere initiiert. Die einzig wahren, universell anwendbaren Menschenrechte sind folglich das Recht auf Leben und das Recht auf Eigentum (wovon sich auch alle anderen Abwehrrechte wie die Meinungsäusserungsfreiheit, die Glaubensfreiheit, die Versammlungs- und Vereinigungsfreiheit etc. ableiten). Wenn also Sozialdemokraten von Menschenrechten schwadronieren, in Wahrheit aber Zwangsumverteilung und Sklaverei meinen, ist auf diese Wortverdrehung mit Nachdruck hinzuweisen.

Minderheitenschutz

Der Gedanke, dass es vulnerable Minderheiten gibt, die es vor der Übermacht einer Mehrheit zu schützen gilt, ist ein urliberaler. Gerade aus diesem Grund betrachteten Liberale die Demokratie stets mit einer gewissen Skepsis, weil eine grenzenlose Demokratie leicht zur Diktatur der Mehrheit ausarten kann. Daher fordern sie klare Schranken des Mehrheitsprinzips in Form von unantastbaren Individualrechten, damit es nicht zur Situation kommt, dass zwei Wölfe und ein Schaf darüber abstimmen, was es zum Abendessen geben wird.

Ein Bewusstsein für die Gefahr der Unterdrückung von Minderheiten ist also gesund und wichtig. Es ist tragisch, dass sich heute immer mehr Interessengruppen diese gesellschaftlich vorhandene Sensibilität zunutze machen und sie zur Durchsetzung von Privilegien missbrauchen. Das wird zunehmend zu einem Problem. Nicht nur drohen die darüber entbrannten politischen Konflikte ausser Kontrolle zu geraten. Auch wird die Akzeptanz für den Schutz von Minderheiten durch diese gruppenegoistischen Übertreibungen gefährdet, weil der Minderheitenschutz mehr und mehr mit einer rücksichtslosen Interessendurchsetzung auf Kosten anderer assoziiert wird.

Natürlich war die Geschichte der Menschheit nicht immer gerecht – ganz im Gegenteil. Menschen mit bestimmten identitären Gruppenmerkmalen oder Ansichten wurden immer wieder an verschiedensten Orten der Welt benachteiligt, verfolgt und ermordet. Und das werden sie teilweise auch heute noch. Doch in der westlichen Welt wurden Minderheiten aller Art wohl auch noch nie so tolerant behandelt wie Anfang des 21. Jahrhunderts. Dies ist vor allem der Tatsache zu verdanken, dass sich liberale Ideen seit der Aufklärung gerade in der westlichen Hemisphäre stark verbreiten konnten und universelle Menschenrechte auf grosse Akzeptanz stiessen. Menschenrechte, die allen Menschen unabhängig von ihrer Rasse, ihrer Ethnie, ihres Geschlechts, ihrer sexuellen Orientierung, ihrer Religionszugehörigkeit etc. gleichermassen zustehen. Damit soll nicht behauptet werden, dass es im Westen keine Attacken auf Menschen aufgrund identitärer Merkmale mehr gibt. Solche kommen zweifelsohne auch heute immer noch vor. Doch unabhängig der Auftrittshäufigkeit solcher Fälle ist es falsch, einzelnen Personengruppen Sonderrechte zuzugestehen, weil diese immer den Argwohn der anderen auf sich ziehen und Konflikte schüren.

Der Liberalismus bietet hier eine nachhaltig friedliche Lösung an, indem er eben nicht auf Sonderrechte und Privilegien setzt, sondern auf universell geschützte Abwehrrechte, die für alle gleichermassen gelten. Unabhängig davon, ob jemand ein Mann oder eine Frau ist, ob schwarz oder weiss, ob Christ, Jude, Moslem, Hindu oder Atheist, ob homosexuell, bi- oder transsexuell: Niemand hat ein Recht, einen Angriff auf Leib, Leben und Eigentum irgendeiner anderer Person zu starten. Es spielt dabei auch keine Rolle, ob der Angriff nun wegen der identitären Merkmale geschieht oder nicht. Beides ist gleichermassen verboten. So ist für alle klar: Jeder Mensch ist unantastbar. Jeder Mensch ist schützenswert. Denn die kleinstvorstellbare Minderheit ist nicht irgendeine Gruppe, sondern das Individuum.

Wenn alle gleichermassen in ihren Rechten geschützt wären, entstünde auch kein Sozial- und Gruppenneid, weil niemand zu Unrecht privilegiert wäre. Die liberale Lösung ist daher die erfolgversprechendere als die sozialdemokratische, weil letztere darin besteht, willkürlich irgendwelche Gruppen zu erküren, die angeblich Opfer sind und des Schutzes bedürfen. Ein solcher Wettbewerb, der sich nur darum dreht, dass sich alle Gruppen als grösstes Opfer darzustellen versuchen, ist destruktiv und kontraproduktiv für die «Opfer» selbst. Ein solcher Opferwettbewerb lenkt die Aufmerksamkeit der Beteiligten auf die eigenen Nachteile, Schwächen und Unzulänglichkeiten, anstatt sich auf eigene Talente, Stärken und Vorzüge zu fokussieren. Das schwächt das Selbstvertrauen und hindert die Betroffenen daran, über sich selbst hinauszuwachsen. In jeder zwischenmenschlichen Geste – etwa bei der Ablehnung eines Angebots – glaubt man dann eine auf Vorurteile basierende Gemeinheit oder Diskriminierung zu erkennen, was die gesellschaftliche Atmosphäre vergiftet und zur Spaltung der Gesellschaft führt.

Anstatt die allergrössten Opfer X, Y und Z auszuwählen, sie gesetzlich zu privilegieren und alle anderen der X-, Y-, oder Z-Phobie zu beschuldigen, wäre es für alle Beteiligten besser, wenn man sich nicht an oberflächlichen, äusseren Merkmalen orientieren würde, sondern an ihren Potenzialen und Leistungen. Wer z.B. für eine Arbeitsstelle am geeignetsten ist, die nötigen Fähigkeiten und Motivation mitbringt, soll die Stelle bekommen. Für einen Arbeitgeber, der auf gute Resultate aus ist, spielen äussere Merkmale wie das Geschlecht, die Hautfarbe, die sexuelle Orientierung und weitere Unterscheidungsmerkmale keine oder eine untergeordnete Rolle. Arbeitgeber, die nach solchen Äusserlichkeiten diskriminieren, werden vermutlich weniger Profite machen. Sie neigen daher aufgrund wirtschaftlicher Anreize nicht zur Diskriminierung. Das Gleiche sollte für Stellen im öffentlichen Dienst gelten: Nur ein Auswahlverfahren, das auf dem Leistungsprinzip basiert, führt zu gesellschaftlicher Akzeptanz und verhindert, dass sich ein Groll gegen die «geschützten» und «privilegierten» Minderheiten entwickelt, der für diese Minderheiten zum Problem werden könnte.

Druck führt zu Gegendruck: Wenn sich gewisse Kreise als Wortführer einer bestimmten Gruppe aufschwingen und Nicht-Gruppenmitglieder mit allerlei unschönen Etiketten versehen, so muss man sich langfristig nicht wundern, wenn die Gruppenmitglieder von der restlichen Gesellschaft zu Sündenböcken abgestempelt und ihrerseits wiederum härter angegangen werden. Die mit Aggressivität eingeforderte «Toleranz», die unter dem Banner des Minderheitenschutzes vorgetragen wird, verkehrt sich somit in ihr Gegenteil: in Intoleranz und Diskriminierung.

Den immer radikaler auftretenden Wortführern identitärer Gruppen scheint nicht bewusst zu sein, dass sie mit ihren Forderungen nach Sonderprivilegien – wie z.B. einer Quote für ihre Gruppenmitglieder in Führungsetagen – langfristig keine anhaltenden Vorteile für ihre Gruppenmitglieder ergattern können. Denn bei einem solchen gruppenegoistischen Vorgehen dürfte es nicht lange dauern, bis sich weitere Gruppen bilden, die auch von Sonderprivilegien profitieren oder der privilegierten Gruppe eins auswischen wollen. So kann es nicht erstaunen, dass als Reaktion auf die feministische Frauenbewegung, die mit ihren Forderungen heute nicht mehr eine rechtliche Gleichstellung, sondern eine diskriminierende Besserstellung gegenüber den Männern fordert, eine Männerbewegung entstanden ist, die ihrerseits wiederum für ihre Rechte kämpft. Es darf auch nicht verwundern, dass als Reaktion auf die Bewegung «Black Lives Matter», die für Sonderrechte für Schwarze in den USA einsteht, nun auch eine «White Lives Matter»-Bewegung entstanden ist, die wiederum Privilegien für Weisse fordert. Und so weiter.

Solche Bewegungen, die im Namen des «Minderheitenschutzes» für Sonderrechte für Minderheiten kämpfen, tragen also lediglich zur gesellschaftlichen Spaltung bei, obwohl doch eigentlich das positive und vertrauensfördernde aufeinander Zugehen im Zentrum stehen sollte. Quotenregelungen fördern lediglich das Misstrauen: Hat jetzt jemand diesen Job einfach aufgrund des Geschlechtsteils, der sexuellen Orientierung oder aufgrund der Kompetenz? Potenzielle Quotenmenschen werden daher tendenziell stärker gemieden – oder eben: diskriminiert. Quoten fördern die Diskriminierung also in mehrfacher Hinsicht.

Letztlich nützt ein solches Auseinanderdividieren der Gesellschaft einzig denjenigen, die politische Macht erlangen und behalten wollen. Ganz im machiavellischen Sinne betreiben sie ein Spiel namens «teile und herrsche». Je mehr die Bürger untereinander zerstritten sind, desto einfacher lässt es sich regieren.

Pflicht

Im heutigen sozialdemokratisierten Meinungsklima fühlen sich immer mehr Politiker dazu berufen, anderen Menschen vorzuschreiben, wie sie zu leben haben. Doch kaum jemand getraut sich, diese Akte als das zu benennen, was sie sind: nämlich Zwang – oder in anderen Worten: die Androhung oder Anwendung von nackter Gewalt, wenn man einer entsprechenden Anordnung nicht Folge leistet. Lieber weicht man auf sanftere Begriffe aus, die allerdings in diesem Kontext völlig falsch verwendet werden. So zum Beispiel der Begriff «Pflicht».

Komischerweise sprechen Politiker, die z.B. alle Menschen dazu zwingen wollen, sich bestimmte Substanzen in den Körper zu spritzen oder sich zu maskieren nicht von einem «Impfzwang» oder einem «Maskenzwang». Lieber sprechen sie von der Einführung einer allgemeinen «Impfpflicht» oder einer «Maskenpflicht». Gleiches gilt für die «Militärdienstpflicht», die «Schulpflicht» und andere sog. «Pflichten», die uns von der Politik aufoktroyiert werden. Die meisten übernehmen dann dieses «Wording» blind. Doch diese Begriffe sind falsch. Pflicht und Zwang sind nicht dasselbe und dürfen nicht miteinander vermischt werden.

Schon im Zeitalter der Aufklärung wiesen einige Denker darauf hin, dass Herrschaft von Zwang komme, und Recht vom Vertrag her. In der Tat kann niemand mehr Rechte und Pflichten gewähren oder einfordern, als dies in einem Vertrag festgelegt wurde. Rechte und Pflichten entstehen also nur aus Verträgen, aus freiwilligen Abmachungen.

Wenn freiwillige Vereinbarungen geschlossen werden, stellen sich erwartungsgemäss alle Vertragsparteien besser. Wenn Sie sich gegenüber einem Buchhändler verpflichten, 30 Franken für ein Buch zu bezahlen, und der Buchhändler sich verpflichtet, Ihnen das Buch innert nützlicher Frist zu liefern, dann stellen Sie sich beide besser. Denn Sie würden die 30 Franken nicht hergeben, wenn Sie sich vom Buch nicht einen höheren Nutzen versprächen, als wenn Sie die 30 Franken eingespart hätten. Und der Buchhändler würde das Buch nicht hergeben, wenn er sich von den 30 Franken keinen höheren Nutzen verspräche, als wenn er das Buch stattdessen behalten hätte. Es handelt sich folglich bei einer freiwilligen Verpflichtung um ein Win-Win-Geschäft, bei dem sich beide besserstellen – und zwar verglichen mit einer Situation, in welcher der Vertrag nicht geschlossen worden wäre.

Niemand kann aber einen anderen zu etwas «verpflichten» ohne dessen Einwilligung. Wenn jemand Sie «verpflichten» will, ihm Ihr Portemonnaie zu überlassen und er Ihnen droht, dass er Ihnen andernfalls einen grossen Schaden zufügen wird, so «verpflichtet» er Sie in Wahrheit nicht, sondern er zwingt Sie. Denn Sie möchten ja beides nicht: Weder das Portemonnaie abgeben, noch dass Ihnen Schaden zugefügt wird. Beides sind Übel. In diesem Fall gibt es keine Win-Win-, sondern vielmehr eine Win-Lose-Situation. Der andere gewinnt etwas auf Kosten und zu Lasten von Ihnen. Kurzum: Pflicht bedeutet Win-Win, Zwang bedeutet Win-Lose.

Eine Impf- oder Maskenpflicht z.B. kann es nur geben, wenn sich die Vertragsparteien freiwillig dazu verpflichtet haben. Ein privater Arbeitgeber und eine Arbeitnehmerin können sehr wohl vereinbaren, dass es eine Voraussetzung ist, sich zu impfen oder in gewissen Situationen eine Maske zu tragen, damit die Arbeitnehmerin die Arbeiten ausüben darf. Auch könnte eine private Busfahrtgesellschaft nur Passagiere mitfahren lassen, die eine Maske tragen, wenn sie sich entsprechend auf dem Markt positionieren will. Denn sie schuldet niemandem eine Mitfahrt und kann sich ihre Kunden frei aussuchen. Insofern verpflichten sich alle Kunden, die dort ein Ticket kaufen, dass sie während der Fahrt eine Maske tragen, wenn dies beim Verkauf so als Bedingung fürs Mitfahren deklariert wurde. In solchen Fällen kann man gut und gerne von einer Maskenpflicht sprechen.

Völlig falsch ist der Begriff aber, wenn einer Interaktion keine Vertragsbasis zugrunde liegt. Wenn die Politik beispielsweise allen Restaurants-, Hotel-, Verkehrs-, Gesundheits- und Kulturbetrieben verordnet, dass sie nur noch Leute reinlassen dürfen, die geimpft sind und eine Maske tragen (und ihnen andernfalls mit Zwangsschliessung gedroht wird), so gilt hier eben keine «Maskenpflicht» oder «Impfpflicht». Denn weder die Restaurant-, Hotel-, Kultur- oder Verkehrsbetriebe noch ihre Kunden haben sich freiwillig dazu verpflichtet. Vielmehr werden sie alle von einer aussenstehenden Instanz – dem Staat – dazu gezwungen.

Genauso falsch ist es, wenn im öffentlichen Verkehr, an Universitäten oder in Museen, die von allen Steuerzahlern zwangsweise mitfinanziert werden, die Durchsage erklingt: «Hier gilt eine Maskenpflicht!». Man kann nicht einfach Leute dazu zwingen, staatliche Verkehrsbetriebe oder Universitäten mitzufinanzieren, sie dann aber von der Nutzung ausschliessen. Das wäre doppelt verwerflich. Aber eben auch begrifflich inkorrekt.

Was politisch verordnete «Militärdienstpflicht», «Schulpflicht», «Maskenpflicht», «Impfpflicht» usw. aus praxeologischer (also handlungslogischer) Sicht darstellen, sind Angriffe. Es sind keine freundlichen, sondern feindlichen Handlungen, die in einer liberalen Ordnung keinen Platz haben, weil eben dadurch der Einzelne in seiner Privatautonomie nicht mehr respektiert, sondern attackiert wird. Es ist dabei unerheblich, ob diese Attacken zum angeblichen Nutzen anderer sind. Jeder gewöhnliche Raub und jeder Diebstahl sind auch zum Nutzen von jemandem. Das kann kein ethisches Bewertungskriterium sein. Eine Attacke wird auch dann nicht ethisch besser, wenn sie «wissenschaftlich fundiert» ist, denn die Wissenschaft kann lediglich objektiv feststellen, was ist, aber niemals, was sein sollte.

Praxeologisch betrachtet hat ein Angegriffener die Möglichkeit, den Angriff abzuwehren, also sich selbst zu verteidigen, Wiedergutmachung anzustreben oder – wenn dies nicht möglich ist – den Angriff zu vergelten. Das sind, sofern sie nur eine Reaktion auf eine feindliche Handlung sind, eben keine feindlichen Handlungen, sondern friedliche, weil sie den ursprünglichen Zustand vor der Verschlechterung wiederherzustellen versuchen.

Es ist wohlbekannt, dass Rechtspositivisten hier eine andere Ansicht vertreten. Ihrer Meinung nach kann Recht einseitig begründet werden. Wie noch zu Zeiten vor der Aufklärung sind sie der Auffassung, dass das Recht «von oben» komme. Das einzige, was sich hier geändert hat, ist, dass dieses «oben» jetzt nicht mehr durch Kirchenvertreter repräsentiert wird, sondern durch Politiker. Rechtspositivisten sind der Ansicht, dass diese «Politiker da oben» «uns hier unten» zu etwas «zwangsweise verpflichten» könnten, sofern dies nur auf formaljuristisch korrekte Weise geschieht. Insofern deuten sie den staatlichen Angriff auf den Einzelnen nicht als Angriff. Vielmehr glauben sie, dass man den unfolgsamen Einzelnen mit weiteren Zwangsmassnahmen drangsalieren sollte und für seinen Ungehorsam bestrafen müsse. Doch eine solche Sichtweise ist eben eine zutiefst antiaufklärerische, inhumane und illiberale.

Es leuchtet ein, dass anstelle von *Zwang* oftmals von einer *Pflicht* gesprochen wird, weil sich eine Pflicht einfach sanfter anfühlt, es in den Köpfen der Gezwungenen weniger brachial und angenehmer klingt und sich der Befehl der Politiker so einfacher durchsetzen lässt. Man sollte diesen Begriff daher konsequent als falsch zurückweisen, wenn es sich tatsächlich um Zwang handelt. Das hilft dabei, eine klarere Vorstellung vom Vorgang zu erhalten.

Allgemeinwohl / öffentliches Interesse

Parteien und Politiker propagieren und beschliessen gerne Massnahmen, die angeblich im «öffentlichen Interesse» seien. Diese Interventionen dienten nichts anderem als dem «Allgemeinwohl», weshalb sie «alternativlos» seien. Auch wenn das von Fall zu Fall einleuchten mag, sollten Sie immer kurz innehalten, wenn jemand mit dem «Allgemeinwohl» und dem «öffentlichen Interesse» argumentiert. Denn meistens ist das ein billiger Trick, um Sonderinteressen zum Durchbruch zu verhelfen.

Zur Veranschaulichung des Problems wollen wir uns beispielhaft die politischen Reaktionen auf die Corona-Krise anschauen. Die allermeisten würden wahrscheinlich noch zustimmen, dass der Schutz der Gesundheit im öffentlichen Interesse liegt und das Allgemeinwohl darin besteht, dass möglichst viele Menschen gesund sind. Doch die Herausforderung liegt nicht darin, Dinge ausfindig zu machen, die praktisch alle Menschen anstreben. Kandidaten neben der Gesundheit wären da z.B. Sicherheit, Liebe, Glück und Freiheit. Kompliziert wird es vielmehr, wenn jemand die Gewichtung der einzelnen Werte untereinander für alle Menschen festlegen wollte. Denn diese widersprechen sich oftmals.

Gesundheit ist wichtig, keine Frage. Doch muss sie deswegen für alle Menschen wichtiger sein als alles andere? Sollen alle eine Maske tragen, sich zuhause isolieren und auf soziale Kontakte verzichten *müssen*, um sich vor einer Ansteckung zu schützen? Können nicht auch der soziale Austausch, Liebe, Berührungen und frische Luft ein ebenso wichtiges Grundbedürfnis darstellen? Sollen wir alle Ressourcen auf die Gesundheitsförderung richten? Oder gibt es daneben noch Bereiche, für die ebenfalls Mittel zur Verfügung stehen sollten?

In politischen Debatten steht während gewissen Episoden oftmals ein einziges dominantes Thema im Vordergrund, wie eben z.B. die Bekämpfung eines Virus. Die Versuchung ist dann gross, fundamentale Realitäten zu ignorieren: nämlich, dass Ressourcen knapp sind und der gleiche Franken nur einmal ausgegeben werden kann. Man kann nun dem Gesundheitswesen im Eifer des Gefechts viel mehr Steuergelder zukommen lassen und beschliessen, dass der Staat mehr Masken und Impfungen einkaufen solle. Doch das ist nur eine Seite der Medaille. Gleichzeitig müsste man dann auch sagen, wofür man gleichzeitig weniger Geld ausgeben will: Soll man anstatt dessen die Hilfe für Arme und Behinderte zusammenstreichen? Oder vielleicht doch lieber den Pensionären weniger Rente auszahlen? Oder soll man bei den Krippenplätzen sparen?

Die meisten Politiker tun so, als würde Geld auf den Bäumen wachsen. Sie verhalten sich, als ob wir im Paradies leben würden und die Ressourcen endlos wären. Doch das sind verhängnisvolle Träumereien, die viel Schaden anrichten. Politiker sind Spezialisten darin, die Folgen ihres Handelns zu vertuschen und so zu tun, als könnten sie nur Nutzen bewirken, ohne dass jemand die Kosten tragen müsste. Doch in Wahrheit können sie nur Gelder umverteilen, die zuvor jemandem unter Androhung oder Anwendung von Gewalt weggenommen wurden.

Diesen Nutzen, den die Politik angeblich stiftet, hatte der Aufklärungsphilosoph Frédéric Bastiat (1801–1850) als Phänomen bezeichnet, das wir *sehen*. Was er hier anspricht sind all die schönen Projekte, die Politiker auf den Weg bringen: den neuen Strassentunnel, den Busbahnhof, die zusätzlichen Züge, das Schulhaus, die Erhöhung der Rente, Corona-Hilfsgelder, die Aufstockung des Pflegepersonals etc.

Was wir hingegen *nicht sehen*, ist das, was wir uns durch die staatlichen Mehrausgaben in einem anderen Bereich nicht mehr leisten können. Wenn wir z.B. die Steuern erhöhen müssen, um mehr für den Gesundheitsschutz zu tun, fehlt Privatinvestoren dadurch vielleicht gerade das nötige

Geld, um eine bahnbrechende Innovation im Gesundheitswesen zu entwickeln, die viel mehr Leben gerettet hätte, als die zweiunddreissigste Präventionskampagne, die der Staat mit diesem Geld lanciert.

Verschiedene Menschen bewerten unterschiedlich, verfolgen Ziele, die sich von ihren Mitmenschen unterscheiden. Individuen sind nun einmal einzigartig. Auch wenn wir uns hinsichtlich unserer Grundbedürfnisse wie Nahrung, ein Dach über dem Kopf und Kleider gewissermassen ähnlich sein mögen, heisst das nicht, dass wir dieselben Dinge gleich bewerten. Zu behaupten, Gesundheit sei für alle wichtiger als sozialer Austausch oder Freiheit, und zu verlangen, dass wir letztere deshalb zugunsten von erstem opfern müssten, ist eine arrogante Anmassung, die von sich selbst unzulässigerweise auf alle anderen schliesst. *Von sich selbst* kann das jemand natürlich behaupten, aber er kann nicht in Anspruch nehmen, *für die ganze Gesellschaft* zu sprechen. Wer politische Massnahmen mit dem Euphemismus des «Allgemeinwohls» oder des «öffentlichen Interesses» legitimieren will, begeht einen Denkfehler oder handelt bewusst manipulativ, um seine eigenen Interessen durchzusetzen und anderen zu schaden.

Als wäre die Abwägung zwischen einzelnen Werten nicht schon kompliziert genug, kommt auch noch die Frage nach dem *Wie* hinzu. Selbst, wenn sich alle einig wären, dass Gesundheit der wichtigste aller Werte wäre: *Wie* soll man die Gesundheit nun konkret fördern, wenn z.B. ein Virus die Runde macht? Durch Angst- und Panikmache, Lockdowns, Grenzschliessungen, Kontaktverbote, Masken- und Impfzwang? Oder indem wir Ruhe bewahren und unser Immunsystem stärken, indem wir an die frische Luft gehen, uns gesund ernähren, uns bewegen, unsere Grundbedürfnisse wie den sozialen Austausch befriedigen, damit wir uns auch seelisch wohl fühlen? Soll die Politik die Fitnesscenter schliessen? Oder richtet man damit noch mehr Schaden an, weil die Leute so weniger Sport treiben und damit ungesünder leben?

Soll man alle über den gleichen Kamm scheren? Oder soll man sich an individuellen Charakteristiken wie Vorerkrankungen, Alter und das Ausleben glücklich machender und damit oft auch gesundheitsstärkenden Vorlieben orientieren?

Bei all diesen Überlegungen wird klar, dass die Begriffe des «öffentlichen Interesses» und des «Allgemeinwohls» hochproblematisch sind. Jene, die behaupten, dass es ein öffentliches Interesse gäbe, tun so, als würden alle Menschen die genau gleichen Ziele verfolgen und dafür die exakt gleichen Mittel bevorzugen.

Doch die Realität sieht anders aus. Die Gesellschaft besteht nun mal nicht aus uniformen, gleichgeschalteten Menschen. Es handelt sich bei ihr vielmehr um ein komplexes, ungeplantes System, das keinen gemeinsamen Zweck verfolgt. Menschen ticken unterschiedlich und haben unterschiedliche Werte. Die Kunst besteht darin, diese friedlich aufeinander abzustimmen, damit jeder nach seinem individuellen Glück streben kann. Wer hingegen seine Eigeninteressen zum Allgemeinwohl hochstilisiert, diese gewaltsam (mit Hilfe des staatlichen Gewaltmonopols) durchzusetzen will und damit andere Werte unterdrückt, der übt lediglich Macht aus und handelt nicht im Sinne des Allgemeinwohls.

Weil jeder unter dem Allgemeinwohl etwas anderes versteht, wäre eine liberale Ordnung mit ihrem Schutz individueller Abwehrrechte am besten geeignet, die verschiedenen Interessen friedlich unter einen Hut zu bringen. Weil so niemand zu irgendwelchen Handlungen gezwungen werden darf (ausser er tritt zuvor selbst als Aggressor auf), ist sichergestellt, dass jeder auf seine individuelle Weise nach seinem persönlichen Glück streben und dabei von niemandem behindert werden darf. Und wenn möglichst viele Einzelne glücklich werden, so geht es auch der Gruppe, der Gesellschaft, der Allgemeinheit besser, weil «die Gesellschaft» nun einmal aus der Summe aller Individuen besteht.

V.
Rechtfertigungen zur Einschränkung von Freiheitsrechten

Notstand

Tief in uns drin ist seit Urzeiten der Instinkt verankert, auf eine Bedrohung kollektiv und mit voller Stärke zu reagieren. Wenn eine Hyäne sich einer Menschengruppe näherte, so mussten alle Stammesmitglieder mithelfen, das Tier mit Steinen zu bewerfen, wenn überhaupt jemand aus der Gruppe überleben wollte. Der kollektivistische Instinkt war also überlebensnotwendig. Unser Immunsystem funktioniert bei der Verteidigung unseres Körpers ähnlich. Es kann aber auch auf einen falschen Alarm hereinfallen, etwa wenn es aggressiv auf Blütenstaub reagiert oder den eigenen Körper anzugreifen beginnt, wie etwa bei Autoimmunerkrankungen.

Ebenso können wir auch heute noch bei auftretenden vermeintlichen oder tatsächlichen Bedrohungen übersensibel reagieren. So überboten sich die Regierungen weltweit – mit der Zustimmung vieler – ab dem Jahr 2020 mit radikalen Notrechtsmassnahmen zur Bekämpfung von Covid-19, einer, wie es damals hiess, überdurchschnittlich tödlichen Bedrohung für einen erheblichen Teil der Bevölkerung, was eine Einschränkung der verfassungsmässigen Rechte nötig mache. Kritisch müssen wir uns die Frage stellen, ob die Ausserkraftsetzung elementarer Freiheitsrechte auf der Basis lückenhafter wissenschaftlicher Erkenntnisse verhältnismässig und richtig war und künftig bei ähnlichen Situationen wiederholt werden sollte.

Was war schon Mitte 2020 über Covid-19 bekannt? Die Letalität lag gemäss den Daten der am besten untersuchten Ländern bei durchschnittlich rund 0,2 Prozent, was derjenigen einer stärkeren Grippe entspricht. Das Median-Alter der Verstorbenen, die positiv auf das Coronavirus getestet wurden, lag bei über 80 Jahren und damit im Rahmen der normalen Sterblichkeit. In vielen Ländern ereigneten sich die Todesfälle zu rund zwei Dritteln in Pflegeheimen, an einem Ort also, wo Lockdowns nicht viel bewirken können. Dabei ist nicht klar, ob die Patienten an Covid-19 oder einfach nur an den Vorerkrankungen gestorben sind.

Menschen im Alter bis 65 Jahre wiesen ein stark vernachlässigbares Sterblichkeitsrisiko auf, was die allgemeine Schliessung von Schulen, das Herunterfahren eines signifikanten Teils des Wirtschaftslebens und die Einschränkung der Bewegungs- und Versammlungsfreiheit in einem zweifelhaften Lichte erscheinen lassen. Die von der WHO zunächst stark überschätzte Letalität ist vor allem auf unzureichende Testkapazitäten – ein Staatsversagen – zurückzuführen, weil infizierte Personen mit milden oder keinen Symptomen zunächst gar nicht erfasst wurden. Die Überlastung der übermässig kollektivierten Gesundheitssysteme in Italien, Spanien und in Grossbritannien ist kein Phänomen, das es erst seit Covid-19 gibt, sondern leider zum tragischen Alltag während Grippewellen gehört.

Die in diversen Medien alarmistisch präsentierten exponentiell ansteigenden Corona-Fälle waren ausserdem irreführend, weil auch die Anzahl der Tests während dieser Zeit exponentiell zunahm. Der Höhepunkt der Ausbreitung war bereits vor dem ersten Lockdown erreicht. Viele Todesfälle wurden zudem vom Lockdown und der allgemeinen Panikmache verursacht. Die Behandlung von Herzinfarkten und Hirnschlägen reduzierte sich während dieser Zeit um bis zu 60 Prozent – auch weil die Erkrankten Angst hatten, in den Kliniken angesteckt zu werden. Auch die angeordnete Fokussierung auf die Behandlung von Corona-Patienten und die vorsorgliche Zurückstellung anderer Behandlungen und Untersuchungen erwiesen sich als kontraproduktiv, zumal dadurch viele Patienten unnötig an unentdeckten oder unbehandelten Ursachen verstarben. Aufgrund des Lockdown litten und leiden ausserdem eine überproportionale Anzahl von Menschen an psychischen Problemen.

Es gibt gewichtige Gründe, weshalb die Grundfreiheiten der Bürger nur im äussersten Fall und nicht bei jeder potenziellen Gefahr mittels Notrechts über den Haufen geworfen werden sollten. Die Möglichkeit einer Herrschaft durch exekutives Notrecht sollte – wenn überhaupt – eng definierten Notsituationen vorbehalten sein, weil unter Notrecht erlassene Befehle grossen Schaden anrichten können.

Doch selbst in Extremsituationen wie einer übermässig gefährlichen Pandemie, in der, sagen wir, jeder zweite Bürger stirbt, stellt sich die Frage, ob Grundrechtseinschränkungen das richtige Vorgehen sind. Denn die Befürworter radikaler Massnahmen gehen ja davon aus, dass diese Staatsinterventionen eine positive Wirkung entfalten, dass also z.B. so mehr Leben gerettet werden, als wenn es die Massnahmen nicht gegeben hätte.

Die am Liberalen Institut veröffentlichte Studie *Covid-19 und die politische Ökonomie der Massenhysterie* von Prof. Philipp Bagus und weiteren Autoren untersucht die Effekte solcher Eingriffe im Verhältnis zu einer Situation, in der es keine staatlichen Massnahmen gegeben hätte. Nehmen wir zunächst an, der Staat hätte bei Ausbruch von Covid-19 rein gar nichts getan. Wie hätten sich die Leute dann verhalten? Es hätte dann wahrscheinlich Menschen gegeben, die äusserst vorsichtig vorgegangen wären, die also z.B. keine Freunde mehr getroffen und ihr Haus nur noch mit einer FFP2-Maske verlassen hätten. Es hätte aber wohl auch risikofreudigere Menschen gegeben, die einfach so weitergelebt hätten wie bislang: Sie hätten sich weiterhin ohne Masken unter ihre Mitmenschen gemischt, hätten ihre Freunde getroffen usw.

Wenn das Virus übermässig tödlich gewesen wäre, hätte es die weniger Vorsichtigen hart getroffen. Sie wären massenhaft gestorben, sodass die Vorsichtigeren sich in ihrer Einschätzung bestätigt gefühlt hätten, weiterhin zurückhaltend zu agieren. Ausserdem hätte sich dieses Horrorszenario durch die Berichterstattung in den Medien wie ein Lauffeuer verbreitet, sodass auch jene, die das Virus ursprünglich nicht als dermassen gefährlich eingeschätzt hatten, sich nun aus Eigeninteresse und ohne staatlichen Befehle vorsichtiger verhalten hätten. Es braucht also keine staatlich angeordneten Lockdowns, Kontaktverbote oder Maskenzwänge. Die Menschen reagieren im ureigenen Interesse adäquat auf echte Bedrohungen. Man muss sie dazu nicht zwingen.

Wenn sich der ursprüngliche Alarmismus hinsichtlich eines neuartigen Virus jedoch als übertrieben herausstellt und diejenigen, die ihr Leben normal weitergelebt haben, nicht massenhaft tot umfallen, so wäre das Erlassen von Notrecht ohnehin unverhältnismässig und falsch. Doch nicht nur das: Indem der Staat in ungewissen Situationen Notrecht erlässt und elementare Grundrechte ausser Kraft setzt, verhindert er die notwendigen dynamischen Lernprozesse in der Gesellschaft. Der wichtige Lernmechanismus des Versuchs und Irrtums, kann so nicht mehr stattfinden, weil alle auf eine Linie getrimmt werden. Alle haben sich gleich zu verhalten: Jeder muss eine Maske tragen, zuhause bleiben, darf keine Veranstaltungen mehr organisieren oder besuchen etc. Doch, wenn das Experimentieren verhindert wird, kann letztlich niemand mit Gewissheit sagen, ob das Virus nun wirklich so gefährlich ist, wie das von den Behörden behauptet wird, und welche Vorsichtsmassnahmen verhältnismässig wären. Ohne «Trial & Error»-Prozesse könnte die Regierung bei jeder Grippewelle Notrecht erlassen und dann behaupten, dass es ohne staatliche Massnahmen noch schlimmer gewesen wäre.

Der amerikanische Gründervater James Madison warnte schon seinerzeit vor «dem alten Trick, jeden Notstand in eine Ressource zu verwandeln, um die Macht der Regierung zu mehren». Doch irgendwie fallen wir auch heute noch immer wieder darauf rein. Wir müssen aufpassen, dass wir Regierungen keinen Freipass erteilen, um bei jeder behaupteten Krise unsere Grundrechte ausser Kraft zu setzen. Vielmehr gilt es sicherzustellen, dass solche Notrechts-Kompetenzen auf ein absolutes Minimum reduziert werden und dass die Beweislast auf Seiten der Eingreifenden liegen.

Solidarität

Der Begriff «Solidarität» ist zu einem mächtigen und besonders effektiven Euphemismus im Wettbewerb der Ideen herangereift. Dabei wird seine Bedeutung bis zur Unkenntlichkeit verzerrt. In zeitgenössischen westlichen Demokratien scheitern freiheitliche Reformen und Anliegen oftmals am Widerstand etatistischer Allianzen, welche diese als «unsolidarisch» brandmarken. Der Umverteilungsstaat wird dabei von den gleichen Kräften als Garant für die «Solidarität» aufgebauscht. Ohne die *politisch verordnete* «Hilfe am Nächsten» würde diese verschwinden und einer zwischenmenschlichen Kälte weichen. Doch dabei handelt es sich um ein aufgebauschtes Schreckensszenario, das den Fakten nicht standhält.

Einst verstanden die Römer unter dem Ausdruck «in solidum», «dass alle Beteiligten für ein Resultat zusammen verantwortlich waren.» Heute werden mit «Solidarität» in erster Linie die Unterstützung und Hilfe an Bedürftigen, zwischenmenschliche Wärme und Barmherzigkeit in Verbindung gebracht – zweifellos positiv assoziierte Werte, die im Leben der meisten Menschen eine zentrale Rolle spielen und als moralisch gut angesehen werden.

Der Begriff der Solidarität beschreibt genau genommen das unbedingte Zusammenhalten mit jemandem aufgrund gleicher Anschauungen und Ziele. Dies impliziert, dass die gewährte Unterstützung oder das Eintreten für jemanden aus freien Stücken zu erfolgen hat – und nicht aufgrund eines von oben aufoktroyierten Befehls, der im Widerspruch zu individuellen Eigentumsrechten und dem Willen des Einzelnen stehen kann. Wird Solidarität gegenüber in Not geratenen Menschen gar als moralische Pflicht angesehen, ist Freiwilligkeit eine Bedingung ihres ethischen oder tugendhaften Charakters: Was gesetzlich erzwungen ist, kann keinen moralischen Wert haben.

Trotzdem wird der Solidaritäts-Begriff heute oftmals verwendet, um Zwangsumverteilung durch den Staat zu rechtfertigen. Werden etwa Alternativen zum aufgeblähten Wohlfahrtsstaat aufgrund seiner moralischen Defizite sowie finanzieller Fehlanreize und Ineffizienzen gefordert, appellieren die Befürworter staatlicher Umverteilung gebetsmühlenartig an die «Solidarität», um diese Unterfangen und die Diskussion darüber im Keim zu ersticken. Es wird mit allen Mitteln von der Tatsache abgelenkt, dass Liberale mit ihren Reformen einer wahrhaften Solidarität zum Durchbruch verhelfen wollen – also jener freiwillig gewährten Unterstützung, durch welche die Betroffenen echte zwischenmenschliche Wärme erfahren, und die anstelle der Kälte der unpersönlichen, bürokratischen und vor allem auch ineffizienten Wohlfahrtsstaats-Automatismen treten soll. Die Wohlstandsverluste, die dadurch entstehen, werden ausgeblendet.

Zwischenmenschliche Solidarität ist in einer freien Gesellschaft unbestritten ein wichtiger Wert, damit Menschen in Notlagen Unterstützung erfahren und nicht durch alle Maschen fallen. Die Bedeutung der Solidarität soll hier also keineswegs infrage gestellt werden. Im materiellen Sinne «solidarisch» können Menschen allerdings nur dann sein, wenn sie selbst überschüssige Ressourcen über das Existenzminimum hinaus zur Verfügung haben. Wohlstand ist daher eine zwingende Voraussetzung für eine Gesellschaft, in der Solidarität eine gewichtige Rolle spielen soll.

Die Krux liegt darin, dass die unter dem Solidaritätsbanner ablaufende staatliche Umverteilungsübung den gesamtgesellschaftlichen Wohlstand gleich doppelt mindert, weil sie erstens die leistungswilligen Gesellschaftsmitglieder bestraft und zweitens die Anreize zur produktiven Arbeit bei den Empfängern zerstört. Der Wohlfahrtsstaat bedient sich hauptsächlich bei jenen, die etwas leisten und gibt jenen, die wenig oder nichts zum Gemeinwohl beitragen. Im Klartext bedeutet dies: Es lohnt sich, unproduktiv zu sein – was in der Folge übers Ganze gesehen zu einer relativen Verarmung der

Gesellschaft führt. Ein anschauliches Beispiel eines solchen Abstiegs stellen Grossbritannien und Schweden nach dem Zweiten Weltkrieg dar, die vor umfangreichen späteren Reformen in grosse wirtschaftliche Schwierigkeiten gerieten.

Um solidarisch sein und geben zu können, müssen die Menschen aber erst einmal haben. Damit die Menschen mehr haben, müssen sie einer produktiven Tätigkeit nachgehen. Weil sich eine produktive Tätigkeit nun aber aufgrund der wohlfahrtsstaatlichen Anreize immer weniger lohnt, sinkt auch die Motivation, die persönliche Weiterentwicklung voranzutreiben (etwa der eigenen Fähigkeiten, des Wissens und der Erfahrung), die ein wesentlicher Faktor nicht nur für die Eingliederung in den Arbeitsmarkt, sondern auch für das persönliche Glücksempfinden darstellt. Das Gefühl schwindet, «etwas Wert zu sein» und einen sinnvollen Beitrag zum Funktionieren der Gesellschaft zu leisten.

Der Ökonom Wilhelm Röpke nannte die umfassende wohlfahrtsstaatliche Betreuung etwas polemisch «komfortable Stallfütterung». Der Begriff bringt die Herabwürdigung der Menschen zum Ausdruck, die dem in der Aufklärung vermittelten Menschenbild des sich des eigenen Verstands bedienenden mündigen Wesens widerspricht.

Die Ethik der Eigenverantwortung besagt, dass es nicht nur unethisch ist, ohne Not auf Kosten Dritter zu leben, sondern auch, dass es ebenso unethisch ist, Menschen zu unterstützen, die ihr Leben eigenständig bestreiten könnten. Denn dadurch dämpft man ihre Motivation, ein selbstbestimmtes Leben führen zu wollen, woraus sich wiederum Wertgefühl, Ehre, Glück und Stolz ergeben. Alle Ansätze über die Hilfe zur Selbsthilfe hinaus sind daher ethisch nicht vertretbar.

Die erzwungene und daher unechte «Solidarität» des Wohlfahrtsstaates führt tendenziell – als ungewollter Nebeneffekt – zur Auflösung des natürlichen Mitgefühls gegenüber anderen Menschen. Faktisch findet ein «Outsourcing» der persönlichen Verantwortung gegenüber sich selbst und seinen Mitmenschen statt. Diese Verantwortung wird letztlich einem Gebilde übertragen, das nicht aufgrund von echtem solidarischen Mitgefühl und Barmherzigkeit handelt, sondern auf Basis von Gesetzen und Paragraphen zu diesem Handeln verpflichtet ist. Dass auf diese Leistungen rechtliche Ansprüche bestehen, verschlimmert die Lage zusätzlich. Wer einen Anspruch auf eine Leistung hat, bringt dieser eine geringere Wertschätzung entgegen, als wenn jemand aus freien Stücken und grossem Herz Unterstützung leistet. Folglich verschwindet das Element der zwischenmenschlichen Wärme aus einer vom Wohlfahrtsstaat geprägten Anspruchs-Gesellschaft. Echte Solidarität – das wohltuende Gefühl, jemandem zu helfen und das wunderbare Empfinden der Dankbarkeit beim Unterstützten – wird von einer unechten Solidarität verdrängt.

Wenn sich Menschen nicht mehr um ihre Mitmenschen kümmern müssen, wenn sie diese Aufgabe einfach bequem auslagern können, so ist anzunehmen, dass die Fähigkeiten der Rücksichtnahme, der Empathie und der gegenseitigen Unterstützung langsam aber sicher verkümmern, was im Hinblick auf den vielerorts drohenden Bankrott des völlig überschuldeten Wohlfahrtsstaates verheerende Konsequenzen haben dürfte. Gemäss Wilhelm von Humboldt ist die Abschwächung moralischen Handelns und die Passivität der Bürger eine direkte Konsequenz des Wohlfahrtsstaats: Wer sich daran gewohnt habe, sich auf fremde Hilfe zu verlassen oder sich «Glückseligkeit» vom Staat erhoffe, der bleibe passiv und untüchtig. Sein sozialer Sinn werde abgestumpft. Erst unter solchen wohlfahrtsstaatlichen Bedingungen würden die Menschen zu «Egoisten» heranreifen, die sich lediglich noch um ihre eigenen Angelegenheiten kümmerten.

Ironischerweise wird Egoismus also von jenen Kräften heraufbeschworen, die ihn politisch bekämpfen und echte Solidarität von jenen erstickt, die diese politisch erzwingen wollen.

Negative Externalitäten

In letzter Zeit werden bei Freiheitseinschränkungen vermehrt «negative externe Effekte» ins Feld geführt. Kurz zusammengefasst geht es dabei darum, dass die Freiheit des einen dort ende, wo die Freiheit des Nächsten beginne. Deshalb müssten negative Auswirkungen auf andere strikte unterbunden werden. Diese Denkweise ist bemerkenswert, rollt sie doch dem Totalitarismus den roten Teppich aus.

Freiheit ist der Grundzustand des Menschen: Wenn wir denken und handeln, sind wir frei. Niemand anders kann unmittelbar unseren Körper steuern und über unsere Gedanken verfügen. Das heisst nicht, dass es keine äusseren Beeinflussungsversuche, Drohungen und Naturzwänge gibt, doch wie wir auf diese reagieren, ist allein jedem Einzelnen überlassen. Die Freiheit ist also die «condition humaine».

Aus diesem Grundzustand und dem Bewusstsein, dass jeder Mensch über eine Würde verfügt, ergeben sich Grundrechte, die im Kern Abwehrrechte gegen äussere Eingriffe sind. Jeder Mensch soll sein Leben nach eigenem Willen gestalten dürfen. Diese Grundrechte sind an die Existenz einer Person gebunden. Es bedarf zur Entstehung solcher Rechte aus naturrechtsphilosophischer Sicht kein positives Recht des Staates, also keine «Rechtssetzung» durch eine politische Instanz. Seit der Aufklärung werden universell geltende Grundrechte im breiten Stil eingefordert, beflügelt durch den kategorischen Imperativ von Immanuel Kant, der dazu aufforderte, den Mensch als Zweck zu behandeln – und nicht nur als Mittel zum Zweck. Die Rolle des Staates hat sich folglich auf den Schutz dieser Freiheitsrechte zu beschränken. Von der Steuerung der Gesellschaft ist abzusehen.

Der Staat, wie wir ihn heute kennen, tut aber weit mehr als das: Er setzt sich regelmässig über diese Freiheitsrechte hinweg. Die Entmündigungsquote steigt auf Rekordhöhen, obwohl es doch Aufgabe des Staates gewesen wäre, diese Quote nahe bei Null zu halten. Diese staatlichen Grundrechtsverletzungen werden mit immer neuen Begründungen initiiert und forciert.

Heute behaupten die Grundrechtsverletzer zwar meist nicht mehr, ein «Paradies auf Erden» zu schaffen, wie damals die Sozialisten, aber sie behaupten, dass Freiheitseingriffe nötig seien, um tatsächliche oder vermeintliche Katastrophen abzuwenden. Diese Gefahren werden zum Anlass genommen, bestimmte Werte wie etwa den «Gesundheitsschutz» oder den «Klimaschutz» absolut zu setzen und über Freiheitsrechte und die Menschenwürde zu stellen.

Das zentrale Argument für diese Grundrechtsrelativierung sind die sogenannten «negativen externen Effekte». Die Freiheit des einen, mit anderen Leuten Kontakt zu haben, kann dazu führen, dass er auf diese ein Virus überträgt. Die Freiheit des einen, Auto zu fahren und CO_2 auszustossen, führt evtl. dazu, dass sich das Klima erwärmt, womit andere die Auswirkungen eines milderen Klimas zu spüren bekämen.

Oftmals wird nun behauptet, dass die Freiheit des einen dort ende, wo sie die Freiheit anderer bedrohe. Das ist natürlich als allgemeines Prinzip richtig. Das Problem, das wir hier haben, ist das folgende: Die Schwelle, an der die freie Lebensgestaltung des einen der freien Lebensgestaltung des anderen in die Quere kommt und nicht mehr erlaubt sein soll, ist nicht von vornherein konkret festgelegt. Es stellt sich die Frage, wie stark das Handeln des Einzelnen eingeschränkt werden darf, damit diese Einschränkung der individuellen Freiheit letztlich nicht mehr Schaden verursacht als die vermeintliche oder tatsächliche Schädigung anderer.

Eine offene Gesellschaft verwandelt sich umso stärker in einen Totalitarismus, je enger diese Grenze gezogen wird. Denn je kleiner der Spielraum für den Einzelnen wird, desto unfreier wird die Gesellschaft als Ganzes. Eine offene Gesellschaft muss also «negative externe Effekte» in Kauf nehmen, wenn sie weiterhin frei sein will. Allfällige Schädigungen gilt es dann, wenn immer möglich, privatrechtlich abzugelten. Wenn also jemand nachweisen kann, dass er von jemandem konkret in seinem Eigentum geschädigt wurde, so hat er einen rechtlich einklagbaren Anspruch auf Schadenersatz.

Wichtig ist auch, dass die Beweislast auf Seiten der vermeintlich Geschädigten liegt. Dies entspricht dem wichtigen juristischen Prinzip «in dubio pro reo», also im Zweifel für den Angeklagten. Es kann nicht angehen, alle Menschen bei allem was sie tun unter Generalverdacht zu stellen und damit die Beweislast umzukehren. Es ist in einer offenen Gesellschaft schlichtweg unpraktikabel, wenn alle ständig ihre Unschuld beweisen müssen, z.B. dass ein Autofahrer nun *nicht* für einen potenziellen Anstieg des Meeresspiegels in hundert Jahren verantwortlich ist oder dass man *nicht* für die Ansteckung eines anderen mit einem Virus verantwortlich war. Wie will man so etwas auch beweisen?

In letzter Zeit bietet die Politik den Pauschalangeklagten – also uns allen – eine Art moderner Ablasshandel an: Von der Schuld und dem Generalverdacht könne man sich dadurch befreien, indem man ein Zertifikat wie etwa ein Impfzertifikat erlange. Vorstellbar und teilweise in der Pipeline sind auch ein allgemeiner Gesundheitspass, ein Impfpass, ein Nachhaltigkeitspass und ein Sozialpass. Wie das in der Praxis aussehen könnte, zeigt das soziale Kreditsystem in China, bei dem man Punkteabzüge erhält, wenn man sich nicht so verhält, wie es die Regierung will, worauf man z.B. nicht mehr mit bestimmten öffentlichen Verkehrsmitteln reisen kann oder die eigenen Kinder nicht mehr in guten Schulen aufgenommen werden. Doch mit der Einführung solcher Zertifikate und Pässe werden die Grundrechte abgeschafft. Die Gewährleistung von Grundrechten hängt damit von einer Genehmigung durch eine Elite ab, die diese Genehmigung auch verweigern kann, wenn man sich nicht so verhält, wie das die politischen Herrscher wollen.

«Negative externe Effekte» sind ausserdem unmöglich objektiv messbar. Das beginnt schon damit, dass es eine Wertungsfrage ist, was als *negativ* und was als *positiv* wahrgenommen wird. Nehmen wir beispielsweise die Klimaerwärmung: Für jemanden, der ein Haus direkt am Wasser hat, dürfte ein steigender Meeresspiegel natürlich suboptimal sein. Für einen Landwirt in Sibirien mag eine Erwärmung des Klimas wiederum positiv sein, weil die Ernte ergiebiger werden dürfte. Ausserdem sterben heute 18 Mal mehr Menschen an Kälte als an Hitze. Energieengpässe lassen sich ausserdem mit milden Wintern besser bewältigen. Woher wollen wir nun wissen, ob beim CO_2-Ausstoss ein positiver oder ein negativer externer Effekt vorliegt? Auf der Basis von vermeintlich externen Effekten Steuern einzuführen (also das Grundrecht des geschützten Eigentums zu verletzen) und Zwangsinterventionen vorzunehmen, ist ein Akt der reinen Willkür.

Ausserdem werden die «externen negativen Effekte» der Zwangsmassnahmen selbst ironischerweise vergessen. Die Intervenierenden fragen sich kaum je, ob Lockdowns, Kontaktverbote und aufgenötigte Impfungen mehr Leben zerstören als sie retten, indem z.B. Leute an Depressionen erkranken, lebensrettende Operationen verschoben werden oder schwere Impfschäden auftreten. Sie tun einfach so, als gäbe es diese Effekte gar nicht.

Für jene an den Schalthebeln politischer Macht bieten «negative externe Effekte» eine ideale Rechtfertigung ihres Treibens, solange die Bürger dieses Spiel nicht durchschauen. Wenn wir nicht aufpassen, wird uns unsere Freiheit immer stärker durch die Hintertür genommen, während man uns einredet, dass dies angeblich in unserem Interesse und nur zu unserem eigenen Schutz sei.

Wer's glaubt, wird selig.

Wissenschaft

Mit Verweis auf Aussagen von Forschern und Studien werden heute oftmals Sachzwänge behauptet, die ein bestimmtes Eingreifen des Staates als «alternativlos» erscheinen lassen. Besonders augenscheinlich sind diese Tendenzen aktuell in den Bereichen Gesundheitspolitik und der Klimapolitik. Wer die behaupteten Sachzwänge bezweifelt, wird oft als «Wissenschaftsleugner» abgestempelt und aus der öffentlichen Debatte «gecancelt». Es sei solchen Kritikern abhandengekommen, etwas anzuerkennen, womit sie nicht verhandeln könnten. Es gelte, das zu akzeptieren, was die Wissenschaft bewiesen habe. Was aus wissenschaftlicher Sicht getan werden müsse, das müsse eben getan werden.

Wer sich gegen diese Notwendigkeit stelle, handle verantwortungslos. Solchen Stimmen dürfe man keinesfalls auch noch eine Plattform bieten. Soziale Medien sind deshalb bestrebt, Beiträge, die «wissenschaftlichen Befunden» widersprechen, umgehend zu löschen oder sie zumindest mit «Fake News»-Warnhinweisen zu versehen. Und in vielen Massenmedien erscheinen Gegenthesen meist gar nicht mehr – vermutlich aus Angst, dem diffusen Vorwurf ausgesetzt zu werden, «Verschwörungstheorien» zu verbreiten und einen entsprechenden «Shitstorm» zu ernten, der vom dominierenden etatistischen Milieu losgetreten wird.

Das Hinterfragen, Anzweifeln und Erheben von Widerspruch erscheint aus dieser Perspektive, wonach wissenschaftlich angeblich alles Relevante geklärt sei, nur als lästig. Es sei schlichtweg unnötig, weiter über etwas zu diskutieren, worüber bereits Klarheit herrscht. Unnötiger Zweifel steht einer raschen Umsetzung des wissenschaftlich Empfohlenen nur im Weg, womit wertvolle Zeit verloren geht. So wird beispielsweise unter Einforderung eines Klima- oder Gesundheitsnotstands gewarnt, es müsse *sofort* etwas getan werden, sonst sei es zu spät.

Doch wer oder was ist «die Wissenschaft» überhaupt? Wer entscheidet, welche der vielen Studien nun Gewicht im öffentlichen Diskurs erhalten, welche Fachdisziplinen für eine konkrete Fragestellung als relevant erachtet werden, welche Methoden die geeigneten sind? Wer wählt die sogenannten «Experten» aus, die Sachzwänge behaupten und der Politik «wissenschaftliche» Handlungsanweisungen erteilen? Das sind Fragen, die in der öffentlichen Debatte viel zu wenig diskutiert und beleuchtet werden.

Die Instrumentalisierung der Wissenschaft für politische Zwecke ist eine Gefahr für liberale Gesellschaften. Der Einzelne soll mit Hinweis auf «wissenschaftliche Erkenntnisse» bis ins Kleinste kontrolliert und verwaltet werden, so als ob «die Wissenschaft» ein für alle Mal festlegen könnte, was als sakrosankt zu gelten hat und nicht mehr hinterfragt werden darf. Ein solches Verständnis hat mit der ursprünglichen Bedeutung von Wissenschaft nichts mehr zu tun: «Wissenschaft» wird so zu einer quasireligiösen Autorität erhoben, anstatt sie als eine unkorrumpierbare Methode und einen unbestechlichen Prozess zur Annäherung an die Wahrheit zu sehen. Die Verfechter eines derartigen Wissenschaftsverständnisses plädieren für den neuen Imperativ «Glaubt der Wissenschaft!» – ohne die Absurdität ihrer Forderung zu erkennen.

Der Philosoph Karl R. Popper (1902–1994) argumentierte, Wissenschaft setze nicht unhinterfragbare Glaubenssätze, sondern Thesen voraus, die falsifiziert werden könnten (wobei dieser Grundsatz nicht auf alle Wissenschaften zutreffen muss, insbesondere nicht auf die a priori Wissenschaften Mathematik, Logik und Praxeologie). Wissenschaft basiert demnach auf einem Wettbewerb der Ideen und widerstreitenden Theorien, die sich bewähren müssen. Die Forderung, der Einzelne oder die Politik habe sich zwingend bestimmten «wissenschaftlichen Erkenntnissen» zu unterwerfen und unkritisch zu akzeptieren, ist also weder wissenschaftlich, noch mit dem Pluralismus einer offenen Gesellschaft vereinbar.

Natürlich sollten Meinungen von Experten möglichst vorurteilsfrei angehört werden. Selbstverständlich sollten politische Entscheidungen wissenschaftliche Erkenntnisse miteinbeziehen. Dabei darf jedoch weder die Vielfalt der wissenschaftlichen Diskurse ausser Acht gelassen werden, noch darf man sich hinter vermeintlichen «Sachzwängen» verstecken.

Eine offene Gesellschaft zu verteidigen bedeutet, die vielfältigen Ansichten und Bedürfnisse friedlich miteinander in Einklang zu bringen. Voraussetzung dafür ist ein freier Diskurs, nicht eine moralisierende «Cancle Culture». Letztere will lediglich eine Wahrheitshegemonie durchsetzen, Andersdenkende stigmatisieren und sie als «wissenschaftsfeindlich» diffamieren, damit man sich nicht mehr mit deren Argumenten auseinanderzusetzen braucht. Dieser Diskurs besteht nicht nur aus den Beiträgen ausgewählter Spezialisten, sondern aus all den Argumenten, Haltungen und Einstellungen, aus denen sich eine öffentliche Meinung über Vermittlungsprozesse unabhängiger Medien bilden kann.

Naturwissenschaften wie die Physik, Biologie und die Chemie befassen sich mit konstanten Beziehungen zwischen Elementen. Sie erkennen diese mit hinreichender Genauigkeit in Laborexperimenten, die beliebig wiederhol- und überprüfbar sind. Die Wissenschaft kann allerdings keine Aussage darüber machen, was jemand oder die Politik nun mit diesen Erkenntnissen tun sollte. Sie ist immer nur deskriptiv, nicht normativ. Sie stellt fest, was *ist*, nicht was sein *soll*. Sie kann nicht für jemanden festlegen, was dieser jemand wollen *muss*. Verschiedene Menschen wollen Verschiedenes, haben unterschiedliche Werte und Präferenzen, verschiedene Bedürfnisse und Ziele, die sich im Laufe der Zeit ändern.

Die Wissenschaft kann also niemals «herausfinden», «bestätigen» oder «beweisen», dass wir alle eine Maske tragen *müssen*, und dass die Politik einen entsprechenden Maskenzwang einführen *muss*, selbst wenn die Wissenschaft herausfinden würde, dass eine Maske die Übertragung von Krankheiten reduzieren würde. Die Wissenschaft kann auch keine Aussage darüber treffen, dass jemand seinen CO_2-Ausstoss reduzieren und etwas gegen die Klimaerwärmung tun *muss*, selbst wenn bewiesen werden könnte, dass der CO_2-Ausstoss einen signifikanten Einfluss auf das Klima hätte. Denn ob die betroffene Person das so beschriebene «Problem» überhaupt als solches wahrnimmt und ob sie es als prioritär genug erachtet, um ihre knappen Mittel zur Bewältigung dieses (und nicht eines anderen) Problems einzusetzen, hängt vom individuellen, subjektiven Werturteil ab, und ist keine objektiv unbestreitbare Tatsache.

Entsprechend kann «die Wissenschaft» auch keine Handlungsempfehlungen zuhanden der Politik abgeben, weil es immer nur subjektive Präferenzen von Einzelpersonen gibt, die in der Werteskala von anderen Menschen nicht den gleichen Stellenwert einnehmen müssen. Ebenso kann sich die Politik auch nicht auf «die Wissenschaft» stützen, wenn sie vermeintlich «alternativlose» Gesetze erlässt, die man damit begründet, dass man lediglich dem Rat der Wissenschaft folge. Denn politisches Handeln basiert immer auf der Androhung oder Anwendung von physischer Gewalt, was dazu dient, die Präferenzen von bestimmten Gruppen auf Kosten aller anderen durchzusetzen. Die Wissenschaft kann niemals feststellen, welche Präferenzen richtig und welche falsch sind, weil es sich hier eben um subjektive Werturteile handelt.

Während die einen die Klimaerwärmung um jeden Preis bekämpfen wollen, begrüssen andere, dass es etwas wärmer wird oder wollen dieselben Ressourcen z.B. lieber in die Krebs- oder Malariaforschung investieren. Oder während die einen den Gesundheitsschutz und die Verlängerung der eigenen Lebenszeit über alles stellen, ist anderen der soziale Kontakt mit anderen (anstelle von «social distancing») und das Auskosten der vorhandenen Lebenszeit wichtiger. Wie um alles in der Welt soll man hier nun «wissenschaftlich» feststellen, wer recht hat und wer nicht?

VI.
Politischer Wettbewerb

Harmonisierung

Die Eindrücke aus dem Zweiten Weltkrieg sind bei uns immer noch sehr präsent. Wenn ihn auch die meisten von uns nicht mehr selbst erlebt haben dürften, so haben wir doch aus Geschichtsbüchern, Dokumentarfilmen und diversen Hollywoodstreifen indirekt vom grossen Schrecken erfahren. Mit der neuesten kriegerischen Auseinandersetzung in Europa zwischen Russland und der Ukraine wurde diese Geschichte des Krieges noch um ein leidiges Kapitel reicher.

Wenn freie Bürger selbst entscheiden dürften, würden die wenigsten ihre Kinder in einen Krieg schicken. Das ist verständlich: Denn in einem Krieg kann man potenziell alles verlieren, was einem lieb ist: Seinen Wohlstand, sein Haus, seine Gesundheit, seine Familie, sein Leben. Die einzigen, die allenfalls von Kriegen profitieren, sind die Waffenindustrie und die politischen Herrscher, die historisch betrachtet diese Krisensituation immer wieder ausgenutzt haben, um ihre eigene Macht und ihren Einfluss auszuweiten.

Doch anstatt die richtigen Lehren zu ziehen und die Macht von kriegsanzettelnden Herrschern auf ein Minimum zu reduzieren, besteht der Irrglaube heute darin, dass es die beste Herangehensweise zur Herstellung von Frieden sei, die Nationalstaaten zu überwinden und deren Macht an internationale und supranationale Gremien zu delegieren – also an Gebilde abzutreten, die noch grössere Macht akkumulieren als zuvor die einzelnen Nationalstaaten. Man glaubt, man müsse lediglich die widerstreitenden Interessen der Nationalstaaten mit einem Einheitsinteresse einer Weltregierung ersetzen, und könne durch diese «Harmonisierung» letztlich den Weltfrieden herstellen. Doch diese Denkweise ist hochgradig gefährlich.

«Harmonie» ist ein positiv besetzter Begriff. Die meisten von uns streben nach harmonischen zwischenmenschlichen Beziehungen und einem harmonischen Familienleben.

In der Musik gelten Harmonien – die wohltuenden Zusammenklänge mehrerer Töne und Akkorde – als schön, wobei man sich bei Kakofonien lieber die Ohren zuhält. Harmonie ist also grundsätzlich etwas Erstrebenswertes. Die Verwendung des Begriffs «Harmonisierung» im politischen Kontext der Gleichmacherei impliziert, dass Unterschiede in den politischen und wirtschaftlichen Systemen, Abweichungen bei der Steuerhöhe oder der Härte der Regulierung zwischen verschiedenen Gebietskörperschaft eine Disharmonie darstellten und diese Unterschiede somit zu Streit führten. Es gelte, diese Abweichungen zugunsten einer einheitlichen Lösung einzustampfen.

Wenn man es sich jedoch genau überlegt, kommt man zum gegenteiligen Schluss: Eine Vereinheitlichung führt gerade nicht zu einer friedlicheren Welt. Eine «Harmonisierung» der Regeln aller Gebietskörperschaften mündet vielmehr in Konflikte, Streit und Disharmonie.

Warum? Ein erster Grund ist der folgende: Menschen und Kulturen sind verschieden. Es gibt unterschiedliche Sitten und Vorstellungen über das gerechte, anständige und richtige Zusammenleben. Hier nun alle Länder und Kulturen über einen Kamm zu scheren, indem man im Namen einer «Harmonisierung» die Systeme vereinheitlichen will, ist in Wahrheit eine Form von Kolonialismus, von Bevormundung und Geringschätzung für das Andersartige. Zusammenarbeit, Kooperation und ein friedliches Nebeneinander bedingen keine vereinheitlichten Regeln. Wir kennen das vom Reisen: Wenn wir uns in einem fremden Land befinden, passen wir uns, so gut es geht, den dortigen Regeln und Sitten an. Es ist keine Bedingung, dass im anderen Land die gleichen Regeln wie bei uns gelten müssen, damit wir dorthin reisen können.

Man kann nun natürlich ins Feld führen, dass man den Unmut anderer Länder auf sich ziehe, wenn man im eigenen Land z.B. tiefere Steuern erhebe und damit potente Steuerzahler aus anderen Ländern anlocke. Aber das «Problem» ist dann nicht, dass ein Land ein gutes Preis-Leistungsverhältnis anbietet. Vielmehr muss sich jene Regierung an der eigenen Nase nehmen, die schlechte Rahmenbedingungen verschuldet und damit Personen und Firmen zur Abwanderung motiviert.

Wenn man unter «Harmonisierung» versteht, die Regeln der erfolgreichsten Gebietskörperschaften mit den Regeln der Erfolglosen zu ersetzen, statt die Standards und Institutionen der Erfolgreichen nachzuahmen, hat dies aufs Ganze gesehen eine Verschlechterung der Verhältnisse in der Welt zur Folge.

Natürlich ist es für die unzureichend arbeitende Regierung einfacher, zu fordern, die Besseren sollen schlechter werden, anstatt selbst Anstrengungen zu unternehmen, um besser zu werden. Traurigerweise findet sie oft einen Weg, dass sich die Politiker aus Ländern mit besseren Rahmenbedingungen auf solch miese Deals einlassen, indem für Politiker aus erfolgreichen Ländern z.B. lukrative und prestigebeladene Posten in den für die Harmonisierung zuständigen internationalen Organisationen geschaffen werden.

Ein zweiter Grund, weshalb sich eine Gleichschaltung von Rahmenbedingungen negativ auswirkt, ist der folgende: Die zunehmende Vereinheitlichung von Steuerarten, Steuerhöhe und Regulierung beseitigt zunehmend den politischen Wettbewerb. Dieser wird durch ein politisches Kartell ersetzt, das Preis- und Regulierungsabsprachen tätigt – etwas, was die gleichen Akteure in der Privatwirtschaft ironischerweise mit Vehemenz verboten sehen wollen.

Weniger politischer Wettbewerb bedeutet, dass den Politikern Tür und Tor für eine grenzenlose Bevormundung, Kontrolle und Ausbeutung der Bürger geöffnet werden. Es gibt dann keine institutionellen Barrieren mehr, die Politiker einer bestimmten Gebietskörperschaft nicht überschreiten dürfen, wenn sie keinen Exodus der Steuerzahler riskieren wollen. Vielmehr können Politiker aller Welt so im Gleichschritt die Steuern erhöhen, die Kontrollen verschärfen und die absurdesten Regulierungen erlassen, ohne dass die Bürger und Unternehmen noch Ausweichoptionen hätten.

Mehr Harmonisierung bedeutet also vor allem mehr Macht für Technokraten, Funktionäre und Politiker und weniger Macht für die Bürger. Wenn es keine natürlichen Grenzen für Politiker gibt, wird dies noch mehr Arroganz und Überheblichkeit zur Folge haben, was zugegebenermassen bei diversen heutigen Politikern nur noch schwer vorstellbar ist. Das Machtungleichgewicht und die einseitige Bevormundung dürfte in der Bevölkerung enormen Frust hervorrufen, der sich irgendwann seine Bahn schlagen und in Gewalt, Bürgerkriegen und Revolutionen münden könnte. «Harmonisierung» führt also paradoxerweise zu grösserer politischer Instabilität.

Doch nicht nur das: «Harmonisierung» führt auch dazu, dass die Innovationskraft einer Volkswirtschaft aufgrund der steigenden Ausbeutung der Unternehmer durch den Staat nachlässt, dass weniger Wohlstand geschaffen wird und die Gesellschaft verarmt, so wie das früher oder später in allen harmonisierten Grossreichen der Fall war. Die Umweltstandards würden sich absehbar verschlechtern, weil Menschen in ärmlicheren Verhältnissen dringendere Sorgen hätten als ihre Umwelt.

Auch wird durch die «Harmonisierung» der wichtige Prozess des Versuch und Irrtums ausgehebelt, der es Ländern und Regionen ermöglicht, mit verschiedenen innovativen Lösungsansätzen zu experimentieren. Was sich in einer Gebietskörperschaft bewährt, dürfte in einem Umfeld des politischen Wettbewerbs kopiert werden. Was gescheitert ist, müsste wieder fallengelassen werden. Ohne politischen Wettbewerb entfallen diese Lernprozesse, die wichtige Treiber des Fortschritts sind.

Kantönligeist

Bei jeder Gelegenheit – zuletzt prominent im Zuge der Corona-Krise – werden Stimmen laut, die kein gutes Haar am dezentralen Staatsaufbau der Schweiz lassen. Der Föderalismus sei ein nicht mehr zeitgemässer Flickenteppich! Der unsägliche «Kantönligeist» müsse überwunden werden.

Mit dem Begriff «Kantönligeist» wird angetönt, dass es den kleinen, unbedeutenden Kantonen eigentlich gar nicht zustünde, ihr eigenes Ding durchzuziehen. Darauf deutet zumindest die Diminutiv-Endung «li» im Wort «Kantönli» hin, die im schweizerdeutschen Sprachgebrauch Dinge bezeichnet, die herzig oder klein sind, wie z.B. «Hansli» verniedlichend ein Junge namens Hans und «Fritzli» verniedlichend ein Junge namens Fritz genannt werden. Und kleine Player – darauf soll der Begriff wohl abzielen – sollten sich davor hüten, sich selbst zu wichtig zu nehmen oder zu meinen, sie könnten die Angelegenheiten evtl. besser organisieren als ihre Konkurrenten. Denn ohne die anderen im Verbunde wären sie ja ein Nichts. Es gelte also, auf die anderen Rücksicht zu nehmen – und es gefälligst so zu machen, wie es alle anderen auch machen.

Diese Zurechtweisung erinnert an eine Familie mit autoritärem Erziehungsstil, wobei die unmündigen Kinder (die Kantone) sich gefälligst an die Regeln der Eltern (des Bundes) zu halten hätten. Kinder, die meinten, sie könnten ihre eigenen Regeln aufstellen und durchsetzen, werden gemassregelt und mit harter Hand in ihre Schranken gewiesen.

Insofern ist die Verwendung des Begriffs «Kantönligeist» irreführend. Kantone wurden nicht als Untertanen des Bundes konzipiert. Sie sind nicht etwa aus der Gnade oder aus dem Goodwill des Bundes hervorgegangen. Bevor die Schweiz 1848 zum Bundesstaat wurde, war sie ein Staatenbund. Der Rütlischwur aus dem Jahr 1291 bringt den Geist der einst freiwilligen Kooperation zum Ausdruck:

«Wir wollen sein ein einzig Volk von Brüdern,
in keiner Not uns trennen und Gefahr.
Wir wollen frei sein, wie die Väter waren,
eher den Tod, als in der Knechtschaft leben.
Wir wollen trauen auf den höchsten Gott
und uns nicht fürchten vor der Macht der Menschen.»

Es ging nicht darum, dass man eine höhere Ebene wie den Bund schaffen wollte, der die kleineren, dezentralen Ebenen bevormunden und herumkommandieren durfte. Vielmehr stellte der Schwur eine Art Beistands- und Kooperationsvereinbarung dar, nicht jedoch eine Unterwerfungsvereinbarung, zumal ja explizit der Wille zur Freiheit und zur Abwehr von Knechtschaft betont werden.

Leider hat sich die Schweiz nach dem Sonderbundskrieg und einem Akt der Unterwerfung gewisser Kantone 1848 von einem Staatenbund zu einem Bundesstaat gewandelt. Damit wurden auch zentralisierte Instanzen geschaffen, die seither immer mehr Macht akkumulieren. Die Kantone wurden zunehmend zu Ausführungsinstanzen degradiert, die die Befehle aus Bundesbern umsetzen mussten.

Weil diese Entwicklung schleichend vollzogen wird, geht auch schleichend aus dem kollektiven Bewusstsein der Schweizer verloren, dass das Element der föderalistischen Dezentralität, von dem heute immer noch Fragmente vorhanden sind, ein elementarer Erfolgspfeiler des Landes war, dem es die Schweiz zu verdanken hat, dass sie auch im Jahr 2022 in diversen internationalen Vergleichsrankings wie dem Index wirtschaftlicher Freiheit (Rang 3) oder dem Index der Eigentumsrechte (Rang 3) immer noch die Nase weit vorne hat. Interner Wettbewerb stärkt.

Natürlich – mit ihren 20 Kantonen, 6 Halbkantonen und rund 2200 Gemeinden – mag die Schweiz in der Tat wie ein Flickenteppich erscheinen. Doch diese enorme Vielfalt hat grosse Vorteile. Hinsichtlich des Staatsumfangs und der Staatsausgaben etwa steht die föderalistische Schweiz deutlich besser da als die meisten anderen Länder, weil hier die Bürger weniger stark vom Steuerstaat ausgebeutet werden. Nehmen wir zum Beispiel die allgemeinen Staatsausgaben in Prozenten des Bruttoinlandsprodukts in den Blick. In der Schweiz lag dieser Anteil 2017 über alle Staatsebenen hinweg bei 34 Prozent. In Grossbritannien betrug er 42 Prozent, in Deutschland 44 Prozent, in Österreich 51 Prozent und in Frankreich satte 56 Prozent: Grösser und zentralisierter bedeutet für Staaten eben nicht, dass sie deswegen effizienter werden. Ganz im Gegenteil!

Dennoch wird immer wieder behauptet, dass eine stärkere Zentralisierung politischer Entscheidungsmacht nach Bundesbern oder sogar nach Brüssel vorteilhaft wäre. Und ja, die Idee der politischen Zentralisierung hat zweifelsohne ihre oberflächliche Anziehungskraft. Warum 26 Lösungen für *ein* Problem? Warum eine Duplizierung, Multiplizierung von Funktionen und Prozessen, wenn doch *eine* Lösung reicht? Für Anhänger von Zentralismus und Vereinheitlichung sind Markt und Wettbewerb im politischen Bereich gleichbedeutend mit Verschwendung. Was aber, wenn Symmetrie und Einheitlichkeit für die zahlende Bürgerschaft weniger ins Gewicht fallen als Bürgernähe? Ist es wirklich vorteilhaft, wenn in allen Kantonen z.B. der gleiche ideologisierte Lehrplan zur Anwendung kommen muss, anstatt einen Bildungswettbewerb zuzulassen, der die Qualität der Bildung tendenziell erhöht?

Das Prinzip der Subsidiarität stützt die föderale Struktur. Es vermutet die primäre Kompetenz, aber auch die primäre Fähigkeit, beim kleineren Verband. Gemeinden und Kantone, die ihre Probleme selber lösen, nutzen nicht nur die natürliche Betroffenheit ihrer Teile; sie verwerten auch lokales Wissen und die Vertrautheit mit konkreten, örtlichen Gegebenheiten. In einem solchen System gehört es zur Freiheit und Souveränität des Steuerzahlers, dass er über die Urne hinaus mit seinen Füssen abstimmen kann – eine Möglichkeit, die Kantonen und Gemeinden immer wieder Beine macht. Im föderalen Verband politisieren, heisst darum: mit Unterschieden leben, Vor- und Nachteile von Reformen abwägen, vergleichen und daraus immer wieder neue Lehren zu ziehen. Im föderalen Staat findet also Lernen im breiten Stil statt. Und die dezentralen Politakteure sind gezwungen, zu lernen und sich zu verbessern – was ganz im Sinne der Bürger ist..

An den Grundpfeilern des Föderalismus wird gerüttelt, wenn ein üppiger Umverteilungsapparat zwischen den Kantonen installiert wird, der den Erfolgreichen nimmt und den Erfolglosen gibt. Das ist faktisch der Anfang vom Ende des innerstaatlichen Wettbewerbs. Und genau das wurde in der Schweiz leider gemacht: Mit dem Finanzausgleich zwischen den Kantonen wird einer Minderheit von erfolgreichen Kantonen Gelder abgeknöpft und sie an eine Mehrheit von Empfänger-Kantonen ausgeschüttet. Durch dieses perfide Mehrheitsverhältnis ist sichergestellt, dass die ausgebeuteten Kantone sich kaum gegen diesen Raubzug zur Wehr setzen können. Mit dem Finanzausgleich werden nicht nur die Anreize für die Erfolgreichen zerstört, weiterhin gut zu bleiben. Es werden auch Anreize zur Errichtung und Beibehaltung von Steuer- und Regulierungshöllen gesetzt. Denn diesen fliessen weiterhin Steuergelder zu, die anderswo eingetrieben werden.

Es wäre höchste Zeit, die dezentralen Strukturen wieder zu stärken. Den Kantonen gilt es die Regulierungs- und Steuerhoheit in so vielen Belangen wie möglich zurückzugeben und den interkantonalen Finanzausgleich abzuschaffen, der diverse Vorteile des Regulierungs- und Steuerwettbewerbs für die Allgemeinheit zunichte macht. Dann kann der Föderalismus wieder seine volle Stärke ausspielen und die Leute würden den «Kantönligeist» wieder vermehrt zu schätzen wissen, weil er ein wichtiges Korrektiv gegen die Machtanmassung von Politikern ist und sicherstellt, dass Politik im Sinne der Bürger gemacht wird.

Europa-Feinde

Als die Briten am 23. Juni 2016 für den Austritt aus der Europäischen Union votierten, war dies für die politischen Eliten und politischen Berichterstatter in den Medien ein Schock. Für sie war die «ever closer union», also die immer weitergehende Umwandlung des europäischen Staatenbundes in einen europäischen Bundesstaat und die Vereinheitlichung der Regeln über die Länder hinweg, eine Art Naturgesetz. Was als wirtschaftliche Union begonnen hatte, in der die Bewegungsfreiheit von Waren, Dienstleistungen, Personen und Kapital ermöglicht werden sollte, wurde im Laufe der Zeit immer deutlicher zu einer politischen Union, in welcher die wichtigen Entscheidungen zunehmend von einem EU-Superstaat, von den Vereinigten Staaten von Europa, getroffen werden.

Die politischen Eliten reagierten gereizt auf den Entscheid der Briten: Dieser sei «uneuropäisch» und die Brexit-Befürworter seien «Europa-Feinde». Diese Bezeichnung wurde verwendet, obwohl prominente Brexiteers betonten, dass sie weiterhin daran interessiert seien, mit der EU friedlich koexistieren und Handel betreiben zu wollen. Diverse EU-Vertreter warfen Grossbritannien Rosinenpickerei vor. Es gehe nicht an, dass ein Land Zugang zum europäischen Markt habe, ohne entsprechende Verpflichtungen einzugehen.

Man wollte die Briten also für ihr politisches Unabhängigkeitsbestreben bestrafen und an ihnen ein Exempel statuieren, um aufzuzeigen, was anderen Ländern droht, wenn diese es ebenfalls wagen würden, dem EU-Superstaat den Rücken zu kehren. Philipp Bagus und Andreas Marquart kommentierten diese beleidigte Reaktion der EU wie folgt:

> *«Die Situation ähnelt dem eines Geschwisterpaares, bei dem sich die Schwester entschliesst, aus dem Hause ihres Bruders auszuziehen, weil dieser ihr im-*

mer neue und erdrückende Vorschriften auferlegt. Die Schwester möchte aber den Kontakt zu ihm und zu den anderen Familienmitgliedern aufrechterhalten. Sie möchte sich genauso innig mit ihm und ihren Nichten und Neffen austauschen wie zuvor. Ihr gefallen nur die bürokratischen Vorschriften nicht. Der erzürnte Bruder giftet zurück, das sei Rosinenpickerei. Wenn sie den Kontakt zu ihren Nichten und Neffen aufrechterhalten wolle, dann müsse sie sich schon reglementieren lassen und ihm einen Geldbetrag entrichten. Er verbietet seinen Kindern, mit ihrer Tante zu reden. Dass dieses infantile Verhalten zum Nachteil aller ist, liegt auf der Hand. Genauso schädigen Strafzölle und andere Barrieren für britische Waren die europäischen Konsumenten.»

Auch wenn der Brexit und andere EU-Austrittsbestrebungen gern als «uneuropäisch» gebrandmarkt werden, ist diese Bezeichnung historisch schlicht und einfach falsch. Denn, was Europa als Kontinent ausmachte und ihn für seine bessere Entwicklung verantwortlich zeichnete, war der verhältnismässig bessere Schutz der individuellen Freiheit. Nirgendwo auf der Welt wurden Eigentumsrechte so gut geschützt wie hier. Dies war vor allem auf die politische Fragmentierung Europas zurückzuführen, wie auch der Soziologe Erich Weede festhielt:

«Im Gegensatz vor allem zur chinesischen Geschichte gibt es in Europa seit Jahrhunderten ein System voneinander unabhängiger, gegeneinander zum Krieg fähiger und miteinander rivalisierender Fürstentümer, Königreiche oder Staaten. Die politische Zersplitterung Europas ist entscheidend für den relativ freiheitlichen Charakter Europas und dessen Aufstieg verantwortlich, während sich das politisch geeinte China langsamer entwickelte, obwohl es im Mittelalter noch wirtschaftlich und technologisch höher als Europa entwickelt war.»

Europa hat seinen Erfolg nicht einheitlichen Regeln und einer einheitlichen Regulierung zu verdanken, sondern gerade der Tatsache, dass die Macht nicht nur zwischen den Kleinstaaten, sondern auch zwischen politischen und religiösen Autoritäten zersplittert war. Zu diesem Schluss kam auch der Historiker Ralph Raico (1936–2016) in seinem Aufsatz *Das Europäische Wunder*:

> «*Auch wenn geografische Faktoren eine Rolle spielten und obwohl Europa sich als eine einheitliche Zivilisation – die des römischen Christentums – konstituierte, stellt seine radikale Dezentralisierung den Schlüssel zur westlichen Entwicklung dar. Ganz im Gegenteil zu anderen Kulturen – insbesondere China, Indien und der islamischen Welt – war Europa ein System von geteilten und deswegen konkurrierenden Mächten und Rechtssystemen.*»

Grossreiche – wie sie z.B. in Asien entstanden und noch bestehen – haben das Problem, dass politische Fehlentscheide getroffen werden können, ohne dass sie zunächst bemerkt werden, weil es keine Vergleichsinstanzen gibt, die es besser machen und damit als Vorbild fungieren könnten. In Grossreichen gibt es folglich weniger Lernprozesse.

Auch ist in Grossreichen die Abstimmung mit den Füssen stark erschwert, die den politischen Machthabern Beine machen würde. Weil das so ist, erlassen Politiker leichtsinniger hinderliche Regulierungen und greifen tiefer in die Portemonnaies der Steuerzahler, worunter die individuelle und unternehmerische Freiheit leidet und somit auch wirtschaftliche, kulturelle und wissenschaftliche Entwicklung und Innovation unterdrückt. Kurzum: Ohne politische Dezentralität würde Europa nicht da stehen, wo es heute steht.

Nichtsdestotrotz impliziert der Vorwurf an die Dezentralisten, sie seien «Europa-Skeptiker» oder sogar «Europa-Feinde», dass das Erfolgsrezept Europas gerade in einer starken Einheit liege – und dass Europa noch erfolgreicher werden könnte, wenn es sich zu einem politischen Superstaat weiterentwickeln würde. So heisst es immer wieder, die EU müsse noch mehr Kompetenzen an sich reissen, weil nur eine starke EU der übermächtigen Konkurrenz aus den USA und China Paroli bieten könne. Doch mit diesen Behauptungen verkennen die Zentralisten wesentliche historische Tatsachen.

Die EU in ihrer heutigen, immer zentralistischeren Form hat mit der Geschichte und dem Geist Europas so gut wie nichts mehr zu tun. Ein «Europa-Feind» ist also nicht jener, der sich für politische Vielfalt auf dem Kontinent und ein Selbstbestimmungsrecht für die kleineren Einheiten ausspricht – ganz im Gegenteil! «Europa-Feinde» sind die majestätisch entlöhnten EU-Funktionäre sowie jene politischen Kräfte, welche die Verschiebung von Kompetenzen und Macht nach Brüssel vorantreiben.

Der Brexit war aus liberaler Sicht insofern ein Hoffnungsschimmer. Es hat sich gezeigt, dass die Entwicklung hin zu einem immer mächtigeren EU-Bundesstaat nicht unaufhaltsam ist, auch wenn dies die politischen Eliten gerne so hätten. Zentralisierung ist folglich keine Einbahnstrasse, selbst wenn das EU-Regelwerk ursprünglich ironischerweise keine Austrittsformalitäten festgelegt hatte und man völlig selbstverständlich davon ausging: «Einmal in der EU, immer in der EU!» Doch dem ist glücklicherweise nicht so.

Wenn Ihnen also als Liberaler und überzeugtem Verfechter der Dezentralität wieder einmal das unschöne Etikett des «Europa-Feindes» angeheftet wird, nur weil Sie die gefährliche Zentralisierungseuphorie nicht teilen, so geben Sie das Etikett gerne wieder unverändert an den Absender zurück. Sie haben alles Recht dazu.

Nationalismus

Wenn es aktuell einen unübersehbaren politischen Trend gibt, dann jenen der Zentralisierung. Die Entscheidungskompetenzen werden auf immer höhere Ebenen verlagert: weg von den Gemeinden und Kantonen hin zum Bund; weg von den Nationalstaaten hin zu supranationalen Gremien und internationalen Organisationen. Die Vielfalt der Regelungen in den verschiedensten Gebietskörperschaften wird durch einen Monopolisierungs-, Vereinheitlichungs- und Gleichschaltungstrend erstickt.

Gerade in Europa wich der einst dezentral funktionierende Kontinent mit vielen Kleinstaaten einer laufenden Zentralisierung: zunächst hin zu immer mächtigeren Nationalstaaten und jetzt hin zu immer mächtigeren internationalen Konstrukten wie der EU oder der UNO. Die Reise geht weg von Vielfalt und Wettbewerb, in Richtung Zentralisierung und Weltregierung. Es geht im Kern um eine zunehmende Machtakkumulation bei immer weniger Menschen. Die Selbstbestimmung des Einzelnen weicht zum einen immer mehr staatlichen Befehlen. Zum anderen werden dezentral beschlossene staatliche Befehle zunehmend von zentral gefällten staatlichen Befehlen verdrängt.

Diese Entwicklung hin zu immer weitergehender Zentralisierung mag von ambitionierten Politikern und Beamten beklatscht werden, weil sie sich angesehenere, prestigebeladenere und besser bezahlte Pöstchen in den höheren Ebenen erhoffen. Was für die Karriere eines Politikers neue Höhenflüge bedeutet, ist für die Allgemeinheit jedoch ein Graus. Schliesslich ist klar, dass Wettbewerb – auch jener zwischen Staaten – ein wichtiger Treiber von Frieden, Freiheit und Wohlstand ist.

Unter der Bedingung eines funktionierenden politischen Wettbewerbs müssen die politischen Herrscher um die Gunst der Steuerzahler buhlen. Sie haben für ein möglichst gutes Preis-Leistungsverhältnis zu sorgen, damit die Bürger ihnen nicht den Rücken kehren und in Gebietskörperschaften mit besserem Preis-Leistungsverhältnis abwandern. Wenn es zu einem Exodus der Steuerzahler kommt, leiden darunter auch die Saläre der Politiker und Beamten in den betroffenen Regionen.

Übertreiben es Politiker in einer bestimmten Gebietskörperschaft bei der Ausbeutung ihrer Steuerzahler, gibt es in einem Umfeld des politischen Wettbewerbs für die Bürger die Möglichkeit zur «Abstimmung mit den Füssen». Sie können also ihren Niederlassungsort wechseln. Dadurch verbessern die Wanderungswilligen nicht nur ihre eigene Situation, sondern schaffen auch Anreize für die politischen Herrscher, sich gegenüber allen anderen Menschen, die bleiben, anständiger und bürgerorientierter zu verhalten und sich mehr anzustrengen, um diesen gute Angebote zu machen. Denn Abwanderung entzieht den betroffenen Staatsbediensteten Mittel. Je mehr Abwanderung es gibt, desto mehr werden die Politiker die Botschaft verstehen: «So nicht!» Wenn sie also weiterhin ein üppiges Einkommen als Politiker oder Beamter beziehen wollen, müssen sie sich für eine Verbesserung der Umstände einsetzen – sprich Qualitäts- und Effizienzsteigerung bei den staatlichen Leistungen, mehr Bürgernähe und ein effizienter Umgang mit Steuermitteln, was Steuersenkungen erlaubt. Davon profitieren alle.

Von diesen unschätzbaren Vorzügen des politischen Wettbewerbs reden Politiker und Beamte natürlich nicht gerne, weil es für sie mit Anstrengung und Leistung verbunden ist. Es ist für sie einfacher, all dies auszublenden und anstatt dessen dafür zu sorgen, dass ihre bürgerfeindlichen Policies – sprich hohe Steuern und Überregulierung – auch von konkurrierenden Gebietskörperschaften übernommen werden.

Und wie machen sie das? Indem internationale Organisationen gegründet und diesen wohlklingende Zwecke verliehen werden, sodass jeder Nationalstaat, der hier nicht mitmacht, moralisch in Verruf gebracht werden kann und sich bald schon auf grauen oder schwarzen Listen wiederfindet. Sobald die wichtigen Nationalstaaten in diese Gebilde eingebunden sind, wird darauf gedrängt, immer mehr Kompetenzen von den Nationalstaaten an die internationalen Organisationen zu übertragen. Von den Schalthebeln dieser internationalen Organisation aus zwingt man dann de facto jene Gebietskörperschaften mit den vorteilhafteren Preis-Leistungsverhältnissen dazu, ihre guten Policies aufzugeben, z.B. mit sogenannten Mindeststeuervorgaben, Regulierungsharmonisierungen oder der Aufgabe ordnungspolitisch wichtiger Institutionen.

Ein Beispiel für letzteres ist z.B. die Europäische Union (EU) mit ihrer Europäischen Zentralbank (EZB). Vor der Einführung des Euro galt Deutschland nebst der Schweiz als dasjenige europäische Land mit der stabilsten Währung, der D-Mark. Ob diesem Vorteil im politischen Wettbewerb störte sich insbesondere die französische politische Elite, die mit ihrem gegenüber der D-Mark laufend abwertenden Franc neidisch auf ihren östlichen Nachbarn schielte. Frankreichs Funktionäre unternahmen in den internationalen Verhandlungen in der Folge starke Anstrengungen, um auch Deutschland in die Währungsunion einzubinden und damit ihre erfolgreiche D-Mark aufzugeben – mit Erfolg. Die D-Mark ist Geschichte, der weitere Verlauf der Währungshistorie bekannt. Deutschland hat heute eine ebenso lausige Währung wie Frankreich. Die Bürokraten und Politiker Frankreichs haben ihr Ziel erreicht: Das Preis-Leistungsverhältnis der Konkurrenz wurde verschlechtert, um das eigene nicht verbessern zu müssen.

Und jetzt kommen wir zum eigentlichen Missbrauch des Begriffs «Nationalismus». Wer bei all diesen illiberalen Zentralisierungsschritten nicht mitmachen wollte und will, wer also die Kompetenzen lieber beim Nationalstaat belassen möchte, anstatt sie noch weiter nach oben zu delegieren, wird von den Zentralismus-Turbos abwertend als «Nationalist» bezeichnet. Der Begriff ist deshalb so wirkungsvoll, weil die Schuld an den verheerenden Kriegen und schlimmen Verbrechen an der Menschlichkeit des 20. Jahrhunderts in fast allen Geschichtsbüchern den Nationalisten in die Schuhe geschoben wird.

Für viele lautet die Zusammenfassung des Zweiten Weltkriegs verkürzt gesagt: Schuld am Desaster waren die Nationalisten in Deutschland und in Italien, die ihr Vaterland zu stark liebten. Wegen ihnen gab es Krieg und Massenvernichtung. Doch dies ist eine sehr verkürzte und unvollständige Erklärung, die den entscheidenden Faktor ausblendet: den Sozialismus. Ohne den enormen Ausbau des staatlichen Einflusses, die Abschaffung liberaler Grundrechte, die staatliche Okkupation der Medien und der Inanspruchnahme des Gewaltmonopols hätten die Nationalsozialisten und Faschisten es niemals so weit gebracht. Wären die Nationalisten nicht sozialistisch angehaucht gewesen, sondern liberal, und hätten sie auf dem Schutz der Eigentumsrechte beharrt, hätte es all die staatlichen Angriffe auf Leib, Leben und Eigentum nicht gegeben.

Dennoch sind es heute oftmals zu Unrecht die «Nationalisten» – also jene, die den Nationalstaat regulatorisch als vorrangig erachten gegenüber internationalen Gebilden – die im Gegensatz zu den Globalisten als etwas Negatives dargestellt werden. Doch die Schuldigen für die Verbrechen im 20. Jahrhundert sind in erster Linie in den Reihen der Sozialisten zu suchen – also jene, die den Staatsapparat auch heute immer noch dazu einsetzen wollen, um Gewalt gegen all jene anzudrohen oder anzuwenden, die sich nicht so verhalten, wie es jene befehlen, die den Staatsapparat kontrollieren. Nationalismus hat nicht zwingend etwas mit Gewalt- und Gewaltandrohung zu tun, der Sozialismus schon. Der Sozialismus ist ein Euphemismus für institutionalisierte nackte Gewalt.

VII.
Besteuerung

Steuerausfälle

Der Staat hat in den letzten Jahrzehnten in der Schweiz enorm an Gewicht zugelegt. Die Stellen des öffentlichen Sektors etwa haben zwischen 2011 und 2019 viel stärker zugenommen als jene in der Privatwirtschaft, nämlich um 13,6 Prozent, verglichen mit 9,7 Prozent im privaten Sektor. Mittlerweile sind 16,6 Prozent aller Beschäftigten im öffentlichen Sektor (inkl. staatsnahe Betriebe wie SBB, Post etc.) tätig. Waren die Personalkosten für die Verwaltung von 1990 bis 2007 schon durchschnittlich 1,5 Prozent pro Jahr gestiegen, legten sie von 2008 bis 2019 noch stärker zu: nämlich um 2,2 Prozent.

Der Staat ist übergewichtig geworden. Übergewicht macht bekanntlich krank. Je mehr Aufgaben und Kompetenzen sich die Staatsmacht an sich reisst, desto eher verliert sie ihre Kernaufgabe – den Schutz von Leib, Leben und Eigentum – aus dem Fokus; desto mehr verzettelt sie sich und tut Dinge, die dieser Kernaufgabe widersprechen; desto mehr Steuern muss sie erheben und die Menschen entmündigen; desto stärker wird aufgrund der zunehmenden Verstaatlichung die Innovationskraft der Wirtschaft geschwächt; desto intensiver wird die individuelle Freiheit jedes Einzelnen eingeschränkt und erlahmen die Produktivkräfte, die uns ursprünglich Prosperität gebracht haben.

Der Staat ist zu fett geworden – eine Abspeckungskur ist dringend nötig, wenn man die immer weiter ausufernden gesellschaftlichen Probleme eindämmen möchte. Liberale Reformen drängen sich auf, die die Entscheidungskompetenzen von den staatlichen Ebenen an die Bürger zurückdelegieren. Doch diese elementar wichtigen Prozesse zur nachhaltigen Gesundung der Wirtschaft und der Gesellschaft werden von manipulativ argumentierenden Etatisten torpediert, die die Bürger am liebsten weiterhin maximal ausbeuten wollen. Ein beliebtes Schlagwort im Arsenal der Status-Quo-Verteidiger ist der Begriff der «Steuerausfälle». Wenn man liberale Reformen durchführe, so hätten das solche zur Folge. Das Wort «Ausfälle» impliziert dabei, dass man mit einer Liberalisierungsmassnahme Werte vernichte, weil danach etwas nicht mehr da sei, was zuvor da war. Etwas falle weg und fehle nachher in der gesellschaftlichen Gesamtrechnung, nämlich die Steuereinnahmen. Und das sei für die Gesellschaft als Ganzes schlecht. Es wird impliziert, sie werde ärmer, denn sie habe schliesslich weniger Geld zur Verfügung, das sie für gute Zwecke ausgeben könnte.

Doch das ist natürlich Unfug. Allein den Staatsetat zu betrachten und daraus Schlussfolgerungen für das Wohl der Gesellschaft zu ziehen, ist widersinnig. Denn das Staatsbudget ist nur ein Teil des gesamtgesellschaftlichen «Budgets». Was dabei ausgeblendet wird, sind die vielen privaten Haushalte, die individuellen Budgets der Steuerzahler.

Es ist völlig klar, dass der Staat nur an Gewicht zulegen kann, wenn er sich von den Steuerzahlern mehr nimmt. Der Staat kann kein Geld ausgeben, das er zuvor nicht irgend jemandem weggenommen hat. Und die Steuerzahler überlassen dem Staat dieses Geld nur unfreiwillig. Denn der Staat schliesst mit seinen Opfern keine Verträge ab, sondern nimmt sich deren Eigentum unter Androhung oder Anwendung von Gewalt. Würde er seine Einnahmen aufgrund freiwilliger Zahlungen und abgeschlossener Verträge erhalten, wäre er eben nicht ein Staat (der sich u.a. durch das Erheben von Steuern definiert), sondern ein privates Unternehmen, das Güter und Dienstleistungen an freiwillig zahlende Kunden verkauft.

Der Aufklärungsphilosoph Frédéric Bastiat (1801–1850) beschrieb diese Strategie, den Fokus allein auf den Staatsetat und das staatliche Handeln zu reduzieren, sehr treffend in seinem Büchlein *Was man sieht und was man nicht sieht*. Er greift dabei die Argumente für einen ausgebauten Staat mit umfangreichem Budget auf. Ein grosses Staatsbudget könne viele Menschen ernähren, indem diesen z.B.

Sozialhilfe, Subventionen oder einen Lohn ausbezahlt werde. Es könnten mit diesen Staatsgeldern auch neue Infrastrukturprojekte errichtet werden, etwa neue Strassen, Brücken, Tunnels, Schulen und Spitäler. Nach Bastiat sind diese Staatsausgaben und die sichtbaren Ergebnisse dieser Ausgaben *das, was man sieht*. Was man nach Bastiat bei dieser Verherrlichung «staatlicher Wohltaten» ausblende, sei *das, was man nicht sieht*. Dazu zählen etwa das Leid und die Nachteile der Steuerzahler, denen das Geld abgeknöpft wird. Sie haben nun ihrerseits weniger Mittel zur Verfügung, die sie nach eigenen Präferenzen und eigenem Gutdünken ausgeben können. Nicht mehr sie dürfen von den ihnen erwirtschafteten Mitteln profitieren, sondern Politiker und Funktionäre.

Man kann also nicht einfach nur die Ausgabenseite des Staates betrachten und dann sagen: «Wow, der Staat leistet so viele Wohltaten, ist der denn toll!» Das wäre in etwa so absurd, wie wenn man einem Bankräuber nur beim Ausgeben seiner Beute im Supermarkt zuschauen würde und zum Schluss käme, dass dieser Bankräuber ein feiner Mensch sei, weil er die Wirtschaft ankurble. Bastiat fordert uns dazu auf, das ganze Bild zu betrachten:

> *«Sie vergleichen die Nation mit ausgetrockneter Erde und die Steuer mit einem fruchtbaren Regen. Nun gut. Aber Sie müssen auch fragen, wo die Quellen dieses Regens sind, und ob es nicht eben genau die Steuer ist, die die Feuchtigkeit aus dem Boden pumpt und ihn austrocknet. Sie müssen sich ausserdem fragen, ob der Boden soviel von dem kostbaren Regenwasser erhalten kann, wie er durch die Entwässerung verliert.»*

Worauf Bastiat mit dem letzten Satz anspielt, ist die Tatsache, dass sich jegliche Besteuerung nachteilig auf die Wohlstandsbildung auswirkt im Vergleich zu einer Situation, in der Eigentumstitel auf freiwilliger Basis den Besitzer wechseln. Immer wenn jemand besteuert wird, ist das eine Win-

Lose-Situation. Der Nettosteuerzahler verliert, der Nettosteuerempfänger gewinnt. Wenn Eigentumstitel jedoch ausschliesslich auf Basis von Verträgen den Besitzer wechseln, so entsteht immer eine Win-Win-Situation, bei der beide Seiten gewinnen und sich beide besserstellen. Ansonsten würden sie ja den Vertrag nicht freiwillig abschliessen.

Man könnte natürlich argumentieren, dass man von den staatlichen Leistungen als Besteuerter auch wieder etwas zurückerhält, weshalb Besteuerung doch nicht so schlimm sein könne. Doch wenn man zur Besteuerung Zwang anwenden muss, so bedeutet das immer, dass es aus Sicht des Besteuerten eine bessere Verwendungsmethode für dieselben Mittel gegeben hätte. Ansonsten hätte er das Geld ja freiwillig hergegeben und man hätte ihn nicht dazu zwingen müssen. Das ist der Grund, warum eine Marktwirtschaft mit geschützten Eigentumsrechten bei der Schaffung von Wohlstand anderen Systemen immer überlegen ist: Jegliche Zwangsumverteilung schafft mehr Armut im Vergleich zu einer Situation, in der es keine Zwangsumverteilung gegeben hätte.

Es ist ausserdem irreführend, wenn behauptet oder impliziert wird, aufgrund von «Steuerausfällen» würden wichtige, gesellschaftlich erwünschte Funktionen wie die Armenhilfe oder der Bau von Infrastrukturprojekten einfach wegfallen. Denn wenn der Staat weniger gefrässig wäre, bliebe den Bürgern und Unternehmen mehr Geld, um gewünschte Funktionen effizienter und besser zu erfüllen, als es die Politik könnte – u.a. weil sie im Vergleich zu den politischen Akteuren «skin in the game» haben und der Wettbewerb zwischen verschiedenen Anbietern spielen kann. Je mehr Mittel die Bürger selbst ausgeben dürfen, desto mehr können sie sich auch in all jenen Bereichen engagieren, die heute vom Staat okkupiert sind. Es ist daher wichtig zu betonen, dass Steuerausfälle gerade in der heutigen Situation erstrebenswert sind. Sie sind ein Begleitphänomen bei der Rückeroberung von Freiheit und Selbstbestimmung. Ein Hoch auf Steuerausfälle!

Steuergeschenke

Ein materielles Gut kann man nur verschenken, wenn es einem auch gehört. Das weiss jedes Kind. Es hätte etwas Komisches, wenn jemand den Rasenmäher seines Nachbarn ohne dessen Zustimmung verschenken wollte oder wenn ein Räuber dem Ausgeraubten 100 Franken abnimmt und ihm dann 5 Franken zurückgäbe und meint, die 5 Franken würde er ihm als «Geschenk» überlassen.

Doch ironischerweise wird dieser Sachverhalt in einer ganz spezifischen Situation selten durchschaut. So enervieren sich nämlich Kreise, für die der Staat den Hals nie voll genug kriegen kann, wenn andere die drückende Steuerlast reduzieren wollen. Sie sprechen dann absurderweise von «Steuergeschenken», die man den «Reichen» oder den «Konzernen» mache.

Dies behaupten sie auch dann, wenn die entsprechende Steuer für alle reduziert oder abgeschafft werden soll und nicht nur für Reiche und Konzerne. Sie tun das deshalb, weil es heute die Vermögenden und grösseren Firmen sind, die aufgrund der Progression prozentual am meisten Steuern abliefern. Weil diese Player am meisten Steuern zahlen, profitieren sie logischerweise auch absolut gesehen am meisten von Steuerreduktionen. Doch kann dies ein Argument zur Beibehaltung der ungesunden Steuerlast für alle sein? Wäre es mit einem derart neidgetriebenen Denken nicht unmöglich, irgendeine Steuer jemals wieder zu senken, geschweige denn abzuschaffen?

Der Begriff «Steuergeschenk» weckt falsche Vorstellungen. Wie wir alle wissen, kann man nur verschenken, was einem auch tatsächlich gehört. Wenn man im Zusammenhang mit einer etwas milderen Besteuerung allen Ernstes von einem «Steuergeschenk» spricht, verwendet man den Begriff falsch – ob absichtlich aus manipulativem Motiv oder unabsichtlich aus Unwissen sei einmal dahingestellt.

Denn wer von einem Steuergeschenk spricht, der geht davon aus, dass alles, was die Bürger und Unternehmen erwirtschaften, grundsätzlich dem Staat gehört. Das ist ein totalitäres Politikverständnis. Mit einer liberalen, offenen Gesellschaft ist das jedenfalls nicht vereinbar. Denn, wenn dem Staat grundsätzlich alles gehört, so sind alle Bürger lediglich Sklaven der politischen Herrscher. Und zwar nicht partielle Sklaven, wie wir das heute in unseren semisozialistischen Systemen mit einer Entmündigungsquote von rund 50 Prozent sind, wo uns etwa die Hälfte unserer Errungenschaften von der Politik unserer Verfügung entrissen wird. Es wäre eine Gesellschaft der totalen Sklaverei, in der alles den politischen Sklavenhaltern gehören würde – und den Bürgern nichts.

Um die Frage zu beantworten, wem eigentlich die Güter und Ressourcen dieser Erde gehören, lohnt es sich festzuhalten, dass es zum Selbsteigentum am eigenen Körper keine humane oder funktionale Alternative gibt. Nur unter Wahrung dieses Rechts auf Selbsteigentum kann jede Person ihren eigenen Körper frei von Zwangseinflüssen durch andere Menschen kontrollieren. Wer an die Freiheit und die Gleichheit aller Menschen vor dem Gesetz glaubt, wer also die Werte der Aufklärung teilt, hat keine Möglichkeit, das Selbsteigentum zu verneinen.

Geht es nach den Aufklärungsphilosophen und den Naturrechtstheoretikern, ist das Selbsteigentum ein Recht, das jedem schon deswegen zusteht, weil er der Menschheitsfamilie angehört. Jeder darf mit seinem eigenen Körper tun und lassen, was er will, solange er damit nicht das Eigentum anderer verletzt.

Das Eigentum am eigenen Körper ist für das Überleben eines Menschen nun zwar eine notwendige, aber noch keine hinreichende Bedingung, wie der politische Philosoph Murray N. Rothbard (1926–1995) argumentiert:

«Menschen sind keine schwebenden Geister, sie sind keine selbstgenügsamen Entitäten. Sie können nur überleben und gedeihen, indem sie sich mit ihrer Umwelt herumschlagen. Sie müssen zum Beispiel auf einem Stück Land stehen, auch müssen sie, um zu überleben, die natürlichen Ressourcen in Gebrauchsgüter umwandeln, in Objekte also, die passend sind für den menschlichen Gebrauch. Nahrung muss kultiviert und gegessen werden […] Der Mensch muss nicht bloss Eigentum an seiner Person haben, sondern auch an materiellen Objekten zu seiner Verfügung und zu seinem Gebrauch.»

Doch woher stammt dieses Eigentum der Menschen an materiellen Dingen, die nicht ihren eigenen Körper betreffen? Der einflussreiche Philosoph John Locke (1632–1704) begründete dies folgendermassen:

«Jeder Mensch hat ein Eigentum an seiner eigenen Person. Daran hat niemand ausser ihm selbst irgendein Recht. Von der Arbeit seines Körpers und vom Werk seiner Hände dürfen wir sagen, dass sie einwandfrei das Seinige sind. Was er daher auch immer aus der Lage entfernt, in der die Natur es darbot und beliesse, damit hat er seine Arbeit vermischt, und das hat er mit etwas, das sein Eigen ist, verbunden und es dadurch zu seinem Eigentum gemacht. Da es durch ihn aus der gemeinen Lage entfernt worden ist, in die die Natur es brachte, hat es durch diese Arbeit etwas Hinzugefügtes, das das gemeine Recht anderer Menschen ausschliesst. Denn da diese Arbeit das unbestreitbare Eigentum des Arbeiters ist, kann niemand ausser ihm ein Recht auf das haben, mit dem diese Arbeit erst einmal verbunden wurde. […] Wer sich von Eicheln nährt, die er unter eine Eiche aufsammelt, oder von Äpfeln, die er von den Bäumen im Walde pflückt, hat sich diese zweifellos angeeignet. […] Und will irgendeiner sagen, er hätte kein Recht an diesen

> *Eicheln und Äpfeln, die er sich somit aneignete, weil er nicht die Zustimmung der gesamten Menschheit hatte, sie zu Seinigen zu machen? [...] Wenn eine derartige Zustimmung notwendig wäre, so wäre der Mensch trotz der Fülle, die Gott ihm gab, verreckt.»*

Locke verdeutlicht damit einen zentralen Punkt: Natürliche Ressourcen können nicht allen Menschen gleichzeitig gehören. Stellen Sie sich nur einmal vor, Sie müssten vor jedem Verspeisen eines Apfels jeden anderen zurzeit lebenden Menschen fragen, ob Sie das wirklich dürfen. Nichts anderes impliziert die Vorstellung, dass alle Güter grundsätzlich dem Staat gehörten, sie also vergemeinschaftet werden sollten. Eine solche Eigentumskonzeption ist in hohem Masse realitätsfremd, undurchführbar und muss notwendigerweise im Desaster enden.

Eine funktionale und humane Ordnung belässt die Eigentumsrechte folglich bei jenen, denen sie zustehen. Je mehr dieser Grundsatz geritzt wird, desto schlechter geht es einer Gesellschaft.

So gelangt der Index der Eigentumsrechte, der vom Liberalen Institut mitherausgegeben wird, Jahr für Jahr zum Schluss, dass jene Länder mit dem besten Schutz des Privateigentums wesentlich wohlhabender sind als andere. Der Index aus dem Jahr 2022 konstatierte etwa, dass das Pro-Kopf-Einkommen im Fünftel jener Staaten mit den am besten gesicherten Eigentumsrechten mit durchschnittlich 54'428 US-Dollar mehr als 21 Mal höher war als im letzten Fünftel des Index, wo das Durchschnittseinkommen pro Kopf nur 2'535 US-Dollar betrug.

Steuerumgehung

Wenn immer es legale Anstrengungen gibt, um die Steuerlast aus Sicht des Einzelnen oder eines Unternehmens gering zu halten, lässt der Vorwurf der «Steuerumgehung» nicht lange auf sich warten. Dieser Vorwurf wird oft aus einer angenommenen moralischen Überlegenheit heraus geäussert. Die Ankläger gehen wie selbstverständlich davon aus, das Allgemeinwohl hinter sich zu wissen. Sie sehen dabei das öffentliche Interesse geschädigt, weil für die «Allgemeinheit» weniger Steuermittel zur Verfügung stünden, wenn Steuerumgehung betrieben würde. Steuerumgeher fügten der Allgemeinheit also einen Schaden zu. Dieser Vorwurf stellt sich bei genauem Hinsehen jedoch als komplett falsch heraus.

Um dem Irrtum auf den Grund zu gehen, müssen wir zunächst verstehen, was ein Steuerumgeher genau macht. Je weniger Steuern jemand bezahlen muss, weil er z.B. bewusst eine Rechtsform oder einen steuergünstigen Standort für sein Unternehmen wählt, desto mehr Mittel bleiben ihm, um seine Projekte und Ziele zu erreichen. In einer marktwirtschaftlichen Umgebung sind profitträchtige Unternehmen, die ohne staatlichen Garantien, Subventionen und andere staatliche Unterstützung Bestand haben, im Interesse der Allgemeinheit, weil es eine freiwillige Nachfrage nach den von ihnen angebotenen Gütern und Dienstleistungen gibt. Das bedeutet, dass solche Unternehmen eine wichtige Rolle bei der Besserstellung anderer spielen. Denn sie würden ihr Geld nicht freiwillig hergeben, wenn sie sich davon nicht eine Verbesserung ihrer Lebensumstände erhofften.

Der Staat jedoch tut dies nicht. Warum? Sämtliche Mittel, die er ausgeben kann, muss er zuvor jemandem zwangsweise wegnehmen. Das heisst, er schädigt damit jene, welchen er das Geld aus der Tasche zieht. Damit reduziert er das Wohl der Bedrohten, die das Geld unfreiwillig hergeben müssen. Indem er ausgerechnet die Erfolgreichsten überproportional besteuert, bestraft er jene, die für die Allgemeinheit das grösste Wohl geschaffen haben. Anstatt zuzulassen, dass diese Produzenten ihre Gewinne im grösstmöglichen Umfang reinvestieren und damit die Produkte und Dienstleistungen, die nachgewiesenermassen von der Allgemeinheit am meisten gefragt sind, noch besser und günstiger zu machen, verhindert der Staat durch sein Intervenieren, dass das volle Potenzial ausgeschöpft werden kann. Er arbeitet also gezielt gegen das Allgemeinwohl, womit es ethisch eben geboten ist, Steuern zu vermeiden.

Natürlich gibt der Staat den Steuerzahlern auch wieder etwas zurück in Form von Sozialleistungen, Renten, Infrastruktur usw. Doch diese Gegenleistungen haben a priori einen geringeren Wert für den Steuerzahler als andere, prioritärere Dinge, für die er sein Geld (das ihm durch die Besteuerung abhandengekommen ist) lieber ausgegeben hätte. Wenn der Staat besser als private Unternehmer Leistungen erbringen könnte, müsste er die Steuerzahler ja nicht zum Steuerzahlen zwingen, sondern alle würden es freiwillig tun. Das tun sie aber nicht, zumindest bei weitem nicht alle. Das zeigt, dass der Staat auch Dinge tut, welche die Steuerzahler als unnötig erachten. Der Staat verhindert damit das Schaffen von zusätzlichem Wohlstand. Er erhöht die relative Armut verglichen mit einer Situation, in der er untätig geblieben wäre.

Dies gilt auch dann, wenn Steuergelder eingetrieben werden, um «Bedürftigen» zu helfen. Oftmals wird argumentiert, dass dank der Zwangsumverteilung mehr konsumiert werde, weil so Bedürftige mehr Geld zum Ausgeben hätten. Dies würde den gesamtwirtschaftlichen Konsum ankurbeln, womit der Wohlstand steige. Doch diese keynesianistisch inspirierte Träumerei hält der Realität nicht stand. Eine Gesellschaft kann sich nicht «reichkonsumieren». Ansonsten müsste man den armen Ländern einfach raten: «Gebt all eure Ersparnisse aus, konsumiert, was das Zeug hält, und ihr werdet alle steinreich.» Es ist intuitiv leicht zu erkennen, dass ein solcher Rat widersinnig ist. Wenn man das Geld den einen raubt und es an andere gibt, die es ausgeben, so steigert man vielleicht den kurzfristigen Konsum, jedoch zulasten des längerfristigen Konsumpotenzials. Wohlstand entsteht (nebst dem Prozess der Arbeitsteilung und Spezialisierung) letztlich vor allem durch den Prozess des Sparens und Investierens. Es geht darum, die Produktivität (also die Ergiebigkeit der Produktion) zu steigern, indem man in bessere Produktionsprozesse investiert. Anstatt die Fische von Hand zu fangen, knüpft man sich ein Fischernetz (Kapital), mit dem man in der gleichen Arbeitszeit mehr Fische fangen kann. Damit man ein Fischernetz knüpfen kann, muss man sparen und investieren. Man muss sich ein paar Fische auf die Seite legen (ansparen), damit man an jenen Tagen etwas zu Essen hat, an denen man das Fischernetz knüpft (also Zeit und Ressourcen investiert).

Der Staat stört diesen Prozess des Sparens und Investierens. Er nimmt den Leuten Ersparnisse durch die Besteuerung ab und reduziert damit ihr Investitionspotenzial, wodurch die Produktion künftig ergiebiger hätte werden können. Zu besteuern bedeutet, den Wohlstand von morgen zu reduzieren. Was hinzukommt ist, dass eine regelrechte Sozialindustrie zur Verteilung von Steuergeldern (Verwaltung, Sozialwerke, NGOs etc.) entstanden ist, die selbst von diesen Umverteilungstöpfen lebt. Es kommt also bei den sogenannt Bedürftigen ein geringerer Teil an, als von den Steuerzahlern eingezogen wird. Ganz zu schweigen von den massiven Ineffizienzen, die bei staatlichen Behörden im Vergleich zum privaten Sektor entstehen, weil es beim Staat aufgrund des fehlenden Gewinnmotivs weniger Anreize gibt, Dinge besser und kosteneffizienter zu erledigen. Der Staat verschwendet relativ zum Privatsektor gesehen knappe Ressourcen und trägt damit erneut dazu bei, dass die Gesellschaft ärmer dran ist, als sie es ohne staatliches Zutun wäre.

Nun wird auch gerne behauptet, dass viele gesellschaftlich wünschenswerte Funktionen (wie z.B. Medien,

Kultur, Hilfe an Bedürftige etc.) nicht mehr erfüllt würden, wenn dem Staat weniger Mittel zur Verfügung stünden. Diese Funktionen seien für das Funktionieren der Gesellschaft wichtig, weshalb es eben doch ethisch unhaltbar sei, Steuern zu umgehen. Doch auch diese Argumentationsschiene läuft ins Leere. Je mehr Steuerumgehung betrieben wird, desto mehr Geld steht Privaten zu ihrer eigenen Verwendung zur Verfügung und desto wohlhabender ist die Gesellschaft. Bei einem Wohlstand, der bei immer mehr Menschen das Existenzminimum übersteigt, können sich die Bürger immer mehr Dinge leisten. Es zeigt sich, dass die Beiträge an Hilfswerke und Kultur in relativ freien Gesellschaften ständig steigen. Denn, um geben zu können, muss man zunächst einmal haben. Und je mehr die Leute haben, desto mehr profitieren auch Bereiche wie Kultur, Medien und das Soziale, zumal das alles Dinge sind, die natürlich nachgefragt werden – auch ohne staatliche Gewaltandrohung.

Im Unterschied zu den heutigen anonymen Umverteilungstöpfen würde die soziale Fürsorge in einer freien Gesellschaft persönlicher, womit auch die zwischenmenschliche Wärme einen höheren Stellenwert gewinnen würde. Auch würden jene Kulturgüter und Medienpublikationen finanziert, die den Leuten am besten gefallen und die sie daher freiwillig nachfragen. Die heute an auffällig vielen Menschen vorbeizielende, staatlich finanzierte, oftmals hässliche und sinnentleerte Kunst sowie die politiknahe Medienpropaganda hätten es in einem solchen Umfeld natürlich schwieriger. Doch das wäre auch gut so. Jedenfalls ist die Behauptung falsch, dass gesellschaftlich erwünschte Funktionen nicht mehr erfüllt würden, wenn man die Leute nicht mehr zu ihrem Glück zwingen würde. Insofern richten Steuerumgeher auch in dieser Hinsicht keinen Schaden an, sondern helfen dem Staat, sich auf das Wesentliche zu konzentrieren und möglichst wenige Mittel zu verschwenden. Sie brauchen also kein schlechtes Gewissen zu haben, wenn Sie Steuern umgehen. Im Gegenteil.

Steuergerechtigkeit

Oftmals wird in politischen Debatten moniert, die «Steuergerechtigkeit» müsse gewahrt bleiben. Steuergerechtigkeit bedeutet gemäss einem populären Erklärvideo des Bundesfinanzministeriums Folgendes: Wer mehr zur Finanzierung des Staatsapparates beitragen könne, müsse auch mehr schultern. Dabei wird so getan, als gäbe es eine klare und eindeutige Art, wie dieser Begriff verstanden und ausgelegt werden könnte. Doch «Gerechtigkeit» ist ein typisches Wieselwort und hat für jeden eine andere Bedeutung.

«Steuergerechtigkeit» aus Sicht der Steuereintreiber ist es natürlich, maximale Beute zu erzielen. Je mehr Mittel den staatlichen Ämtern zur Verfügung stehen, desto sicherer ist der Arbeitsplatz der Staatsbediensteten. Der plumpe Grund, weshalb es als «gerecht» dargestellt wird, wenn den Erfolgreichsten und Produktivsten der Gesellschaft am meisten genommen wird, ist folgender: Hier gibt am meisten zu holen. Es geht nicht um Gerechtigkeit, sondern um Gier.

Doch nur weil eine gewisse Art der Besteuerung die Staatseinnahmen maximiert, bedeutet dies noch lange nicht, dass diese Art der Besteuerung auch gerecht ist. Diese Steuermaximierungsstrategie kann nur dann als «gerecht» dargestellt werden, wenn von einem Irrglauben ausgegangen wird: Vom Irrgauben, es entstünden umso mehr nützliche Sachen, je mehr Mittel dem Staat zukommen. Wir haben jedoch in den vorherigen Kapiteln gesehen: Das Gegenteil ist der Fall. Je mehr Mittel der Staat den Bürgern und Unternehmen abnimmt, desto grösseren Schaden für die Allgemeinheit richtet er an. Insofern wäre also eher eine Vorgehensweise gerecht, die möglichst viele Mittel beim Einzelnen belässt.

Doch auch aus weiteren Gründen kann es nicht «gerecht» sein, dass gerade jenen am meisten genommen wird, die am meisten verdient haben. Warum? Wer in einer Marktwirtschaft (also ohne Hilfe des Staates wie Subventionen oder

Privilegien in Form von Sonderinteressenregulierungen) viel verdient, hat nachweislich einen hohen Nutzen für die Allgemeinheit geschaffen. Denn in einer Marktwirtschaft wechselt das Geld den Eigentümer nicht aufgrund von Zwangsbefehlen des Staates, sondern aufgrund freiwillig getroffener Übereinkünfte. Dies bedeutet, dass die Leute ihr Geld nur für Dinge hergeben, von denen sie sich einen höheren Nutzen versprechen als vom Geld, das sie hergeben.

Wenn also jemand in einer Marktwirtschaft viel Geld verdient, bedeutet dies nichts anderes, als dass er die Lebensstandards anderer angehoben hat. Dieses Geld ist sein verdienter Lohn dafür. Das, was ihm zukommt, ist seine angemessene und gerechte Entschädigung. Ihm von dieser Entschädigung gewaltsam etwas wegnehmen zu wollen, ist folglich ungerecht. Es ist ein Hohn, von «Steuergerechtigkeit» zu sprechen, wenn gerade jene überproportional bestraft werden, die sich am stärksten für das Allgemeinwohl eingesetzt haben.

Dieser Befund gilt nicht nur hinsichtlich der prozentualen Steuerbelastung, also dass den Erfolgreicheren *prozentual* mehr Steuergelder abgeknöpft werden. Es gilt auch für die *absolute* Steuerhöhe. Warum sollte sich ein erfolgreicher Unternehmer mehr am Staatsbudget beteiligen müssen als Menschen mit einem geringeren Verdienst für die Allgemeinheit? Damit würde man ja gerade jene belohnen, die sich nicht in gleichem Ausmasse für die Allgemeinheit einsetzten, und jene bestrafen, die am meisten zum Allgemeinwohl beitrugen. Ein solches Steuersystem setzt perverse Anreize: Es lohnt sich weniger, Wohlstand für sich und andere zu schaffen – und es wird eher davon abgesehen, sich unternehmerisch zu betätigen. Das System progressiver Steuern, in welchem Leistungsstarke überproportional belangt werden, verhindert Wohlstandsbildung. Es vergrössert die relative Armut im Vergleich zu einem Zustand ohne Besteuerung.

Es stellt sich die Frage, welches Steuersystem tatsächlich gerecht wäre. Aus konsequent-liberaler Sicht stellt man sich auf den Standpunkt, dass kein Steuersystem wirklich gerecht sein könne, weil hier in jedem Fall jemandem unter Androhung oder Anwendung von Gewalt sein Eigentum weggenommen wird und damit das elementare Menschenrecht auf geschütztes Privateigentum verletzt wird. Steuergerechtigkeit ist aus dieser Perspektive ein Widerspruch in sich selbst. Steuern zu erheben kann nie gerecht sein.

«Steuergerechtigkeit» kann es aus dieser Perspektive lediglich dann geben, wenn man unter «Steuern» freiwillige Beitragszahlungen versteht, wenn sich das Gebilde namens «Staat» als freiwilliger Club versteht, an den unerzwungene Beiträge entrichtet werden können. Doch dann wäre er streng genommen kein Staat im eigentlichen Sinne mehr, unter dem man heute eine Organisation mit der Alleinentscheidungsmacht über Konflikte auf seinem Territorium und Besteuerungsbefugnis versteht.

Wenn man von der Existenz eines solchen Staates im traditionellen Verständnis ausgeht, bleibt die Frage, wie man einem gerechten Steuersystem möglichst nahekommen könnte. Weil Steuern – wie oben dargestellt – per se ungerecht sind und falsche Anreize setzen, sollte man den Staatsetat nicht aus Steuern, sondern aus Gebühren finanzieren. Gebühren, die nur dann anfallen, wenn die Bürger oder Unternehmen einen Service des Staates nutzen. So bezahlen sie z.B. Abfallsackgebühren, wenn sie Abfall produzieren und entsorgen. Sie bezahlen TV-Gebühren, wenn sie das staatliche Fernsehen auch tatsächlich schauen. Sie bezahlen Gerichtsgebühren, wenn sie vor Gericht unterliegen. Sie bezahlen Eintrittsgebühren, wenn sie staatliche Museen und Kulturveranstaltungen besuchen. Sie oder die privat abgeschlossenen Versicherungen bezahlen Spitalgebühren, wenn sie dort Gesundheitsleistungen in Anspruch nehmen usw. Ein solches System wäre wesentlich gerechter als das heutige progressive Steuersystem. Denn der Nutzer einer staatlichen Leistung kommt so selbst für die von ihm verursachten Kosten auf, anstatt die Kosten einfach anonym auf die zahlende Allgemeinheit abzuwälzen und diese zu zwingen, für seinen Lebensunterhalt und seine Vergnügen aufzukommen.

Nun werden einige dagegenhalten, dass in einem solchen System die weniger Vermögenden «bestraft» würden, weil sie gleich viel wie «die Reichen» bezahlen müssten. Doch das ist Humbug: Niemand wird so «bestraft». Niemand nimmt so jemandem etwas weg. Es ist jedem freigestellt, welche staatlichen Leistungen er in welchem Umfang beziehen möchte und welche nicht. Klar, kommt man um gewisse Leistungen wie Abfallentsorgung nicht herum, doch auf viele Dinge wie Unterhaltungs-TV, Theater oder Gender-Lehrstühle kann man als weniger Vermögender auch verzichten, um so Gebühren einzusparen. Ein solches «Opting-Out» steht ihnen im heutigen Steuersystem nicht zu.

Die weniger Vermögenden würden ausserdem profitieren, weil die Produktiven nicht mehr länger bestraft würden und damit viel mehr Wohlstand für alle schaffen könnten, als das heute der Fall ist. Mehr Wohlstand bedeutet nicht nur diverse, vielfältigere und neuartige Produkte, die den Lebensstandard aller anheben, sondern auch eine tendenzielle Vergünstigung der Produktpreise, weil immer effizientere Produktionsmethoden günstigere Preise zur Folge haben.

Doch was wäre mit lebensnotwendigen Dingen, die den «Armen» heute vom Staat unter vergünstigen Konditionen angeboten werden? Müssten die «Armen» dann nicht auf diese Leistungen verzichten? Nein. Es gibt schliesslich auch ohne zwangsweise Finanzierung Wege, wie man Bedürftige unterstützen könnte: Freiwillige Solidarität, familiäre und kollegiale Hilfe auf freiwilliger Basis, Hilfswerke, Stiftungen, Versicherungen usw. Dank geringerer Steuerbelastung dürfte diese viel grosszügiger ausfallen, weil mehr Wohlstand auch mehr überschüssige Mittel zur Unterstützung der Mitmenschen hervorbringen.

VIII.
ARBEITSMARKT

Ausbeutung

Der Begriff «Ausbeutung» wird von marxistisch inspirierten Gruppierungen und Gewerkschaften gerne missbraucht, um Arbeitgeber zu Sündenböcken zu machen. Das ist deshalb nötig, weil man anschliessend auf deren Kosten Sonderprivilegien für die eigene Klientel erwirken möchte. In einem Anstellungsverhältnis wird dabei das Verhalten des Arbeitgebers gegenüber dem Arbeitnehmer als «ausbeuterisch» bezeichnet, wenn aus Betrachtersicht kein «gerechter Lohn» ausbezahlt wird, wenn die Arbeitszeiten z.B. als «zu lange» oder die Arbeitsbedingungen als «ungenügend» wahrgenommen werden.

Es wird mit der Verwendung des Ausbeutungs-Begriffs versucht, eine Macht-Asymmetrie zu suggerieren, obwohl es hier gar keine gibt. In einer Marktwirtschaft wird jeweils zwischen Arbeitgeber und Arbeitnehmer über die Anstellungsbedingungen auf Augenhöhe verhandelt. Beide Seiten stimmen einem allfälligen Arbeitsvertrag aus freien Stücken zu und können – unter Einhaltung der vereinbarten Kündigungsfrist – den Vertrag auch jederzeit wieder auflösen, wenn sie mit den Arbeitsbedingungen oder dem Verhalten des anderen nicht mehr zufrieden sind.

Die Beschaffenheit unserer Welt (in der die Güter knapp sind) und unseres Wesens (das nicht ohne Nahrung, Kleider, ein Dach über dem Kopf etc. überleben kann) zwingt uns, produktiv zu sein und Geld zu verdienen, um uns die lebensnotwendigen Güter leisten zu können. Wir müssen uns nützlich machen und anderen Menschen dienen, damit sie uns für unsere Dienste bezahlen. Das ist ein natürlicher Zwang, an dem wir nichts ändern können, auch wenn manche Träumer fälschlicherweise meinen, dass sich diese Naturgesetze durch irgendwelche magischen staatlichen Tricks aushebeln lassen. Dass es diesen natürlichen Zwang zur Arbeit gibt, ist nicht die Schuld der Arbeitgeber. Und weil Arbeitgeber in einer liberalen Rechtsordnung auch nicht dazu befugt sind, Zwang auszuüben, ist es völlig irreführend, bei einem freiwilligen Kooperationsverhältnis von «Ausbeutung» zu sprechen. Wenn die Betroffenen dies tatsächlich als eine solche erleben würden und es woanders bessere Arbeitsbedingungen gäbe, dann würden sie wohl kaum bei jenem Arbeitgeber bleiben, von dem sie sich ausgebeutet fühlten. Und falls doch, dann ist es allein ihre Schuld, weil sie untätig bleiben, anstatt ihre Lebensverhältnisse zu verbessern.

Dass in diesem Zusammenhang dennoch von «Ausbeutung» gesprochen wird, haben wir Karl Marx und seiner längst widerlegten Arbeitswerttheorie zu verdanken. Diese besagt, dass der gesamte Wert eines Produkts von der zur Herstellung aufgewendeten Arbeitszeit herkomme. Der Gewinn, der aus dem Verkauf eines Gutes resultiere, gehöre daher der Arbeiterschaft, die diese Arbeit geleistet habe – und nicht etwa dem Arbeitgeber, der sich ungerechtfertigterweise an den Gewinnen bediene und dadurch die Arbeiter «ausbeute».

Doch der Wert eines Gutes kann nicht auf die aufgewendete Arbeitszeit zurückgeführt werden. Kunden sind nicht plötzlich bereit, das Zehnfache für einen Aushub zu bezahlen, weil dieser von einem Arbeiter mit einer Schaufel während hundert Stunden von Hand ausgehoben wurde, obwohl man dies auch in zehn Stunden mit einem Bagger geschafft hätte. Massgebend für den Wert eines Gutes sind Angebot und Nachfrage. Entscheidend ist da unter anderem der subjektive Wert, den ein Individuum einem Gut zumisst, sowie die Rarität des Gutes. Wer beispielsweise während dreier Tage durstig durch eine Wüste irrt und endlich auf einen Wasserverkäufer trifft, ist bereit, für eine Flasche Wasser einen hohen Preis zu bezahlen. Die Zahlungsbereitschaft eines nicht-durstigen Mannes in einer gutversorgten Stadt hingegen dürfte wesentlich geringer sein. So etwas wie einen objektiven Wert – wie Marx behauptete – gibt es nicht.

Nichtsdestotrotz berufen sich nach wie vor viele lernunwillige Antikapitalisten auf Marx und sehen in der Tatsache, dass Kapitaleigner einen Profit einfahren, eine grosse Ungerechtigkeit. Die Gewinne der Kapitaleigner sind allerdings alles andere als ungerechtfertigt. Einerseits aufgrund des unternehmerischen Risikos, andererseits, weil sie zum Erfolg massgeblich beitragen. Ohne das Kapital wie etwa Werkzeuge und Maschinen, welche die Kapitalgeber zur Verfügung stellen, könnten die Arbeiter die Produkte gar nicht so effizient produzieren. Sie müssten ohne dieses Kapital wesentlich mehr Stunden für die Herstellung aufwenden, weshalb die Entschädigung pro Stunde tiefer ausfallen würde.

Auch das Risiko des unternehmerischen Versagens tragen die Arbeiter nicht persönlich. Die Arbeitnehmer profitieren von den erwarteten Gewinnen des Unternehmens indirekt über ihre Löhne – und das sogar schon im Voraus und auf regelmässiger Basis, bevor die Profite überhaupt erst erwirtschaftet worden sind. Einen besseren und risikoloseren Deal kann man sich kaum vorstellen. Denn das Risiko des Scheiterns trägt allein der Kapitaleigner, der sein Vermögen aufs Spiel setzt. Ohne investierende «Kapitalisten», die sich von diesen Investitionen einen Gewinn erhoffen, hätten die Arbeiter die entsprechende Arbeitsstelle gar nicht gehabt.

Es ist also grundlegend falsch, im Hinblick auf freiwillig abgeschlossene Arbeitsverträge von «Ausbeutung» zu sprechen, zumal der Begriff andeutet, dass die eine Seite unwürdig behandelt wird. Viel eher trifft der Begriff «Ausbeutung» auf eine andere Beziehung zu, wo er aber erstaunlicherweise praktisch nie verwendet wird: nämlich im Verhältnis des Staats zum Bürger. Denn der Staat versucht im Gegensatz zum Arbeitgeber gar nicht erst, eine freiwillige Übereinkunft mit dem einzelnen Bürger zu treffen, mit der sowohl der Bürger als auch der Staat «happy» sind. Der Staat interessiert sich gar nicht für die Bedürfnisse des einzelnen Bürgers: Er drückt diesem vielmehr unter Androhung oder Anwendung von Gewalt seinen Willen auf.

Der Staat erlässt in zunehmendem Ausmass Einheitsregeln, die im Sinne einiger Profiteure sein mögen, jedoch immer jemand anderen ausbeuten. Müsste der Staat mit allen Bürgern einen Vertrag abschliessen, wären die meisten heutigen Privilegienregulierungen gar nicht erst denkbar.

Der Staat erhebt zudem Steuern und verwendet die Steuergelder für Zwecke, die für die allermeisten Steuerzahler nicht prioritär und nicht dringend sind. Ausserdem zieht er Arbeitskräfte zwangsweise ein und beutet diese somit aus (z.B. im Militärdienst). Müsste der Staat – wie der Arbeitgeber mit dem Arbeitnehmer – einen fairen Konsens finden, damit beide Seiten zufrieden sind, so wäre es undenkbar, sich dermassen rücksichtslos zu verhalten.

Ein weiterer gewichtiger Unterschied zwischen einem Arbeitsvertrag und dem Bürger-Staat-Verhältnis ist jener, dass ein Bürger die Beziehung mit dem Staat bei Unzufriedenheit nicht ohne Weiteres aufkündigen kann. Natürlich kann er «abhauen, wenn es ihm hier nicht mehr passt», wie unzufriedenen Bürgern oft empathielos entgegengeworfen wird. Doch es geht dem Einzelnen ja oft nicht darum, dass er sich woanders niederlassen möchte, sondern dass er hier in seiner Heimat, wo er Familie, Beruf, Umfeld und Haus hat, seine Zusammenarbeit mit dem Staat reduzieren oder gar beenden möchte, weil ihm diese Zusammenarbeit nicht zufriedenstellend erscheint.

Gerade im Falle der Eidgenossenschaft ist es besonders zynisch, dass es nicht möglich ist, den Austritt aus dem Staat gültig zu erklären. Denn eine Genossenschaft zeichnet sich *per definitionem* gerade dadurch aus, dass die Mitgliedschaft freiwillig ist und ein Austrittsrecht ausdrücklich vorgesehen ist. Ironischerweise hält dies auch das Schweizerische Obligationenrecht (OR) in den Artikeln 842-844 fest. Wenn die Schweiz an ihrem Etikett als «Eidgenossenschaft» festhalten will, sollte sie es zulassen, dass diese Grundsätze auch für sie selbst gelten.

Arbeitsplätze

Für die meisten Menschen zählt ein Arbeitsplatz zu den elementaren Säulen eines zufriedenstellenden Lebens. Ohne Arbeitsstelle kein Einkommen. Ohne selbstverdientes Einkommen sind Selbstbestimmung und ein würdevolles Leben nur schwer vorstellbar. Denn auf dem Abstellgleis der Gesellschaft zu weilen und Sozialhilfe zu beziehen, verleiht kaum das befriedigende Gefühl, etwas wert zu sein und gebraucht zu werden. Gerade im Bewusstsein darum, wie wichtig eine Arbeitsstelle aus individueller Sicht ist, wird der Begriff «Arbeitsplatz» oftmals von der Politik missbraucht, um fragwürdige Staatseingriffe zu legitimieren. Dabei wird einem regelrechter Tanz um das Goldene Kalb namens «Arbeitsplätze» gefrönt: Praktisch alle Parteien inszenieren sich laufend mit Massnahmen, die angeblich irgendwelche Arbeitsplätze «schaffen» oder «retten».

Bei diesen Inszenierungen schwirrt immer auch der Mythos mit, dass es dasselbe sei, Arbeitsplätze auszuweiten und den Wohlstand zu erhöhen. Doch hier besteht keine zwingende Verbindung zwischen den beiden Grössen. Wird der gesamtgesellschaftliche Lebensstandard erhöht, können insgesamt mehr Bedürfnisse befriedigt werden. Das ist das, was die Leute eigentlich wollen. Wird jedoch ein Arbeitsplatz geschaffen, geht dies nicht immer mit einem Wohlstandsanstieg einher. Schauen wir uns das etwas genauer an.

Vor allem mit Blick auf Gesellschaften, in denen sich der Staat stark in den Arbeitsmarkt einmischt und eine prägende Rolle im Wirtschaftsleben spielt, wird dies deutlich: Dort ist oft zu beobachten, dass der Staat aus dem einfachen Grund sinnentleerte Jobs schafft und aufrechterhält, um die Leute irgendwie zu beschäftigen und ihnen damit das Gefühl der «Arbeitsplatzsicherheit» zu verleihen, wofür sich die verantwortlichen Politiker im Gegenzug viele Wahlstimmen erhoffen.

Doch wird der Wohlstand erhöht, wenn eine Arbeitskraft eine Arbeit verrichtet, die gar keine prioritären Kundenbedürfnisse befriedigt, z.B. wenn sie den ganzen Tag Löcher aushebt und diese anschliessend wieder zuschüttet? Wenn die verrichtete Arbeit für niemanden irgendeinen Nutzen schafft, kreiert sie auch keinen Wohlstand. Oder präziser gesagt: Wenn der geschaffene Nutzen unterhalb des durch den Staat direkt oder indirekt bezahlten Arbeitsentgelts liegt, wird kein Wohlstand geschaffen, sondern vernichtet.

Was ist aber mit dem Lohn, den der Mitarbeiter fürs Löcher buddeln und zuschütten bekommt oder für irgendeine andere Tätigkeit, für die auf dem freien Markt niemand freiwillig eine entsprechende Summe bezahlen würde? Dieser kann er doch anschliessend ausgeben und die Wirtschaft damit «ankurbeln», womit die Allgemeinheit wiederum profitieren würde? Wer so argumentiert, denkt nicht weit genug. Wenn der Staat zusätzliche Arbeitsplätze schafft, muss er das Geld zur Bezahlung dieser Jobs ja jemandem wegnehmen. Das bedeutet, diese Gelder kann der Steuerzahler dann nicht mehr nach eigenem Gutdünken ausgeben. Es entfallen in der Folge die Einnahmen bei jenen Branchen und Firmen, bei denen der Steuerzahler diese Gelder ausgegeben hätte, und welche die prioritären Kundenbedürfnisse befriedigt hätten. Deswegen werden dort aufgrund der Umsatzausfälle Arbeitsplätze abgebaut oder sie können gar nicht entstehen.

Im Gegensatz zu jenen Branchen und Firmen, bei denen der Steuerzahler sein Geld freiwillig ausgegeben hätte, sind staatliche Eingriffe zur «Schaffung» oder «Rettung» von Jobs» eine Ressourcenverschwendung, weil sie die Bürger zwingen, nicht prioritäre Dinge zu finanzieren, die sie gar nicht freiwillig nachfragen würden. An diesem Grundsatz ändert sich auch nichts, wenn Politiker Konjunkturprogramme zur «Schaffung oder Rettung von Jobs» in Krisenzeiten aufsetzen. Denn dabei wird vergessen, dass nicht ein künstlich angekurbelter Konsum (der ja nicht freiwillig oder nur unter Täuschung der wahren Umstände erfolgt), sondern das

Sparen (nebst der Intensivierung der Arbeitsteilung und der Spezialisierung) der eigentliche Motor des Wohlstands ist und alle davon profitieren. Zu sparen bedeutet, auf den heutigen Konsum zugunsten eines Konsums in der Zukunft zu verzichten. Im Gegensatz zum sofortigen Konsum des Einkommens ermöglicht das Sparen das Erzielen eines höheren Lebensstandards: Die Mittel können investiert werden, um noch effizientere und umweltschonendere Produktionsmethoden zu entwickeln, dank denen man saubere und mehr erwünschte Güter herstellen kann.

Zwingt der Staat die Bürger dazu, weniger zu sparen und dafür in der Gegenwart mehr auszugeben – etwa indem seine Zentralbank die Zinsen unter das Marktniveau heruntermanipuliert und damit die Attraktivität des Sparens reduziert –, schmälert er das Wachstumspotenzial der Wirtschaft und macht sich der relativen Verarmung der Gesellschaft schuldig. Er mag zwar einige Jobs «schaffen» oder «retten» – jedoch nur auf Kosten von anderen Jobs, die dann nicht entstehen können oder abgebaut werden müssen. Es findet eine Arbeitsplatzverlagerung von kundenorientierten Sektoren hin zu weniger kundenorientierten Sektoren statt, was einem zivilisatorischen Rückschritt gleichkommt.

Gewinnorientierte Unternehmen im freien Markt stellen nachweislich Dinge her, die die Verbraucher tatsächlich wollen. Es ist daher – auch in Zeiten einer wirtschaftlichen Korrektur – entscheidend, dass der Staat nicht in die Lern- und Anpassungsprozesse der freien Marktwirtschaft eingreift, damit die Unternehmer ihre wichtige Arbeit verrichten können und sich an die sich ändernden Kundenwünsche anpassen können. Das gilt auch, wenn Politiker Arbeitsplätze «retten» wollen, die von disruptiven Technologien «bedroht» werden. Die populären Reaktionen auf das Aufkommen von Robotern, die angeblich bald für grosse Massenarbeitslosigkeit sorgen werden, ist das Erlassen einer Robotersteuer oder die Einführung eines bedingungslosen Grundeinkommens. Die dazu zu erhebenden Steuern, die eine Voraussetzung für solche Rezepte sind, führen bekanntlich zu einer Bestrafung der Produktiven, denen die Gesellschaft ihren Wohlstand zu verdanken hat. Diese negativen Anreize werden folglich die Lebensstandards aller reduzieren.

Solange es keine unnötig behindernden Regulierungen wie einen Mindestlohn gibt, könnten betroffene Arbeiter sich neu in Jobs betätigen, in denen menschliche Arbeitskräfte weiterhin gebraucht werden. Einen liberalen Arbeitsmarkt vorausgesetzt, dürften alle Willigen zu einem Einkommen kommen, zumal die menschlichen Bedürfnisse potenziell unendlich sind und man sich immer irgendwie nützlich machen kann. Diese Umorientierung wird die Arbeiter zweifellos vor Herausforderungen stellen. Doch es war dank Smartphones mit Internetzugang und einer Unmenge an kostenlosen Inhalten und Online-Kursen noch nie so einfach und kostengünstig, sich neue Fertigkeiten und Kenntnisse anzueignen. Eine prosperierende Gesellschaft ist nun mal nicht mit Statik, Starrheit und Stillstand auf dem Arbeitsmarkt vereinbar. Wohlstand ist einzig und allein das Ergebnis ständigen Lernens und Anpassens und erlaubt es wiederum, sich auch solidarischer jenen gegenüber zu zeigen, die mit den nötigen Anpassungen grosse Schwierigkeiten haben.

Auch jenen, die sich beruflich neu orientieren müssen, geht es im Endeffekt dank diesen durch Technologie und unternehmerische Innovationen angestossenen Veränderungen besser. So nehmen z.B. Roboter Arbeitern gesundheitsschädigende und riskante Schwerst- oder Nachtarbeit, nervtötende Monotonie und andere lästige und anstrengende Arbeiten ab, die ihr Leben gefährdet und verkürzt hätten. Indem die zuvor durch Menschen erbrachten Arbeiten neu von Robotern abgedeckt werden und die Arbeiter ihre frei werdende Zeit der Befriedigung anderer Bedürfnisse widmen können, wächst der gesellschaftliche Wohlstand. Davon profitieren alle.

Lohndumping

Neu auf den Arbeitsmarkt eintretende «billige» Arbeitskräfte werden von vielen Politikern und Gewerkschaften gern als Bedrohung dargestellt. Der Vorwurf: Jene, die zu tieferen Löhnen zu arbeiten bereit sind, betrieben «Lohndumping». Dadurch nähmen sie den bisherigen Arbeitern etwas weg, was diesen zustünde: Und zwar entweder ihren Job, den sie an die «billige» Arbeitskraft verlieren, oder die bisherige Gehaltshöhe, die sie auf das Niveau der Billigarbeitskräfte herunterschrauben müssten, um den Job behalten zu können.

Oftmals verschwimmen hier ökonomische Unkenntnisse mit ausländerfeindlichen Ressentiments, zumal es sich bei den Arbeitskräften, die sich auch mit tieferen Salären zufrieden geben, oft um Einwanderer aus Ländern mit tieferen Lohnniveaus handelt. Der Frust über Ausländer, die uns hier angeblich die Stellen «wegnehmen», macht uns blind für das grössere Bild.

Schauen wir uns die verschiedenen Einwände der Reihe nach an: Es wird z.B. fälschlicherweise behauptet, dass der gesamtgesellschaftliche Wohlstand durch «Lohndumping» sinke, weil das Lohnniveau insgesamt verringert werde und die Arbeiter damit weniger Geld verdienten, womit weniger für den Konsum ausgegeben werden könne. Werde weniger Geld ausgegeben, leide darunter die Wirtschaft. Oftmals wird dabei von einer «Nivellierung nach unten» gesprochen, also zum Schlechteren. Die Einwanderungsländer mit den höheren Lohnniveaus müssten sich dann gezwungenermassen an die Auswanderungsländer mit niedrigerem Lohnniveau anpassen, weshalb bald überall die schlechteren Standards gelten würden. Wohlstand ginge also aus Sicht des Einwanderungslands verloren, weil Armut importiert werde.

Was an diesem Vorwurf stimmt, ist die Tatsache, dass das Lohnniveau in den betroffenen Sektoren unter Druck gerät. Denn je mehr Arbeitskräfte zur Bewältigung einer bestimmten Aufgabe zur Verfügung stehen, desto tiefer ist der Marktlohn. Das bedeutet nun aber nicht, dass es den Betroffenen – geschweige denn der Gesellschaft als Ganzes – deswegen schlechter gehen müsste. Denn wenn es Leute gibt, die eine bestimmte Aufgabe zu tieferen Löhnen bewältigen, bedeutet dies, dass die Produktionskosten dadurch sinken – und damit auch die Preise der betroffenen Produkte und Dienstleistungen. Diese Güter und Leistungen werden also für alle erschwinglicher. Man kann sich entweder mehr davon leisten oder aber deren Erwerb beansprucht einen geringeren prozentualen Anteil des eigenen Budgets, weswegen man sich insgesamt mehr Bedürfnisse befriedigen kann: Der Lebensstandard der Menschen ist gewachsen, weil die Kaufkraft der Menschen gestiegen ist. Zentral ist nicht die nominale Summe, die die Arbeiter verdienen, sondern was sie sich damit leisten können. Es ist keine Tragik, wenn wir auf dem Papier weniger Lohn bekommen, wir uns aber mit diesem geringeren Lohn dafür mehr leisten können.

Dies gilt auch für die vom «Lohndumping» direkt betroffenen Arbeitskräfte. Auch sie profitieren von tieferen Preisen, was die erlittenen Lohneinbussen wieder wettmachen kann. Zudem steht es den Arbeitskräften in Tieflohnsektoren frei, sich weiterzubilden und sich neue Fähigkeiten anzueignen, die ihnen auf dem Arbeitsmarkt mehr Einkommen einbringen.

Heute ist eine solche Weiterbildung so kostengünstig wie noch nie: Es braucht lediglich einen Internetanschluss und ein internetfähiges Gerät – und schon hat man Zugang zu einem schier unendlichen Wissensfundus in Form von E-Books, Tutorial-Videos und Lernprogrammen. Man will sich z.B. eine Programmiersprache aneignen, ein Instrument spielen lernen oder ein Online-Business aufziehen? In den gigantischen Datenbanken wird man garantiert fündig. Umschulung, Weiterbildung und Spezialisierung sind heute in den meisten Fällen nur noch eine Frage des Willens.

Dieser Prozess des ständigen Lernens und sich Weiterentwickelns ist die Grundlage unseres heutigen Wohlstands. Hätten unsere Vorfahren immer nur dasselbe getan, was sie schon immer getan hätten, würden wir heute noch in Höhlen leben. Es gibt also kein «Recht» darauf, die Stelle, die man aktuell innehat, sein Leben lang behalten zu dürfen und nie etwas dazulernen zu müssen. Die Bedürfnisse der Gesellschaft wandeln sich laufend, und es ist die Aufgabe jedes Einzelnen, sich daran anzupassen und seinen Mitmenschen Dinge anzubieten, die diese schätzen und freiwillig kaufen wollen.

Und wenn jemand die gleichen Dienste besser, kostengünstiger oder kundenfreundlicher anbieten kann, so hat man das eben zu akzeptieren und nicht den Staat zu Hilfe zu rufen, der die anderen unter Androhung oder Anwendung von physischer Gewalt davon abhält, produktiv tätig zu sein. Ein solches Verhalten ist unethisch und inakzeptabel, weil ich so auf Kosten anderer zu unverdienten Einnahmen komme (win-lose). Moralisch einwandfrei wäre es hingegen, selber besser zu werden, mit den eigenen Kunden wenn möglich eine Beziehung aufzubauen oder die eigenen Produkte zu optimieren oder neue Produkte zu erfinden, die die Mitmenschen schätzen und freiwillig nachfragen, um so den eigenen Lohn zu erhöhen (win-win).

«Lohndumping» wird manchmal auch aus anderen Gründen kritisiert. Es wird z.B. behauptet, dass das Auswanderungsland darunter leide, wenn ihre Bürger auswandern. Damit würden dort wichtige Arbeitskräfte wegfallen und der Wohlstand würde absinken. Wenn wir es erlauben würden, dass hier jemand «Lohndumping» betreibe, würden wir folglich gleichzeitig die Leute bestrafen, die im Auswanderungsland ansässig blieben. Das sei unsozial.

Doch auch diese Argumentationsweise hinkt. Denn nur wenn es die Möglichkeit der Migration gibt, kann der politische Wettbewerb effektiv spielen. Wenn Leute «mit den

Füssen abstimmen», also einem Land den Rücken kehren, weil die dortigen Bedingungen weniger gut sind als in einem anderen Land, stellt dies für die politischen Herrscher in jenem Land, in dem es zur Abwanderung kommt, einen Anreiz dar, die dortigen Bedingungen zu verbessern. Gäbe es diesen Mechanismus der potenziellen Wanderung nicht, würden Politiker kaum je etwas zur Verbesserung der jeweiligen Rahmenbedingungen unternehmen. Sie wären keinem echten Wettbewerb ausgesetzt und könnten ihre Bevölkerung nach Belieben wie eine Zitrone auspressen.

Wenn es jedoch zur Abwanderung von Steuerzahlern kommt, ist das für die politischen Eliten im Land ein klares Signal: Wenn wir unsere Rahmenbedingungen nicht verbessern, entgehen uns Steuereinnahmen. Politiker haben also einen Anreiz, Steuern auf ein für die Bürger angenehmeres Niveau herabzusenken und Regulierungen aufzuheben, die unnötigerweise das Unternehmertum und den Wohlstand behindern.

Wenn als Reaktion auf die Abwanderung im betroffenen Land Steuern gesenkt und freiere Rahmenbedingungen installiert werden, profitiert davon auch die dort ansässige Bevölkerung. Einerseits wird sie so selbst weniger in ihrem Tun behindert und ein unternehmerisches Engagement lohnt sich wieder. Andererseits lockt man durch liberale Rahmenbedingen auch mehr ausländische Investitionen und Unternehmen an, die sich im Land niederlassen und neue Arbeitsplätze schaffen, weshalb der Wohlstand steigt. Freie Migration und ein funktionierender politischer Wettbewerb sind für die Bürger aller Länder deshalb von Vorteil.

Es ist also grosse Vorsicht geboten, wenn Politiker den zu Unrecht negativ geprägten Begriff des «Lohndumpings» missbrauchen, um eine restriktive Ausländerpolitik oder illiberale Abschottungsmassnahmen auf dem Arbeitsmarkt durchzudrücken. Lohndumping erhöht unseren Wohlstand.

Kündigungsschutz

Die marxistische Lehre, die im heutigen sozialdemokratisierten Meinungsklima zur Mainstream-Ansicht geworden ist, geht davon aus, dass es scharfe Interessengegensätze zwischen Arbeitgebern und Arbeitnehmern gibt. Diese beiden Gruppen stünden miteinander in einer Art ständigem Kriegszustand. Doch diese Klassenkampf-Rhetorik hat kaum etwas mit realen Gegebenheiten zu tun hat.

Im Arsenal der Arbeitgeber sei das Damoklesschwert der Kündigung eine schwere Waffe. Der Arbeitnehmer sei dem Arbeitgeber also auf Gedeih und Verderb ausgeliefert und von diesem abhängig. Arbeitnehmer könnten auch nicht auf Augenhöhe mit Arbeitgebern verhandeln. Es gelte daher von Staates wegen Schutzmassnahmen für die Opfergruppe der Arbeitnehmer zu ergreifen. Dafür sei der «Kündigungsschutz» eine wichtige Massnahme.

Unterstützt wird die Behauptung eines Machtungleichgewichts auch durch die Begriffe «Arbeitnehmer» und «Arbeitgeber». Demnach ist es der Arbeitgeber, der etwas gibt und sich in einer mächtigeren Position befindet, während der Arbeitnehmer lediglich etwas in Empfang nimmt, das er selbst nicht unter Kontrolle hat.

Doch eigentlich ist es doch gerade umgekehrt: Es ist der Arbeitnehmer, der seine Arbeit anbietet, sie also gibt. Der Arbeitgeber hingegen gibt keine Arbeit. Er sucht sie und vergütet diese entsprechend. Insofern müssten die Arbeitgeber korrekterweise als «Arbeitnehmer» bezeichnet werden und die Arbeitnehmer als «Arbeitgeber». Doch bleiben wir der Einfachheit halber bei den gewohnten Begrifflichkeiten. Das Missverständnis, das staatlichen Kündigungsschutzmassnahmen zugrunde liegt, geht nämlich noch viel tiefer.

Die behaupteten Interessengegensätze in allen Bereichen zwischen Arbeitnehmern und Arbeitgebern, respektive der angebliche Kriegszustand zwischen den beiden Gruppierungen, gibt es im behaupteten Umfang nämlich gar nicht. Ganz im Gegenteil: Arbeitgeber und Arbeitnehmer würden gar nicht erst freiwillig miteinander kooperieren und Arbeitsverträge abschliessen, wenn sie keine gemeinsamen Interessen hätten. Gerade die Tatsache eines zustande gekommenen Vertrags zeigt ja, wie sehr beide Parteien ein Interesse an einer entsprechenden Zusammenarbeit haben.

Der Arbeitgeber ist es, der glaubt, eine Gelegenheit auf dem Markt erkannt zu haben, um anderen Menschen einen Nutzen zu stiften und somit Geld zu verdienen. Er organisiert die notwendigen Werkzeuge, Maschinen und Arbeitskräfte und die Finanzierung dieser Mittel, um die entsprechenden Güter oder Dienstleistungen produzieren zu können. Das heisst: Er zahlt Arbeitnehmern schon dann einen Lohn, wenn er noch gar keine Produkte und Dienstleistungen verkaufen konnte.

Davon profitieren die Arbeitnehmer, die kein persönliches Risiko auf sich nehmen müssen (ausser jenes des Arbeitsplatzverlusts), um zu ihrem Einkommen zu kommen. Für die Arbeitnehmer ist dies ein guter Deal, da ihr Einkommen ohne die vom Arbeitgeber zur Verfügung gestellten Mittel und die übernommenen Transaktionskosten zur Vermittlung von Arbeitseinsätzen tiefer ausgefallen wäre. Denn dann hätten sie Dinge ohne entsprechendes Kapital produzieren müssen, was wesentlich weniger ergiebig gewesen wäre. Oder sie hätten selbst das Risiko eingehen müssen, unternehmerisch tätig zu sein, was sie mehr Zeit gekostet und das Risiko des persönlichen Kapital- und Reputationsverlusts mit sich gebracht hätte. Es ist also nicht so, dass Arbeitnehmer in einer wesentlich unkomfortableren Position sind als Arbeitgeber.

Das sozialdemokratische Verständnis des Arbeitsmarktes geht zudem fälschlicherweise davon aus, dass Arbeitgeber ihre Angestellten pausenlos auf die Strasse werfen wollten, um ihre Profite zu maximieren, und es daher einen Kündigungsschutz brauche. Doch auch diese Annahme ist unlogisch. Firmen benötigen Angestellte, um ihre Ziele zu realisieren. Natürlich können sich Konstellationen zwischen Arbeit und Kapital in einzelnen Branchen z.B. aufgrund technologischer Innovationen ändern. Doch das heisst nicht automatisch, dass alle Firmen ihre Angestellten jederzeit am liebsten loswerden wollten. Sonst hätten sie ja mit ihnen keine entsprechenden Arbeitsverträge geschlossen.

Es ist jedoch ein Grundgesetz einer erfolgreichen Volkswirtschaft, dass der Arbeitsmarkt liberal organisiert sein muss. Das bedeutet, dass Arbeitsverträge flexibel und dynamisch angepasst und auch wieder aufgelöst werden können, wenn sich die Bedarfssituation ändert. Wir dürfen nicht vergessen, warum wir überhaupt zur Arbeit gehen: Es geht darum, die Bedürfnisse unserer Mitmenschen zu erfüllen und damit deren Lebensstandard zu erhöhen, damit sie uns im Gegenzug eine Entschädigung dafür bezahlen – und sich so auch unser Lebensstandard erhöht.

Wenn sich unsere Bedürfnisse ändern (und das tun sie die ganze Zeit), so muss sich auch die Produktionsstruktur der Volkswirtschaft ändern. Ansonsten würden mehr und mehr Dinge produziert, die gar niemand mehr haben möchte. Es käme zu immer grösserer Ressourcenverschwendung und steigender Armut. Wenn wir also wollen, dass es uns gut geht, müssen wir Arbeiten verrichten, die auch tatsächlich gefragt sind. Wird eine Arbeitsstelle aufgrund sich ändernder Bedürfnisse überflüssig, so muss es die Freiheit geben, diese Stelle wieder aufzulösen, genauso wie es die Freiheit braucht, dass sich jeder weiterbilden und eine neue Stelle suchen oder schaffen darf. Ein Kündigungsschutz ist deshalb wohlstandsbehindernd, weil seine Befürworter fälschlicherweise von einer statischen Volkswirtschaft ausgehen, in der die Arbeitnehmer immer das genau Gleiche tun, obwohl sich die menschlichen Bedürfnisse laufend ändern.

Kündigungsschutz kann z.B. bedeuten: Es wird den Arbeitgebern erschwert, Kündigungen auszusprechen. Sie sind in der Beweispflicht, dass es keine anderen Lösungen mehr gäbe ausser die Kündigung. Kündigungsschutz kann auch ein Verbot bedeuten, Personen ab einem bestimmten Alter zu entlassen. Wie auch immer man einen gesetzlichen Kündigungsschutz aufsetzt, bedeutet dies für die Firmen grössere Aufwendungen und damit höhere Kosten, um jemanden zu beschäftigen.

Je restriktiver der gesetzlich verordnete Kündigungsschutz ausfällt und je illiberaler der Arbeitsmarkt wird, desto eher werden sich Firmen überlegen, ob es wirklich nötig ist, noch jemanden anzustellen. Jobgelegenheiten werden schwinden. Jene, die an der Ausübung einer Arbeit interessiert sind, werden auf dem Stellenmarkt weniger Möglichkeiten finden. Die Situation wird ungemütlicher. Natürlich haben es jene, die bereits einen Job haben, mit einem Kündigungsschutz im Rücken vordergründig etwas komfortabler, doch nur zum Preis eines asozialen Ausschlusses anderer Arbeitskräfte vom Arbeitsmarkt und zum Preis eines gesamtgesellschaftlichen Wohlstandsverlusts. Der vermeintliche Komfort des Kündigungsschutzes entpuppt sich als Illusion.

Hinter der Forderung eines Kündigungsschutzes steht oft die Angst, die menschliche Arbeitskraft könnte bald vollständig durch Maschinen ersetzt werden. Doch diese Angst ist unbegründet: Menschliche Bedürfnisse sind unendlich. Es gibt immer Dinge, die man aus Sicht des Einzelnen noch verbessern oder outsourcen könnte, um z.B. mehr Freizeit zu gewinnen oder an Komfort hinzuzugewinnen. Daher wird auch Arbeit potenziell unendlich nachgefragt, wenn es keine gesetzlichen Beschränkungen des Arbeitsmarktes gibt. Das Arbeitsrecht sollte also möglichst gelassen sein und auf staatliche Kündigungsschutzvorschriften verzichten.

IX.
Wohlstand und Umverteilung

Armut

Die Unterstützung der «Armen» wird von breiten Kreisen als eine der hauptsächlichen Staatsaufgaben angesehen. Doch wenn von *Armut* gesprochen wird, klammert man meist eine entscheidende Frage aus: Ist die Rede von *relativer* oder *absoluter* Armut? Meist meinen Politiker – ohne es offen zu benennen – die *relative* Armut, die in den meisten Fällen gar nichts mit echter Armut zu tun hat, um einen invasiven Zwangsumverteilungs-Sozialstaat zu rechtfertigen. Es ist hiermit meist irgendein Prozentsatz der Bevölkerung gemeint, der über die Gesamtbevölkerung gemessen am wenigsten verdient oder am wenigsten Vermögen hat. Selbst wenn es der Gesellschaft als Ganzes blendend geht und die Lebensstandards dieser angeblich «Armen» massiv anwachsen, reden die Politiker einfach weiterhin von «Armut», die staatlich bekämpft werden müsse.

Doch eine so verstandene «Armut» verschwindet nie. Sie kann nie verschwinden. Denn es gibt immer irgendeinen Prozentsatz der Bevölkerung, der am wenigsten von allen verdient oder besitzt. Eine solche Armutsdefinition ist widersinnig und irreführend. Sie hat kaum einen anderen Zweck als Mitleid gegenüber dieser Bevölkerungsgruppe und Missgunst gegenüber «den Reichen» zu erzeugen, um diese Emotionen politisch für den eigenen Machterhalt auszuschlachten.

Sinnvollerweise kann von «Armut» nur dann die Rede sein, wenn die von Armut Betroffenen sich elementare und überlebenswichtige Güter nicht leisten können. Es geht also um eine *absolute* Betrachtung, die nichts mit dem Verhältnis zu anderen zu tun hat. Bei dem ständigen Gerede über «Armut» geht es in Wahrheit lediglich um eine Kritik an der materiellen Ungleichheit. Doch ungleich verteilte Güter sind in einer freiheitlichen Gesellschaft eine unvermeidbare Begleiterscheinung. Und bei dem verbissenen Fokus auf Ungleichheit geht vollkommen vergessen, welche unglaublichen und beeindruckenden Fortschritte bei der Bekämpfung der weltweiten (absolut gemessenen) Armut erzielt worden sind. Laut Angaben der Weltbank haben relativ freie internationale Märkte allein seit 1990 über einer Milliarde Menschen geholfen, der Armut zu entkommen – insbesondere in Entwicklungsländern. Mussten im Jahr 1990 noch 37,1 Prozent der Weltbevölkerung mit weniger als 1.90 Dollar pro Tag auskommen, ist dieser Anteil heute auf unter 10 Prozent gefallen (die Inflation wurde dabei mitberücksichtigt). Durchschnittlich fast 130'000 Menschen am Tag sind also seither der extremen Armut entflohen, obwohl die Weltbevölkerung im gleichen Zeitraum um 2 Milliarden wuchs. Auch die Raten von Analphabetismus und Kindersterblichkeit sind in der gleichen Periode um die Hälfte gefallen.

Viele glauben, dass unser Wohlstand naturgegeben sei, und es in der Politik lediglich darum gehe, diesen gerecht zu verteilen. Dabei ignorieren sie, dass unsere Vorfahren in einen Zustand der materiellen Armut hineingeboren wurden und diesem erst einmal entkommen mussten. Sie hatten über viele Millionen Jahre hinweg zu kämpfen mit Hungersnöten, schlimmen Seuchen, gefährlichen Raubtieren und weiteren widrigen Umständen. Wie schaffte es ein Grossteil der Menschheit, die Armut hinter sich zu lassen?

Um diese Prozesse besser zu verstehen, lohnt sich ein Gedankenexperiment. Stellen Sie sich vor, ein Mann – nennen wir ihn Robinson – wird auf eine einsame Insel angeschwemmt, auf der keine anderen Menschen leben. Es gibt dort lediglich Pflanzen und wilde Tiere. Robinson hat keine Kleider, keine Nahrung, keine Werkzeuge, kein Dach über dem Kopf – befindet sich also sozusagen im Naturzustand, in den unsere Vorfahren hineingeboren wurden. Das einzige, was Robinson hat, sind seine baren Hände, mit denen er es schafft, einen Fisch pro Tag zu fangen, um so knapp zu überleben. Doch in der Nacht friert er und die Raubtiere auf der Insel stellen eine ständige Bedrohung dar.

Wie kann Robinson nun seine Lebensumstände verbessern? Er könnte sich dazu entschliessen, ein Fischernetz zu knüpfen. Doch dafür braucht er erst einmal Zeit, die er sich dadurch schaffen kann, indem er während einiger Tage immer ein kleines Stückchen des gefangenen Fisches zurücklegt (spart) bis er nach ein paar Tagen einen ganzen Fisch auf der Seite hat. Jetzt kann er es sich leisten, einen Tag ohne das Fischen zu verbringen. Dank seiner Ersparnisse verhungert er nicht. An diesem Tag kann er nun die nötige Zeit investieren, um ein Netz anzufertigen. Mit dem Netz schafft er pro Tag neu sieben Fische zu fangen, statt zuvor nur einen. Seine Produktion ist ergiebiger geworden, sein Wohlstand gewachsen.

So muss er nun nur noch einen Tag pro Woche fischen und kann sich die restlichen sechs Tage anderen Dingen widmen, wie der Anfertigung eines Speers, um sich gegen wilde Tiere zu wehren, oder dem Bau eines Hauses usw. Dieser Prozess der Wohlstandsbildung beginnt also mit dem Sparen (Fisch wird auf die Seite gelegt). Es wird (Zeit und Ressourcen) investiert und dadurch letztlich Kapital (Werkzeuge) gebildet, das die Produktion steigert. Um auf diese Weise Wohlstand zu bilden, ist im Übrigen kein besteuernder, bevormundender und umverteilender Staat vonnöten. Besteuerung würde lediglich die Ersparnisse mindern und damit den Prozess der Wohlstandsbildung erschweren.

Der zweite Weg zum Wohlstand kommt ins Spiel, wenn weitere Menschen hinzu kommen, mit denen Robinson kooperieren könnte. Sagen wir, eines Tages wird Julia angeschwemmt, die besonders gut darin ist, auf Bäume zu klettern und Äpfel zu pflücken. Sie schafft sieben Äpfel pro Tag, wenn sie sich voll und ganz aufs Äpfelpflücken konzentrieren kann. Wenn sie sich jedoch halbtags noch dem Fischen widmen müsste, würde sie nur drei Äpfel und einen Fisch schaffen. Also schlägt sie Robinson vor, dass sich beide je auf das spezialisieren, was sie besonders gut können, um anschliessend miteinander zu tauschen. So erhalten beide am Ende des Tages mehr Güter, als sie es ohne die Hilfe des anderen geschafft hätten. Diesen Weg zum Wohlstand ist jener der Spezialisierung, Arbeitsteilung und des freiwilligen Tauschs. Man merke: Auch hierfür ist kein zwangsumverteilender Wohlfahrtsstaat vonnöten, sondern höchstens ein Minimalstaat, der das Eigentum und Leben des jeweils anderen vor Aggression und Betrug schützt. Aber ein überregulierender Staat, der Robinson und Julia Vorschriften macht, was getauscht werden darf, wie und wie viel sie miteinander tauschen dürfen und wie viel Prozent des Umsatzes sie davon an Politiker und Bürokraten abgeben müssen, behindert auch diesen Prozess der Armutsüberwindung.

Und was im Kleinen gilt, das gilt natürlich auch im Grossen. Die anonyme Grossgesellschaft ist zwar wesentlich komplexer als eine Insel mit zwei kooperierenden Personen. Doch die Prozesse der Wohlstandsbildung bleiben dieselben. Ebenso bleibt gültig, dass Staatsinterventionen, die nicht dem Schutz von Leben und Eigentum dienen, die Armut vergrössern im Vergleich zu einem Zustand, in dem der Staat nicht eingreift. Das zeigt sich auch in diversen internationalen Ländervergleichen wie etwa dem Index für wirtschaftliche Freiheit. Die freisten 25 Prozent aller Länder mit den mildesten Staatseingriffen wiesen 2022 ein Bruttoinlandsprodukt pro Kopf von 48'241 Dollar auf, die unfreiesten 25 Prozent dagegen kamen nur auf 6'542 Dollar. Die ärmsten zehn Prozent der Bevölkerung in den freisten Ländern erwirtschafteten ein Pro-Kopf-Einkommen von 14'204 Dollar, während die ärmsten zehn Prozent der Bevölkerung in den unfreisten Ländern lediglich 1'736 Dollar verdienten. Damit verdienten die ärmsten zehn Prozent in den freisten Ländern mehr als das Doppelte als die Durchschnittsbevölkerung in den unfreisten Ländern. Im unfreiesten Viertel sind 31,5 Prozent der Bevölkerung von extremer Armut betroffen (1.90 Dollar oder weniger pro Tag), während es im freiesten Viertel aller Länder lediglich 2 Prozent sind.

Fazit: Ein interventionistischer Regulierungs- und Umverteilungsstaat bekämpft die Armut nicht. Er fördert sie.

Luxus

Oftmals werden Güter oder Dienstleistungen als «Luxus» bezeichnet, die zum Überleben nicht absolut notwendig sind. Während «Überfluss» im Privaten meist mit Freude, Musse und Wohlstand assoziiert wird, erhält er im politischen Diskurs oft einen bitteren Beigeschmack. Der Hinweis oder Vorwurf, jemand leiste sich einen luxuriösen Lebensstil, zielt bewusst auf unsere Neidinstinkte. Es geht jenen, die den überflüssigen Luxus anprangern, fast immer darum, mit dem Finger auf «die Reichen» zu zeigen und sie dadurch zu Sündenböcken zu machen. Indem sie auf die frappanten Unterschiede zur Restbevölkerung hinweisen, lassen sie jene, die «in Saus und Braus» leben, als moralisch niedrige, gefühlskalte und egoistische Wesen erscheinen, denen man mit einer staatlichen Umverteilungspolitik ans Portemonnaie müsse.

Dem (fehlgeleiteten) Ökonomie-Verständnis der Sozialneidschürenden Etatisten folgend, müsse man die egoistischen Reichen einfach entschlossener besteuern und das Geld den «Armen» aushändigen, damit alle in den Genuss eines «angemessenen» Lebensstils kommen könnten. Dieser wäre dann zwar frei von «überflüssigem» Luxus, dafür aber für alle «würdig».

Die Probleme mit dieser Argumentationsweise beginnen schon bei den Begriffen. Warum sind «würdig», «angemessen», «überflüssig» oben in Anführungs- und Schlusszeichen gesetzt? Weil diese Dinge immer im Auge des Betrachters liegen. Was angemessen, überflüssig oder würdig ist, unterliegt einem rein subjektiven Werturteil. Es ist nicht objektivierbar.

Ist es ein «überflüssiger» Luxus, ein Auto zu haben? Für einen jungen Städter vielleicht schon, der auf unzählige und regelmässig fahrende öffentliche Verkehrsmittel sowie Lebensmittelgeschäfte an jeder Ecke zurückgreifen kann. Für jemanden auf dem Land kann ein Auto hingegen eine Notwendigkeit sein, etwa für den Einkauf, der nur ein paar Kilometer entfernt erledigt werden kann. Oder wollte man etwa behaupten, das Auto sei für eine ältere Dame «überflüssig», die ihren Wocheneinkauf weit von ihrem Wohnort entfernt tätigen muss? Wäre es da nicht sogar «unwürdig», ihr das Auto zu verbieten und ihr zuzumuten, ihre schweren Einkaufstaschen zu Fuss über mehrere Kilometer schleppen zu müssen?

Wer alle über den selben Kamm schert und ein politisches Eingreifen fordert, um «überflüssigen Luxus» wegzusteuern oder um zu bestimmen, worin ein «angemessener» Lebensstil für alle liegen soll, der masst sich ein Wissen an, das kein Mensch und kein Staat besitzen kann. Er will seine eigenen Interessen rücksichtslos durchsetzen, indem er den Staat beauftragt, Gewalt gegen jene anzudrohen oder anzuwenden, die andere Vorstellungen haben. Welche Bedürfnisse legitim sind und welche nicht, ist keine Frage, die die Politik oder die demokratische Mehrheit für alle entscheiden darf. Es ist eine individuelle Wertefrage.

Was Überfluss ist und was zu einem würdigen Leben unbedingt dazugehören muss, ist nicht nur subjektiv, sondern unterliegt auch dem aktuellen Zeitgeist. Was man vor 200 Jahren noch als «unnötigen Überfluss» bezeichnet hätte und ausschliesslich Königen und Kaisern vorbehalten war, zählt heute zu einem «würdigen» Mindeststandard. Dank des unglaublichen Wohlstandszuwachses in den letzten beiden Jahrhunderten lebt die Durchschnittsbevölkerung heute wesentlich wohlhabender als frühere Könige und Kaiser.

Entsprechend haben sich auch die Erwartungen und Anforderungen angepasst. Das zeigt jedoch, wie dehnbar die obigen Begriffe sind. Dieser Tatsache sollte man sich bewusst sein, wenn neidgetriebene Ideologen «überflüssigen Luxus» anprangern und sozialstaatliche Zwangsumverteilung und Verbote einfordern.

Doch nicht nur die Dehnbarkeit der Begriffe spricht gegen jene, die politisch gegen Luxus und Ungleichheit vorgehen wollen und meinen, man könne das Paradies auf Erden schaffen, indem man den einen ihren Luxus wegnehme und diesen an die Ärmeren umverteile. Sie kämpfen damit auch gegen ökonomische Gesetze an, die unumstösslich sind.

Wer nämlich so argumentiert, wird von einem Nullsummen-Irrglauben fehlgeleitet. Das ist die falsche Vorstellung, die Wirtschaft sei ein Nullsummenspiel. Der Wohlstand gleicht in dieser Vorstellung einem immer gleich grossen Kuchen, der – wie von magischer Hand – in regelmässigen Zeitabständen neu aus dem Ofen geholt und lediglich «gerecht» verteilt werden müsse. Wenn man den Produktionsprozess dieses Kuchens gänzlich ausser Acht lässt, fällt es natürlich leicht, materielle Ungleichheit a priori als «ungerecht» anzuprangern und diese als «grösstes gesellschaftliches Problem» darzustellen. Wer die Ökonomie unzulässigerweise auf reine Verteilungsfragen reduziert, wird «die Reichen» wenig überraschend für Schmarotzer an der Gesellschaft halten, die sich frecherweise ein zu grosses Kuchenstück herausgenommen haben. «Was fällt diesen ungehobelten Bonzen bloss ein?», werden sich diese ökonomischen Laien aufregen: «Entreisst den Gierigen ihr zu grosses Stück, dass sie sich genommen haben, und verteilt es an die Armen!»

Doch diese Sichtweise ignoriert, dass die Grösse des gebackenen Kuchens stark davon abhängt, welche Anreize man jenen setzt, die ihre Arbeit und ihr Kapital in diesen Produktionsprozess reinstecken. Wenn sich gute Leistungen nicht lohnen – wenn also am Ende ohnehin alle das gleich grosse Kuchenstück erhalten –, wird sich auch niemand besondere Mühe geben oder sich anstrengen. Entsprechend fällt dann auch die Kuchengrösse als Ganzes kleiner aus. Mangelwirtschaft und Armut melden sich zurück.

Die Wirtschaft ist kein Nullsummenspiel. Sie ist kein immer gleich grosser Kuchen. Ansonsten hätten wir weltweit übers Ganze gemessen immer noch den gleichen Wohlstand wie vor 200 Jahren – eine offensichtlich absurde Vorstellung, wenn man bedenkt, dass im selben Zeitraum die Weltbevölkerung von rund einer auf heute acht Milliarden gestiegen ist, es also für den Einzelnen acht Mal weniger Wohlstand geben müsste als noch vor 200 Jahren.

Wohlstand wächst, wenn man die Menschen frei miteinander interagieren und tauschen lässt. Jedes Mal, wenn jemand einen Tausch eingeht, tauscht er damit etwas ein, das aus seiner subjektiven Sicht weniger Wert hat als das Gut, das er im Gegenzug bekommt. Sein Wohlstand ist also gestiegen. Der Wohlstand des Vertragspartners sinkt dabei im Gegenzug aber nicht, wie es die Nullsummengläubigen vermuten. Denn der Wert einer Sache ist subjektiv und hängt davon ab, wie stark es zur Erreichung subjektiver Ziele beiträgt. Ein freiwillig eingegangener Tausch zeigt, dass allen Vertragsparteien das jeweils andere Gut wichtiger ist als dasjenige, das sie herzugeben bereit sind. Der Wohlstand von allen Vertragsparteien ist also gewachsen. In anderen Worten: Der Umfang des in der Gesellschaft vorhandenen Luxus nimmt zu, was eine wunderbare Sache ist. Denn das bedeutet, dass es den Menschen besser geht und sie mehr von ihren Bedürfnissen befriedigen können.

Es ist interessant, dass Antikapitalisten, die früher behauptet haben, der Kapitalismus führe zu mehr Armut für die Arbeiter, heute das genaue Gegenteil anprangern: den Überfluss, den selbst eine verkrüppelte Marktwirtschaft für alle hervorbrachte. Angeprangert wird heute vielmehr der «Konsumwahn» und der «Luxus», den sich die Leute leisten. Es ist schon etwas eigenartig, wie verbissen Antikapitalisten an ihrer Kritik der Wirtschaftsfreiheit festhalten, auch wenn sich ihre Befürchtungen gar nicht bestätigt haben. Es wäre an der Zeit, die eigenen ideologischen Irrtümer einzugestehen.

Fördern

Für die meisten Menschen ist der Begriff des staatlichen «Förderns» positiv assoziiert. Den Erklärungen von Politikern zufolge geht es schliesslich beim staatlichen Fördern darum, das zu verstärken, verbessern und verfeinern, was als «gut» identifiziert wurde. Es sollen wünschenswerte Dinge entstehen, die ohne die «Förderung» nicht entstanden wären. Zwar wird aus Sicht des Einzelnen hin und wieder etwas gefördert, was man weniger gut findet. Die Lösung des Problems wird dann aber in den meisten Fällen nicht im grundsätzlichen Verzicht der staatlichen Förderung gesehen, sondern darin, stattdessen etwas anderes zu fördern.

Was passiert beim Vorgang des staatlichen Förderns überhaupt? In der Regel geht es beim staatlichen «Fördern» darum, dass der Staat für eine bestimmte Aktivität Subventionen an bestimmte Akteure ausschüttet, also eine Direktzahlung leistet. Damit er diese Zahlung tätigen kann, muss er zuvor jemandem dieses Geld wegnehmen – das ist dann in der Regel der Steuerzahler.

Dabei muss jedoch berücksichtigt werden, dass die Steuersubjekte sehr unterschiedlich stark belangt werden. Wer keiner Arbeit nachgeht, hat eine geringere Steuerlast zu tragen wie jemand, der einer produktiven Tätigkeit nachgeht und dabei viel verdient. Wer Eigentümer einer Immobilie ist, hat im Gegensatz zu Mietern einen Eigenmietwert zu versteuern. Wird eine Stiftung vom Staat als «gemeinnützig» anerkannt, so muss sie keine Steuern bezahlen (wobei die Kriterien hier ziemlich willkürlich sind). Die Kosten dieses «Förderns» werden also sehr ungleich verrechnet.

Ebenso ungleich erfolgen die Auszahlungen. Wer den staatlichen Anforderungen genügt, profitiert: Wer also z.B. einen Film produzieren will, der der subventionsausschüttenden Fachkommission gefällt, bekommt Filmsubventionen. Wer einen Film produzieren will, welcher dieser Kommission missfällt, erhält kein Geld. So einfach ist das. Sobald etwas staatlich «gefördert» wird, ist nicht mehr der Kunde König, sondern Politiker und Behördengremien.

Das Fördern ist ungerecht, weil die Lasten *nicht* bei jenen anfallen, die anschliessend die Subventionen erhalten. Es wird tendenziell von jenen am meisten genommen, die die schlechtesten Beziehungen und den geringsten Einfluss auf die Gesetzgeber und das Verwaltungspersonal haben (also von der unorganisierten anonymen Masse der Steuerzahler) – und diese Mittel werden dann an jene ausgeschüttet, die tendenziell die besten Beziehungen und den stärksten Einfluss auf die Politiker und Verwaltungsakteure haben. Einflussreiche Personen und Gruppen achten penibel darauf, dass besonders viele Mittel in ihre eigenen Sektoren fliessen. Den zuständigen Politikern wird im Gegenzug mit grosszügigen Wahlkampfspenden zur Wiederwahl verholfen, damit die Subventionen auch in Zukunft an die «richtigen» Orte fliessen. Es ist insofern ein korruptes Geben und Nehmen, das automatisch entsteht, wenn eine Staatsgewalt damit beginnt, ausgewählte Dinge zu fördern.

Subventionen verzerren das Marktgeschehen und verunmöglichen, dass die Menschen ihre Mittel entsprechend ihrer Präferenzen verwenden können. Ihr elementares Menschenrecht auf geschütztes Eigentum wird mit Füssen getreten, sobald Subventionen ausgeschüttet werden, sobald also etwas vom Staat «gefördert» wird.

Dieses Fördern schadet dem Allgemeinwohl, weil nachweislich Dinge gefördert werden, die die Menschen als weniger prioritär erachten im Vergleich zu einer Situation, in der jeder selbst über die Verwendung seiner Mittel hätte entscheiden dürfen. Das grösste Allgemeinwohl stellt sich dann ein, wenn sich alle frei ihrer persönlichen Zielerreichung widmen können (mit der einzigen Einschränkung, die Freiheit und das Eigentum anderer zu respektieren). Dann darf jeder die Früchte seiner Arbeit behalten und sie für jene Dinge einsetzen, die ihm am wichtigsten sind (z.B. jene Filme mit Spenden oder dem Kauf von Tickets zu unterstützen, die er tatsächlich sehen will). Sobald jedoch eine Staatsgewalt zum Mittel der Besteuerung greift, behindert sie bei steigender Steuerlast in zunehmendem Umfang ein selbstbestimmtes Leben jedes Einzelnen.

Wer nun entgegnet, dass der Staat mit den Steuergeldern ja auch wunderbare und wichtige Dinge anstelle, hat den entscheidenden Punkt verpasst. Die Frage ist immer: «Wunderbar» und «wichtig» aus der Perspektive von *wem*? Wenn man dem Steuerzahler die freie Wahl gelassen hätte und ihn selbst über seine Mittelverwendung hätte entscheiden lassen, so hätte er sich in den meisten Fällen für etwas anderes entschieden: ein anderes Produkt, einen anderen Anbieter, eine andere Menge, eine andere Qualität etc. Dies zeigt, dass der Staat mit seinen Subventionen notwendigerweise weniger dringliche und weniger wichtige Dinge zutage fördert, als jene, die in einer freien Gesellschaft entstanden wären.

Wer behauptet, dass dies nicht stimme und der Staat genau *das* fördere, was die Leute wollen, dem sollte man eine einfach Frage stellen: Wenn dem tatsächlich so wäre, weshalb muss der Staat dann die Bevölkerung dazu *zwingen*, Steuern zu zahlen? Dann würden die Leute sich doch alle ganz freiwillig und ohne Zwang organisieren, um eben diese Güter und Dienstleistungen bereitzustellen. Oder etwa nicht?

Nebst Direktzahlungen gibt es noch weitere Formen der staatlichen Förderung, wie etwa öffentliche Darlehen zu nicht marktüblichen Konditionen, Staatsgarantien und Bürgschaften, sowie Finanzspritzen zugunsten von zahlungsunfähigen oder überschuldeten Unternehmen. Bei diesen Formen bleibt das oben beschriebene Prinzip im Grundsatz das Gleiche.

Öffentliche Darlehen zu vergünstigten Konditionen haben zur Folge, dass der Darlehensnehmer nicht den vollen

Preis für seine Geldaufnahme bezahlen muss, die er normalerweise auf dem freien Markt hätte bezahlen müssen. Der Steuerzahler trägt die Differenz und das Risiko des Kreditausfalls. Einige profitieren auf Kosten aller anderer.

Staatsgarantien und Bürgschaften haben einen ähnlichen Charakter. Sie bewirken, dass im Falle eines Konkurses der Steuerzahler einspringen und die Kosten der Misswirtschaft übernehmen muss. Eine solche Förderung bewirkt, dass die von diesen Privilegien profitierenden Unternehmen die Profite im Erfolgsfall einfahren dürfen, jedoch nicht für ihr allfälliges Scheitern gradstehen müssen. Die Kosten werden sozialisiert, die Gewinne privatisiert. Finanzspritzen an zahlungsunfähige und überschuldete Unternehmen belasten das Portemonnaie der Steuerzahler ebenfalls, sofern diese Gelder nicht mehr zurückgezahlt werden können.

Manchmal werden auch Steuervergünstigungen als ein mögliches Förderinstrument ins Feld geführt. Hier ist die Sachlage etwas komplizierter. Steuervergünstigungen bewirken, dass die vom Staat Privilegierten weniger Steuern abliefern müssen, dass ihr Eigentum also verhältnismässig besser geschützt wird als dasjenige der anderen, die nicht von solchen Ermässigungen profitieren. Weil diese Art der Förderung dem elementaren Menschenrecht auf geschütztes Eigentum zugute kommt, fällt sie insofern nicht negativ ins Gewicht. Dennoch bleibt ein fader Nachgeschmack: Steuererleichterungen dienen immer auch dazu, die Leute zu einem staatlich gewünschten Verhalten anzuregen, haben also einen paternalistischen Charakterzug. Sie unterlaufen die liberale Wahlfreiheit und die freie Lebensgestaltung. Und sowieso: Warum nur die Steuern von einigen senken und nicht von allen? Auch wenn Steuervergünstigungen im etatistischen Meinungsklima von heute als einzige «politisch machbare» Reform erscheinen mögen, sollten Liberale nie das Ideal aus den Augen verlieren, das lautet: Hände weg von staatlicher Förderung.

Sozialabbau

Wann immer der völlig aus dem Ruder gelaufene und übergewichtige Wohlfahrtsstaat gebändigt und zurückgebunden werden soll, wittern die Kritiker einen «Sozialabbau». Sie tun so, als ob es zu einer Reduktion des «Sozialen» käme, dass also Bedürftigen weniger Hilfe widerfahren würde. Implizit steckt also der Vorwurf mit drin, solche Liberalisierungsschritte seien unmenschlich, da sie ein Angriff auf die Schwächsten seien. Der Warnbegriff des «Sozialabbaus» ist daher ein nicht zu unterschätzendes Instrument zur Wahrung des nicht nachhaltigen, sozialdemokratischen Status quo. Höchste Zeit, mit diesem Unwort aufzuräumen.

«Sozialabbau» ist deshalb ein Unwort, weil der Begriff «sozial», der in «Sozialabbau» vorkommt, ein Wiesel-Wort ist, also ein Begriff mit vager und unscharfer Bedeutung. Nobelpreisträger Friedrich August von Hayek bezeichnete den Begriff sogar als «das Wiesel-Wort par excellence»:

> *«Wir verdanken den Amerikanern eine grosse Bereicherung der Sprache durch den bezeichnenden Ausdruck weasel-word. So wie das kleine Raubtier, das auch wir Wiesel nennen, angeblich aus einem Ei allen Inhalt heraussaugen kann, ohne dass man dies nachher der leeren Schale anmerkt, so sind die Wiesel-Wörter jene, die, wenn man sie einem Wort hinzufügt, dieses Wort jedes Inhalts und jeder Bedeutung berauben. Ich glaube, das Wiesel-Wort par excellence ist das Wort sozial. Was es eigentlich heisst, weiss niemand. Wahr ist nur, dass eine soziale Marktwirtschaft keine Marktwirtschaft, ein sozialer Rechtsstaat kein Rechtsstaat, ein soziales Gewissen kein Gewissen, soziale Gerechtigkeit keine Gerechtigkeit – und ich fürchte auch, soziale Demokratie keine Demokratie ist.»*

In der Tat hat das Wort viele verschiedene Bedeutungen, etwa das «Zusammenleben der Menschen in Staat und Gesellschaft» oder auch «gemeinnützig», «hilfsbereit», «karitativ» oder «selbstlos». Worauf jene vermutlich abzielen, die den Begriff «Sozialabbau» exzessiv verwenden, ist die Behauptung, dass die Hilfsbereitschaft in der Gesellschaft abnehme und Mitmenschen in Not weniger unterstützt würden. Wenn das damit gemeint ist, handelt es sich um nichts weiter als eine unbegründete Behauptung ohne Realitätsbezug.

Hier ist derselbe Mythos am Werk, der für viele Entstaatlichungs-Ängste mitverantwortlich ist. «Wenn der Staat etwas nicht mehr leistet, so gibt es die Leistung danach nicht mehr», so die krude Annahme. Wenn der Staat keine Strassen baut, würde niemand Strassen bauen. Wenn der Staat keine Medien alimentierte, würde es keine Medien geben. Wenn der Staat keine Spitäler bauen würde, gäbe es keine Gesundheitsversorgung. Und eben: Wenn der Staat nicht umfassend für das «Soziale» zuständig bliebe, es würde einfach verschwinden.

In anderen Worten: Wenn den Bürgern nicht ordentlich Druck gemacht würde, wenn ihnen nicht sinnbildlich die Pistole an die Brust gehalten und die benötigten Mittel zur Finanzierung all dieser wunderbaren Sachen unter Gewaltandrohung abgenommen würde (was verniedlichend «Steuern» genannt wird»), es gäbe sie schlicht und einfach nicht mehr. Niemand ausser der Staat käme auf diese Ideen und könnte die entsprechenden Mittel organisieren. Niemand. Keiner wäre so kompetent und vorausschauend wie der allwissende und alleskönnende Staat. Die Bürger wären von Natur aus zur Kooperation unfähig, weshalb man sie unterwerfen und sie zu ihrem Glück zwingen müsse. Ohne die Politiker wären die Menschen ein Nichts.

Doch was bedeutet es eigentlich, den Wohlfahrtsstaat zurückzubauen? Bedeutet es tatsächlich, dass es die entsprechenden Hilfeleistungen einfach nicht mehr gäbe, nur weil man der Politik die Kompetenz entzieht und sie in die Sphäre der Marktwirtschaft, der Zivilgesellschaft und der Eigenverantwortung zurück delegiert? Natürlich nicht. Gerade die gesellschaftlich erwünschten Funktionen, wie eben die Hilfeleistung an Bedürftige, würden – ganz im Gegenteil – viel besser erfüllt.

Warum ist das so? Wird der Sozialstaat zurückgedrängt, bedeutet dies, dass die Zwangsabgaben für alle Produktiven sinken. Je weitergehend diese erzwungene Aneignung der Früchte der Arbeit durch die staatliche Umverteilungsbürokratie gesenkt wird, desto eher lohnt sich eine produktive Tätigkeit. Der Arbeitsanreiz steigt, weil die Entlöhnung grösser ausfällt. Und in einer liberalen Gesellschaft wird Arbeit dann gut entschädigt, wenn man seinen Mitmenschen nützliche Güter und Dienstleistungen anbietet. Der gesamtgesellschaftliche Wohlstand steigt.

Dies hat zur Folge, dass immer mehr Ressourcen über das Existenzminimum hinaus erwirtschaftet werden. Der Anteil der Bedürftigen sinkt also ganz natürlich – immer weiter und weiter, bis er letztlich nahezu verschwindet. Auch können dank der steigenden Lebensstandards immer mehr Ressourcen für die Hilfe an Bedürftige aufgewendet werden. Etwa indem mehr an Hilfswerke gespendet wird.

Gerade weil es sich bei den meisten Menschen um mitfühlende und solidarische Wesen handelt, gerade weil im System wirtschaftlicher Freiheit der Wohlstand tendenziell wächst, befinden sich private Hilfswerke in den freisten Ländern je länger desto weniger in Geldnot. Seit vielen Jahren verzeichnen etwa Hilfswerke in der Schweiz, gemäss *Index wirtschaftlicher Freiheit* das wirtschaftlich drittfreiste Land der Welt, Jahr für Jahr neue Spendenrekorde. Während die Schweizer 2003 noch 1'071 Millionen Franken gespendet hatten, waren es 2021 bereits 2'051 Millionen Franken.

Es ist aber nicht nur so, dass in einem freiheitlicheren System mit geringerer Zwangsumverteilung durch einen gefrässigen Wohlfahrtsstaat mehr Ressourcen erwirtschaftet werden und damit das Hilfspotenzial erhöht wird. Ein weiterer Grund, warum den Bedürftigen in einer Marktwirtschaft und Zivilgesellschaft tendenziell besser geholfen wird, sind die inhärenten Fehlanreize der staatlichen Fürsorge.

Da bei der nicht-staatlichen Bedürftigenhilfe in vielen Fällen eine soziale Beziehung zwischen Helfern und denjenigen besteht, denen geholfen wird, kann auch besser beurteilt werden, was die Bedürftigen tatsächlich benötigen. Ist es finanzielle Unterstützung, ist es Bildung, sind es Gespräche, ist es Kinderbetreuung? So kommt man in der Regel dem Ideal der «Hilfe zur Selbsthilfe» viel näher als durch den anonymen Umverteilungsprozess, bei welchem kein persönlicher Kontakt zwischen Geber und Nehmer besteht. Vielmehr schleicht sich hier nun eine Drittinstanz, die Umverteilungsbürokratie, ein, die selbst auch Eigeninteressen verfolgt – nämlich die Maximierung ihrer Einkommen, was sich durch eine möglichst starke Ausdehnung des Wohlfahrtsstaates erreichen lässt. Sie gibt nicht das eigene Geld aus, sondern dasjenige der Steuerzahler. Doch das Geld von Fremden wird tendenziell sorgloser ausgegeben als das eigene, weshalb auch kaum darauf geachtet wird, die Kosten in den Griff zu kriegen und tatsächlich Lösungen zu erarbeiten, die für alle Seiten verträglich sind.

Wird das Zwangselement im Sozialen ausgeschaltet, verschwinden auch die Fehlanreize. Das hat den Vorteil, dass sich in einer wirklich liberalen Ordnung in einem viel grösseren Umfang echte zwischenmenschliche Wärme ausbreiten kann. Dies, weil den Bedürftigen bewusst wird, wer sie unterstützt. Dadurch kann auch erst das Gefühl der Dankbarkeit entstehen, das in einem Sozialstaat aufgrund anonymer und undurchsichtiger Umverteilungsprozesse verkümmert.

X.
Industriepolitik

Schutzzölle

Schutzzölle werden trotz überwältigender Erfolge des Freihandels heute immer noch von vielen als Instrument zur Wahrung des inländischen Wohlstands gesehen. Es wird behauptet, es sei schädlich für den Heimmarkt, wenn dieser mit Billigwaren aus dem Ausland geflutet würde. Denn so wäre die lokale Produktion vieler Güter nicht mehr profitabel und würde verschwinden. Wenn man diese Dinge nicht mehr selbst produzieren könne, fielen auch die Einnahmen und die lokalen Arbeitsplätze weg. Die Lebensstandards der Bewohner in diesem Territorium wären ohne Schutzzölle deshalb alles in allem tiefer, weil die Billigwaren frei eingeführt werden könnten.

Doch wer das behauptet, führt keine haltbaren Argumente ins Feld. Vielmehr zielt er damit auf unsere atavistischen Instinkte, die wir noch von unseren in Stammesgesellschaften organisierten Vorfahren geerbt haben. Damals herrschte wohl noch intensiver als heute eine «wir-gegen-die-anderen»-Mentalität vor, die zuerst mühsam überwunden werden musste. Nur so konnten die heutige anonyme Grossgesellschaft und die globale Arbeitsteilung entstehen, die den enormen Wohlstand hervorgebracht haben, den wir heute geniessen.

Es ist wohl nicht übertrieben zu sagen, dass einer der grössten Meilensteine in der Entwicklungsgeschichte der Menschheit jener Moment war, als das feindselige Stammesdenken dem Gedanken wich, dass man mit den anderen Stämmen auch Handel betreiben und davon gegenseitig profitieren konnte. Wenn ein anderer Stamm besser in der Speerherstellung war, lohnte es sich, die Speere dort einzukaufen und sich anstatt dessen auf die Produktion von Schleudern oder anderen nützlichen Dingen zu konzentrieren, die man im Gegenzug eintauschen konnte. Letztlich waren es jene Stämme, die mit anderen kooperierten und Handel trieben, die zu den am weitesten entwickelten und mächtigsten Stämmen aufstiegen, während jene, die sich dagegen abschotteten, untergingen.

Handel zu treiben ist deshalb vorteilhaft, weil der Wohlstand aller involvierten Vertragsparteien jedes Mal wächst, wenn es zu einem freiwilligen Austausch kommt. Sie erhalten beide etwas, das sie als wertvoller erachten, als das, was sie dafür eintauschen. Insofern ist jeder staatliche Eingriff in den freien Handel wohlstandsschädigend. Das gilt natürlich auch, wenn der Handel länder- und grenzüberschreitend stattfindet.

Schutzzölle sind ein politischer Zwangsmechanismus, der dem gesamtgesellschaftlichen Wohlstand des betroffenen Landes schadet. Wenn Zölle eingeführt werden, erhöhen sich die Kosten des Handels, womit weniger gehandelt und damit auch weniger Wohlstand geschaffen wird. Güterspezifische Zölle werden von den Behörden oftmals genau so festgelegt, damit sich ein bestimmter Austausch über die Landesgrenze hinweg nicht mehr lohnt. Obwohl z.B. Holz im Ausland wesentlich günstiger bezogen werden könnte, werden Zölle in mindestens jener Höhe festgelegt, dass die Marge zunichte gemacht wird und sich ein Bezug aus dem Ausland nicht mehr lohnt. Wer es sich trotz der hinaufmanipulierten Preise leisten kann, muss das benötigte Holz folglich im Inland beziehen, wobei der ausländische Produzent gegenüber dem inländischen diskriminiert wird und die Bezüger gezwungen werden, den inländischen Produzenten einen ungerechtfertigten Mehrpreis zu zahlen.

Damit wird klar, warum Schutzzölle ihre Befürworter finden: Inländische Produzenten des betroffenen Gutes können aufgrund der Zölle zu marktunüblich hohen Preisen verkaufen. Sie erzielen einen Gewinn, der ihnen nicht zusteht, einfach aufgrund der Tatsache, dass eine staatliche Organisation jene Akteure terrorisiert, die grenzüberschreitenden Handel betreiben. Schutzzölle sind nicht nur wohlstandsbehindernd, sondern auch in hohem Grade konsumenten- und ausländerfeindlich.

Der Urinstinkt zur Abschottung wird mit vermeintlich logischen Argumenten zu rechtfertigen versucht, die grosse Zustimmung erfahren. Mit Slogans wie «Geld bleibt hier» wird für diverse Schutzzölle geworben. Demnach sollten wir unser Geld nicht im Ausland ausgeben, um das inländische Wohlstandsniveau zu schützen. Wenn das Geld im Inland ausgegeben werde, so die Behauptung, so würden die inländischen Empfänger davon profitieren, weshalb der Wohlstand nicht ins Ausland verschenkt werde. Dass eine solche Argumentation bei Laien hin und wieder auf fruchtbaren Boden fällt, ist verständlich. Einem Ökonomen hingegen stehen alle Haare zu Berge.

Wenn wir ernsthaft glauben, den inländischen Wohlstand anzuheben oder sichern zu können, indem wir Geldflüsse ins Ausland stoppen, dann müsste diese Annahme ja auch im kleineren Rahmen gelten, z.B. für die Bevölkerung des Kantons Aargau. Diese könnte ihren Wohlstand steigern, wenn sie ihr Geld nur noch im eigenen Kanton ausgäbe. Dasselbe gälte dann für die Bevölkerung jeder Gemeinde und letztlich auch für den Kreis der Familienangehörigen. Was, wenn jeder sein Geld nur noch bei sich behalten würde – ganz nach dem Motto «Geld bleibt hier»? Würden wir es dann alle wie von Zauberhand zu Reichtum bringen? Wenn es doch nur so einfach wäre…

Es ist keine neue Erkenntnis, dass wirtschaftliche Abschottung nicht zu Wohlstand, sondern zu ärmlichen Verhältnissen führt. Schon vor über 200 Jahren stellte der Ökonom David Ricardo (1772–1823) seine Theorie der komparativen Kostenvorteile auf. Er führte uns eindrücklich vor Augen, dass Arbeitsteilung und freier internationaler Handel allen Beteiligten Vorteile bringen, selbst jenen Ländern, die bei allen Gütern Kostennachteile haben. Die Geschichte hat Ricardo Recht gegeben.

Indem wir also tolerieren, dass Geld *nicht* hier bleiben muss, sondern durchaus auch im Ausland ausgegeben werden darf, können wir alle unsere Lebensstandards verbessern.

Das Erfolgsrezept des Freihandels bedeutet im Grund genommen, dass man den Bürgern die freie Wahl lässt, wo und von wem sie ihre Produkte und Dienstleistungen beziehen. In einem Regime offener Märkte, in dem man nicht von der Politik gezwungen wird, seine Einkäufe im Inland zu tätigen, steht den Menschen eine wesentlich grössere Produktpalette zur Verfügung. Je grösser das Angebot, desto grösser ist auch die Wahrscheinlichkeit, dass auf die eigenen Bedürfnisse und Präferenzen zugeschnittene Produkte bezogen werden können. Sei es, indem man das entsprechende Angebot wesentlich günstiger kriegt oder indem man aus komplett neuartigen Produkten auswählen kann, die im Inland nicht produziert werden.

Andererseits intensiviert sich mit steigenden Wahlmöglichkeiten auch der Wettbewerb der Anbieter um die Gunst der Kunden, weil Unternehmen ihre Produkte überall hin exportieren dürfen. Die Unternehmen können sich nicht auf ihren Lorbeeren ausruhen, sondern sind ständig darum bemüht, die Qualität und die Preise ihrer Produkte zu optimieren, um nicht von der Konkurrenz überholt zu werden. Dieser freie Wettbewerb auf freien Märkten ist der elementare Pfeiler der Innovation und des Fortschritts.

Ganz anders in abgeschotteten Gebieten: Aufgrund der Fernhaltung ausländischer Konkurrenz durch hohe Zölle oder regulatorische Vorgaben müssen sich inländische Unternehmen keine Sorgen machen und sich auch keine Mühe geben. In der Folge wird die Wirtschaft immer träger. Innovation und Produktqualität lassen nach – zum Nachteil der Kunden, versteht sich.

Schutzzölle gehören daher vollständig beseitigt. Der Staat hat sich strikt aus den Handelsbeziehungen der Menschen herauszuhalten und darf hier nicht Partei ergreifen.

Innovations- und Start-Up-Hilfe

Obwohl die Idee nicht neu ist, dass das Unternehmertum die wirtschaftliche Entwicklung befeuert, haben Wissenschaftler und politische Entscheidungsträger erst seit Kurzem im breiten Stil damit begonnen, die Rolle des Unternehmers beim Aufstieg von Nationen als entscheidend zu betrachten. Es wird von vielen anerkannt, dass Unternehmer mit ihren Innovationen, ihrer Förderung des sozialen Wandels und der Schaffung von Wettbewerb die wichtigsten Treiber des Fortschritts sind.

Im Trend sind daher Massnahmen zur politischen Förderung des Unternehmertums mit Steuermitteln. Gerechtfertigt werden solche Massnahmen unter anderem mit dem zweifelhaften Argument des «Marktversagens», wonach es auf einem freien Markt zu suboptimalen Ergebnissen komme — es also «zu wenig» Gründungen und «zu wenig» Innovationen gäbe. Eine solche Innovations- und Start-Up-Förderung stellt sich leider oft als kontraproduktiver Eingriff heraus, welcher die wirtschaftliche Freiheit und damit die Entwicklung der betroffenen Länder unterminiert.

Es wird bei solchen Vorschlägen oftmals salopp davon ausgegangen, Staatsbeamte und Politiker verfügten über das nötige Wissen, welche Start-Ups und Neugründungen in welchen Branchen besonders grosses Potenzial hätten. Man nimmt an, dass die Förderung mit staatlichen Mitteln zu effizienteren Ergebnissen führen könne als bei Marktprozessen, in welchen das Wissen sämtlicher Marktteilnehmer nutzbar gemacht werden kann. Solche Fördermassnahmen ignorieren aber die weitverbreitete Tatsache, dass meistens nicht jene Firmen mit den grössten Wachstumspotenzialen die Fördermittel bekommen, sondern jene mit den besten Beziehungen zur Politik. Gefördert wird also nicht das Unternehmertum, sondern die Korruption.

Die Studie *Economic Freedom, Public Policy and Entrepreneurship* von Daniel L. Bennett and Boris Nikolaev aus dem Jahr 2019 kommt zum Schluss, dass die beste Institution zur Stärkung des Unternehmertums ein System wirtschaftlicher Freiheit sei. Dieses sei durch eine moderate Steuerbelastung und Regulierungsdichte gekennzeichnet. Es ist deshalb kein Zufall, dass in den wirtschaftlich liberaleren Ländern ein höherer Grad an unternehmerischer Tätigkeit beobachtet werden kann.

Dennoch vertreten viele staatsnahe Ökonomen und Politberater die Position, dass es ohne einen Innovationsprozesse steuernden Staat nicht ginge. Sie behaupten, in Wahrheit schaffe erst der Staat die Voraussetzung für die Entstehung von Innovationen.

Eines der bekanntesten Aushängeschilder dafür ist Mariana Mazzucato, die unter anderem die italienische Regierung berät und Professorin am University College in London ist. In ihrer vielzitierten Studie *The Entrepreneurial State* argumentiert sie, dass es ohne staatliche Investitionen keine Infrastruktur wie Strassen gäbe, obwohl diese für privates Handeln nötig seien. Dabei geht Mazzucato jedoch salopp davon aus, dass niemand ausser dem Staat Infrastruktur zur Verfügung stellen könne. Walter Block, Professor an der Loyola University New Orleans, zeigt hingegen in seinem Werk *The Privatization of Roads and Highways*, wie undurchdacht diese Annahme ist. Es gebe keinen Grund anzunehmen, dass nachgefragte Güter, die die Mobilität und den Transport von Gütern erleichterten, nicht auf eine freiwillige Nachfrage stossen würden. Es sei nicht ersichtlich, warum hier staatlicher Zwang erforderlich sei.

Mazzucato findet ausserdem jene Unternehmer suspekt, die aufgrund eines privaten Gewinns tätig seien. Viel lieber sei es ihr, wenn der Staat (der von ihr beraten wird) für die Menschen entscheide und die Geschicke nicht in den Händen profitgetriebener Unternehmer lägen. Sie vertritt dabei den Irrglauben, dass ein gut beratener Staat die Volkswirtschaft in die «richtige» Richtung lenken könne. Es sei lediglich eine Frage des Willens, ob man eine grüne oder schmutzige Wirtschaft möchte. Die Politik müsse sich nur zu dieser Entscheidung durchringen und das war's. In anderen Worten: Die ständig versagenden Märkte bräuchten einfach brillante Steuermänner und -frauen wie sie, damit sie sich ideal entwickelten. Diese mit höherer Weisheit ausgestatteten Ökonomen sollten mehr oder weniger unendlich viele neue Gesetzesvorschläge ausarbeiten, um die mehr oder weniger unendlich vorkommenden Fehler der Märkte zu beheben. Dass die daraus entstehende Überregulierung ein Problem für Innovation und Fortschritt ist und in Staatsversagen resultieren muss, wird von Mazuccato einfach per Annahme ausgeschlossen. Es wird so getan, als hätte das politische Eingreifen keinerlei Risiken und Nebenwirkungen.

Was Mazzucato hier als Heilrezept offeriert, ist Hokuspokus. Sie gibt den Leuten, was sie sich insgeheim wünschen: Magie, eine Unmenge von «free lunches» und liebende Eltern in Form von Vater Staat, der die Leute von oben herab in vorausschauender Weitsicht durchs Leben führt. Es geht um die Abgabe der drückenden Last der Eigenverantwortung an eine Instanz, die sich im Sinne des Allgemeinwohls klug um diverse Angelegenheiten – wie eben Innovationen – kümmert.

Was Mazzucato und ihre neo-keynesianischen Alliierten jedoch immer schön ausklammern, ist die Frage, weshalb Staatsagenturen denn über ein besseres und fortgeschritteneres Wissen verfügen oder weshalb die Agenten des Staates mit höheren moralischen Werten ausgestattet sein sollen als private Akteure. Werden Menschen denn wirklich zu Engeln, wenn sie sich in ein Politikeramt wählen lassen oder eine Verwaltungsposition antreten? Oder woher kommt diese plötzliche Veredelung jener Menschen, denen man die Macht anvertrauen will, um über unser Schicksal, unsere Investitionen und unsere Innovationen zu entscheiden?

Mazzucato argumentiert, Privatinvestoren würden zu kurzfristig und zu lokal denken, weshalb es den langfristig ausgerichteten Staat als Korrektur brauche, um den Innovationsprozess zu verbessern. Sie erklärt dabei nicht, warum der Markteintritt von neuen Firmen ein solches Verhalten nicht bestraft. Ist es nicht der Staat selbst, der neue Akteure mit seiner Überregulierung zunehmend am freien Markteintritt hindert, sodass z.B. nur noch bestehende Grosskonzerne mit ihren riesigen Compliance-Abteilungen dem aufgezwungenen Bürokratiekram überhaupt nachkommen können?

Lebensverbessernde Innovationen, die hauptsächlich für den Fortschritt in der Geschichte der Menschheit verantwortlich waren, sind tendenziell nicht das Ergebnis einzelner Erfinder. Sie entstehen meistens nicht aufgrund eines revolutionären Einfalls eines einzelnen brillanten Kopfs aus dem Nichts heraus. Vielmehr sind sie – das hat der Wissenschaftsautor Matt Ridley in seinem Buch *How Innovation Works* aufgezeigt – das Resultat offener Prozesse von Versuch und Irrtum, an denen unzählige Menschen auf freien Märkten beteiligt sind. Innovationen entstünden, so Ridley, «wenn Ideen Sex miteinander haben». Damit das geschehen kann, muss die Gesellschaft offen sein und bleiben. Entscheidend ist eine Umgebung der intellektuellen Freiheit, der Meinungsäusserungsfreiheit, der Forschungsfreiheit, der wirtschaftlichen Freiheit sowie das Vorhandensein vieler dezentraler Finanzierungsquellen zur Realisierung allerlei unternehmerischer Ideen.

Das ist das pure Gegenteil eines grossangelegten technokratischen Masterplans, der mit zentralisierten Finanzierungsquellen in den monopolistischen Händen der politischen Kaste durchgeboxt werden soll. Solche Fantastereien sind Ausdruck einer gewaltigen Anmassung von Wissen. Die beste Innovations- und Start-Up-Hilfe im Sinne aller ist es, den freien Markt unangetastet zu lassen und die Unternehmer und Innovatoren einfach machen zu lassen.

Wirtschaftsankurbelung

Die Konjunktur besteht aus Auf- und Abschwüngen. Abschwünge sind dabei genauso wichtig wie die Aufschwünge, weil sie allfällige Übertreibungen korrigieren und Bewertungen wieder an ein realistischeres Niveau heranführen. Exzessive Aufschwünge ohne Verankerung in der Wirklichkeit sind letztlich nichts als Blasen, die irgendwann platzen müssen. Damit die Menschen dauerhaft ihre wandelnden Bedürfnisse befriedigen können, müssen sich Angebot und Nachfrage flexibel aneinander angleichen können.

Aus guten Gründen wollen wir in gewissen Lebensphasen und Perioden vermehrt sparen und investieren, statt unser ganzes Geld in den direkten Konsum zu stecken. Das bedeutet, dass wir einer besseren Bedürfnisbefriedigung in der Zukunft derzeit einen höheren Wert beimessen, als dem Konsum im Hier und Jetzt. Entsprechend ist es sinnvoll, wenn die Produktion der Gegenwartsgüter in diesem Moment entsprechend der sich veränderten Nachfrage reduziert wird, weil ansonsten lediglich Güter produziert würden, die zu wenig nachgefragt würden, was einer sinnlosen Ressourcenverschwendung gleichkäme.

Das heute vorherrschende Narrativ geht jedoch davon aus, dass wirtschaftliche «Abschwünge» eine unnötige Last für die Gesellschaft darstellten, weshalb *man* solche Wirtschaftskrisen um jeden Preis verhindern oder zumindest abdämpfen müsse. Doch wer ist dieser *man*? Natürlich der Staat. Dieser wird im etatistischen Zeitalter, wie bei allen anderen Problemen auch, zum Heilsbringer erkoren. Ihm wird von keynesianischen Ökonomen zugetraut, dass er die Wirtschaft gottartig mit seiner Allwissenheit steuern und ankurbeln könne. Dies soll er z.B. durch seinen geldpolitischen Arm der politisch eingeführten Zentralbank tun, indem diese die Zinsen absenke, um so das Sparen im Vergleich zum Konsum weniger attraktiv zu machen. Denn wenn die Menschen auf ihren Sparkonten weniger Zinsen erhielten, gäben sie es eher für den gegenwärtigen Konsum aus, was nötig sei, um aktuelle Krisen abzumildern.

Die Zentralbank kann das Platzen einer (durch ihre vorherige Tiefzinspolitik selbst herbeigeführten) Blase jedoch nicht für immer verhindern. Sie kann entsprechende Korrekturen mit etwas Glück lediglich zeitlich etwas hinausschieben. Dies hat allerdings den Preis, dass dadurch sogenannte Zombie-Firmen am Leben erhalten werden (also Firmen, die auf dem freien Markt nicht überlebensfähig wären, weil sie mehr Werte vernichten als schaffen). Zombie-Firmen ständig das Leben zu retten ist deshalb wirtschaftsschädlich, weil diese Firmen so an den wahren Bedürfnissen der Konsumenten vorbei produzieren und Wohlstand vernichten.

Was hinzukommt, sind noch abartigere Blasen, die sich in der Folge wegen des billigen Geldes bilden, das die Zentralbank auf die Märkte wirft. Die Zentralbank trägt mit ihrer inflationären Geldpolitik zur unnötigen Aufblähung von Werten und dadurch zu einer Verschlimmerung des nachfolgenden Crashs bei, weil Preise sich so zunächst noch stärker aufblähen, bevor sie anschliessend korrigiert werden müssen. Je weiter entfernt sich die Preise von der Realität befinden, je höher sie über dem Grund der Wirklichkeit schweben, desto verheerender wirkt sich dann der Absturz in einer Bereinigungsphase aus. Diese Bereinigungsphase lässt sich irgendwann nicht mehr aufhalten, weil die Zentralbank früher oder später schachmatt dasteht und nur noch die Wahl zwischen Depression (wegen zu hoher Zinsen) oder Hyperinflation (wegen zu niedriger Zinsen) hat. Beides ist für die Betroffenen ein Graus.

Der Staat schafft auch dann keinen zusätzlichen Wohlstand, wenn er vorgibt, durch seine Interventionen Jobs zu schaffen oder zu retten. Warum ist das so? Der Staat kann für das Schaffen von Jobs nur Geld ausgeben, das er zuvor jemandem weggenommen hat. Er schafft deshalb keinen zusätzlichen Wohlstand, sondern verteilt diesen nur um (und nimmt sich dabei auch einen grosszügigen Anteil für sich selbst heraus). Andere Jobs und Einkommen werden aufgrund dieser Staatsintervention entweder vernichtet, weil sie durch die zusätzlichen Steuern, welche die betroffenen Unternehmen zur Finanzierung der staatlichen Ausgaben leisten müssen, unrentabel werden. Oder aber sie können aufgrund der via Steuern abgeschöpften Kaufkraft gar nicht erst entstehen, obwohl diese neuen Arbeitsstellen prioritärere Kundenbedürfnisse befriedigt oder die Aufgaben besser erfüllt hätten als die staatlich geförderten Unternehmungen.

Die verhinderten privaten Projekte wären im Gegensatz zu den Konjunkturpaketen des Staates freiwillig nachgefragt worden und hätten damit den Beweis erbracht, dass sie wahre Bedürfnisse befriedigt hätten. Staatliche Konjunkturprogramme hingegen sind *per definitionem* eine reine Ressourcenverschwendung, weil sie die Bürger zwingen, nicht prioritäre oder ungewünschte Dinge zu finanzieren, die sie gar nicht freiwillig nachfragen würden. Wenn der Staat für die Bürger ihr Geld ausgibt, kommt es notwendigerweise zu einem Auseinanderdriften von Angebot und Nachfrage und die Mittel wandern in Projekte, die von den Menschen als weniger wichtig beurteilt werden, als wenn sie das Geld selbst hätten ausgeben dürfen.

Der Staat verringert durch seine Konjunkturprogramme ausserdem die allgemeinen Lebensstandards, weil dadurch unnötige bürokratische Kosten entstehen, die in der Privatwirtschaft nicht angefallen wären. Im Gegensatz zur Privatwirtschaft sind bei staatlichen Projekten diverse politische Akteure in den Prozess involviert, die alle noch irgendwie mitreden und sich persönlich womöglich noch ein Denkmal setzen wollen. Es bestehen bei den Behörden keinerlei Anreize für einen sparsamen Umgang mit den Mitteln der Bürger, weil sich hier die Eigentümer nicht um ihre eigenen Investitionen kümmern und niemand das Risiko eines Verlusts persönlich tragen muss. Die verantwortlichen Bürokraten haben kein «skin in the game», denn sie haben keinerlei Konsequenzen zu befürchten, wenn die Vorhaben nicht den gewünschten Erfolg bringen und an den Bedürfnissen der Menschen vorbeizielen. Weder haben sie für die Verluste persönlich mit ihrem Vermögen zu haften, noch müssen sie in der geschützten Werkstatt namens Verwaltung ernsthaft mit einer Entlassung rechnen. Haarsträubende Verschwendung und Missmanagement sind daher Begleiterscheinungen staatlichen Handelns.

Staatliche Konjunkturprogramme sind auch deshalb so schädlich, weil sie meistens ausgerechnet dann auf den Weg gebracht werden, wenn die Bürger gerne mehr gespart hätten. Der Staat zwingt die Menschen also dazu, entgegen ihrer Bedürfnisse zu handeln, womit er Wohlstand vernichtet. Von keynesianischen Ökonomen wird das Sparen zu Unrecht als schädlich für die Konjunktur interpretiert, weil sie lediglich makroökonomische Aggregate betrachten. Sie schauen sich nicht den dynamischen unternehmerischen Prozess an, sondern richten ihr Augenmerk auf statische Grössen. So ist ihnen die kurzfristige Steigerung des Konsums wichtiger als die individuellen Präferenzen der Bürger.

Ziel einer guten Wirtschaftspolitik sollte aber nicht die künstliche Steuerung von Aggregaten durch staatliche Interventionen sein, sondern die möglichst optimale Befriedigung der Bedürfnisse der Bürger – was nur der Marktwirtschaft gelingt. Hier helfen Befehle an die Adresse der Unternehmen nichts, zumal dies implizieren würde, dass die Politiker alles besser wüssten und eine erfolgreiche Planwirtschaft möglich wäre. Unternehmer kennen sich jedoch in ihren jeweiligen Gebieten, für die sie sich spezialisiert haben, weit besser aus als politische Akteure, die mit oberflächlichem Wissen oftmals Gesetze über eine Vielzahl von Lebensbereichen und Fachgebieten erlassen, mit denen sie privat oder beruflich nur am Rande oder rein gar nichts zu tun haben. Wir sollten zum Wohle aller unbedingt die Hände von staatlicher «Wirtschaftsankurbelung» lassen.

Jobrettungsprogramme

Viele Politiker lieben es, mit den Ängsten der Bevölkerung zu spielen, um sich dabei als Retter und Beschützer aufzuspielen und damit den Eindruck zu erwecken, die Bürger bräuchten sie. Besonders effektiv lässt sich die eigene Macht zementieren oder ausweiten, wenn man gekonnt auf der Klaviatur der Verlustängste spielt: Psychologen haben nämlich herausgefunden, dass uns der Gewinn einer Sache nicht annähernd so viel Freude bereitet, wie uns der Verlust derselben Sache schmerzt. Warum also nicht die weitverbreitete Angst eines Arbeitsplatzverlusts für politische Zwecke instrumentalisieren? Eine solche Angst lässt sich besonders gut schüren, wenn man vor neuen Technologien oder Einwanderern warnt, die uns die Stelle wegnehmen würden. Nur ein beherztes Eingreifen der Politik könne solches Unheil abwenden, z.B. mit Robotersteuern, restriktiven Einwanderungsgesetzen oder mit «Jobrettungsprogrammen».

Um diesen Etikettenschwindel der Politik zu durchschauen, gilt es, einige der verbreiteten Missverständnisse aufzudecken. Ein erstes ist die Fehlannahme, dass die Anzahl Arbeitsplätze in einer Volkswirtschaft nach oben limitiert sei. Wenn die bestehenden Aufgaben neu von Einwanderern erledigt würden, so würden die «Bisherigen» ihre Arbeit verlieren. Doch diese Sicht der Dinge vergisst die Bedürfnisse der Arbeitskräfte, die ins Land kommen. Wenn durch Einwanderung mehr Menschen in einer Volkswirtschaft leben, so wollen auch mehr Bedürfnisse befriedigt werden. Dies bedeutet, dass sich die unternehmerischen Gelegenheiten ausweiten und damit auch die Arbeitsplätze.

Die Wirtschaft ist auch keine Konstante mit einer gegebenen Anzahl von Arbeitsplätzen, die einfach verteilt werden könnten. Die menschlichen Bedürfnisse sind weder konstant noch endlich, sondern potenziell unendlich und unterliegen ständigen Veränderungen. Selbst wenn man an den

Punkt gelangen würde, an dem alle Bedürfnisse aller Menschen irgendwie gestillt sind, gäbe es auch dann immer noch Möglichkeiten, diese besser, schneller, kundenfreundlicher und umweltschonender zu erfüllen. Es gibt also immer Anlass für Verbesserungen und dadurch auch das Potenzial für neue Arbeitsplätze. Die Anzahl Jobs ist in einer freien Marktwirtschaft nicht systemisch beschränkt, weil die menschlichen Bedürfnisse es auch nicht sind. Die Anzahl der Jobs wird vielmehr durch politische Eingriffe wie Mindestlöhne künstlich begrenzt, weshalb Staatsinterventionen als Antwort auf einen behaupteten Arbeitsplätzemangel nicht taugt.

Der Psychologe Abraham Maslow (1908–1970) ordnete in der nach ihm benannten Maslow-Pyramide auf vereinfachende Weise die verschiedenen Arten von menschlichen Bedürfnissen hierarchisch an. Primär erfüllt werden wollen die physiologischen Bedürfnisse – also die Versorgung mit Essen und Trinken. Danach kommen die Sicherheitsbedürfnisse, die sozialen Bedürfnisse, die Individualbedürfnisse und zuoberst auf der Pyramide die Selbstverwirklichungsbedürfnisse. In einer wohlhabenden Gesellschaft läuft es darauf hinaus, dass bei einer zufriedenstellenden Deckung aller anderen Bedürfnisse letztlich die Individual- und die Selbstverwirklichungsbedürfnisse an der Reihe sind – und die sind potenziell unendlich. Ohne jobvernichtende Regulierungen, wie etwa Mindestlohnvorschriften, Kündigungsschutz und überhöhte gesetzliche Anforderungen an die Arbeitgeber, wird es immer Möglichkeiten geben, Jobs zu schaffen, mit denen diese Bedürfnisse noch besser befriedigt werden können. Die Arbeit wird den Menschen also auch im Zeitalter der Digitalisierung und der Roboter nicht ausgehen.

Hinter der Annahme, Roboter würden Arbeitern die Jobs «stehlen», steckt eine Vorstellung der Wirtschaft, bei der davon ausgegangen wird, dass die allererste Priorität des Wirtschaftslebens die Schaffung von Arbeitsplätzen sei. Doch das wichtigste Ziel einer Volkswirtschaft ist nicht das Kreieren und die Erhaltung von Jobs, sondern die Befriedigung möglichst vieler Bedürfnisse.

Es wäre Ausdruck grosser Verwirrtheit, wenn die Politik das Ersetzen von Arbeit durch Roboter deshalb verhindern wollte, um bestehende Jobs zu bewahren, die Roboter besser, schneller und kostengünstiger erledigen könnten. Damit würde die Politik den Anstieg der Lebensstandards für breite Schichten verhindern. So sind wir beispielsweise alle froh, dass Schreibmaschinen durch Computer und Laptops ersetzt worden sind, weil damit die Schreibarbeit wesentlich erleichtert werden konnte, Fehler einfacher korrigiert, Dokumente problemlos wie auch kostengünstig vervielfältigt und elektronisch verschickt werden können. Hätte der Staat den Computer zum Schutz der Arbeitsplätze in der Schreibmaschinen-Industrie besteuern oder verbieten wollen, wäre damit ein enormer gesellschaftlicher Fortschritt verhindert worden.

Nichtsdestotrotz kursieren verschiedene Vorschläge auf dem politischen Parkett, mit welchen bestehende Jobs durch eine Robotersteuer gerettet werden sollen. Doch wird der Einsatz von Robotern besteuert, schadet dies den Konsumenten – also uns allen –, weil nützliche Leistungen damit künstlich verteuert werden. Letztlich tragen die Konsumenten die unnötigen Mehrkosten und können sich wegen der Steuer weniger Erzeugnisse leisten und weniger Bedürfnisse befriedigen. Ähnliches gilt für die Subventionierung um unrentable Arbeitsplätze zu erhalten. Damit schadet man den Steuerzahlern und nimmt ihnen Mittel weg, die sie zur Befriedigung ihrer Bedürfnisse effizienter hätten ausgeben können – und steckt sie in unrentable Arbeitszweige, die Dinge produzieren, die niemand (mehr) braucht.

Bei der ganzen Roboter-Diskussion geht oftmals der Nutzen vergessen, der diese Geräte für die Menschheit schaffen: Roboter erhöhen die Lebensqualität, indem sie den Menschen Arbeiten abnehmen, die lebensgefährlich, ungesund

und körperlich äusserst anstrengend sind – beispielsweise Tätigkeiten in Minen, auf Baustellen oder im Haushalt. Auch brauchen Roboter keinen Schlaf und können daher problemlos nachts und ohne Pausen arbeiten, was den Output zum Nutzen aller erhöht. In der Tat kann die Substitution gewisser Arbeiten durch Roboter zu unangenehmen Situationen für die betroffenen Angestellten führen – auch wenn der Nutzen solcher Geräte für die grosse Masse unbestritten ist. Es wird Situationen geben, in denen man sich beruflich umorientieren muss. Sollte der Staat diese «Opfer der Modernisierung» nun «auffangen», sie damit aus der Notwendigkeit der produktiven Tätigkeit entlassen und sie auf das Abstellgleis des Sozialstaates befördern?

Ständige Umstrukturierung, lebenslanges Lernen und die Anpassung der Produktionsprozesse an neue Technologien und menschliche Bedürfnisse waren und sind für den Anstieg der Lebensstandards unverzichtbar. Eine freie Marktwirtschaft strukturiert sich aufgrund der ständigen Innovation fortlaufend um, verbessert die Produktionsabläufe und richtet sich permanent und konsequent an den echten Bedürfnissen der Konsumenten aus. Das ist wichtig und richtig, denn so erhöhen sich die Produktivität und die realen Einkommen aller Arbeiter. Die Erfahrung hat gezeigt, dass einzig eine freie Marktwirtschaft mit ihrer Flexibilität es schafft, hohen Wohlstand für alle zu generieren.

Auch dank den unendlichen Möglichkeiten des Internets ist heute potenziell jeder dazu befähigt, zu tiefen Kosten zu lernen und sich entsprechend der Bedürfnisse der Gesellschaft weiterzuentwickeln – auch beruflich. Jeder kann sich heute diverse Skills anhand von oftmals frei zugänglichen Lerninhalten aneignen. Die Allermeisten haben heute Zugriff zu einer unglaublich umfangreichen Wissensdatenbank, wie sie die Menschheit zuvor noch nie gesehen hatte. Wer keine schwerwiegenden Gründe vorzuweisen hat, von dem sollte man erwarten können, dass er diese Chancen eigenverantwortlich beim Schopf packt.

XI.
UNTERNEHMERTUM

Profit

Er gilt manchen als die Inkarnation des Bösen schlechthin. In vielerlei Hinsicht wird er als Antithese des Allgemeinwohls gehandelt, als jemand, der sein eigenes Wohl über dasjenige anderer stellt. Die Rede ist vom oft gescholtenen «Profitmaximierer».

Der Profitmaximierer hat wahrlich kein einfaches Leben. Für praktisch sämtliche Probleme im Diesseits muss er als Sündenbock herhalten. Steigen die Krankenkassenprämien, so ist dies angeblich auf die bösen profitorientierten Krankenkassen zurückzuführen. Taumelt die Wirtschaft in eine Finanzkrise, so muss die «grenzenlose Profitgier» dafür verantwortlich gewesen sein. Manche würden sogar so weit gehen zu behaupten, Unternehmer seien moralisch niedere Wesen, weil sie nicht aus Menschenliebe, sondern aus Liebe zum Profit handelten. Das sind happige Vorwürfe. Doch verdient der Profit den schlechten Namen, den er hat? Ist das Erwirtschaften von Profiten tatsächlich niederträchtig, menschenverachtend und unethisch?

Nüchtern betrachtet ist der Profit lediglich die positive Differenz zwischen Einnahmen und Ausgaben. Wer mehr Einnahmen erzielt, als er ausgibt, macht einen Gewinn oder eben einen Profit. Was daran schlecht sein soll, ist nicht ersichtlich. Denn wer auf freien Märkten Gewinne erwirtschaftet, hat damit bewiesen, dass er mit seinen Tätigkeiten für andere einen Mehrwert geschaffen hat. Nur wer für seine Mitmenschen etwas kreiert, das für diese von Nutzen ist, kann überhaupt erst Profite erwirtschaften. Wäre dem nicht so, würde niemand freiwillig sein Geld dafür ausgeben.

Wer hingegen in einem freien Markt Verluste macht, hat die Bedürfnisse seiner Mitmenschen falsch eingeschätzt und deshalb knappe Ressourcen für Zwecke verschwendet, die von anderen als nicht prioritär eingestuft wurden. Wer etwa in der Antarktis Kamelsattel verkaufen will, dem drohen entsprechende Einbussen. Die Folge davon ist, dass er Konkurs macht und seine Tätigkeiten einstellen muss, weil ihm in einem freien Markt keine Regierung zu Hilfe eilt.

Auch wenn Konkurse von unrentablen Unternehmen für die betroffenen Mitarbeiter kein schönes Erlebnis sind, so sind diese für das Allgemeinwohl ungemein wichtig: Würden diese Unternehmen weiterhin künstlich am Leben erhalten (beispielsweise, weil sie vom Staat subventioniert werden), würde dies bedeuten, dass sie knappe Ressourcen zur Herstellung von Produkten und Dienstleistungen verschwendeten, die von zu wenigen Menschen nachgefragt werden. Diese wertvollen Ressourcen (materielle und personelle) würden daher besser einem anderen Verwendungszweck zugeführt, wo sie für die Menschheit mehr Nutzen stiften. Der freie Markt mit seinem Profiterfordernis stellt diese altruistische Ausrichtung der Marktprozesse sicher.

Profite und Verluste sind folglich wichtige Indikatoren, die uns anzeigen, ob unsere Tätigkeiten mit dem Gemeinwohl im Einklang stehen. Bereits Adam Smith (1723–1790) hatte dies in seiner Theorie der unsichtbaren Hand erkannt. Profitorientiertheit ist ein grundsätzliches Erfordernis einer Gesellschaft, die überleben und wohlhabend sein will. Wer das Profitstreben verdammt, verdammt im Grunde genommen auch die Prosperität und das Leben selbst.

In diesem Sinne sind nicht-profitorientierte Akteure nicht unbedingt die Helden, als die man sie gerne darstellt, und die profitorientierten Unternehmer auch nicht die Schurken, als die sie gerne abgestempelt werden. Denn unseren hohen Lebensstandard haben wir profitorientierten Unternehmern zu verdanken, die ihre Weitsicht, ihr Können sowie ihre gute Kundenorientierung unter Beweis gestellt haben.

Die Vorstellung, Non-Profit-Unternehmen und staatliche Betriebe seien ethischer als private Unternehmen, weil sie keine Profite erzielten und sich daher auf das «Gemeinwohl» konzentrieren könnten, ist auch deshalb vermessen, weil «Non-Profit-Anliegen» nur dank anderswo erwirtschafteten Profiten überhaupt erst finanziert werden können. Würden nirgendwo Gewinne erzielt, stünden keine Mittel zur Förderung sogenannter «Non-Profit-Projekte» zur Verfügung. Die Profitoptimierung ist also eine notwendige Bedingung für Non-Profit-Anliegen.

Altruismus zeigt sich auf einem freien Markt nicht im Verzicht auf Gewinne, sondern in der Art der Gewinnverwendung. Es ist daher auch nicht Aufgabe der Konzernmanager, eine «Corporate Social Responsibility» zu implementieren, wenn diese zulasten von Gewinnen geht. Vielmehr ist es an den Aktionären und Eigentümern der Firma, ethische Entscheidungen hinsichtlich der Verwendung von Gewinnen zu treffen. In erster Linie will man ja nicht dem Marktpartner Gutes tun, sondern Leuten, die besonders bedürftig sind oder denen man persönlich nahesteht, wie z.B. Familienangehörigen, Freunden und Bekannten. Viele Menschen versuchen gezielt, ihr Einkommen am Markt zu erhöhen, um sich im Bereich des Privaten oder auch zur Unterstützung von Hilfswerken und Bedürftigen umso solidarischer und grosszügiger zeigen zu können.

Selbstverständlich gibt es unter den Menschen Unterschiede, was den Grad ihres Altruismus angeht. Während die einen den Nächsten mehr lieben als sich selbst, gewichten andere ihren Eigennutz höher, auch wenn darunter durchaus viele rücksichtsvolle und ehrliche Menschen zu finden sind. Die Marktwirtschaft – jenes System also, bei dem es um die Erwirtschaftung von Profiten geht – kommt jedoch ganz ohne Altruismus aus. Es veranlasst nämlich die Marktteilnehmer, ohne es zu wollen, anderen Gutes zu tun. Der Volkswirt Roland Vaubel schreibt treffend: «...was letztlich zählt, ist nicht die altruistische Gesinnung, sondern die tatsächliche Wirkung.» Nicht Immanuel Kants «guter Wille», sondern Adam Smiths konsequenzialistische Ethik rechtfertige die Gewinnoptimierung in der Marktwirtschaft.

Sozialingenieure in der Politik hingegen trachten lediglich danach, den Profit, den andere erwirtschaftet haben, anders – nämlich gemäss ihren eigenen Vorstellungen – zu verteilen, was egoistisch ist. Die staatliche Umverteilung von erwirtschafteten Profiten bedarf im Gegensatz zum Unternehmertum keiner besonderer Fähigkeiten. Eine grosse Porti on «Anmassung von Wissen» genügt, wie der Nobelpreisträger Friedrich August von Hayek es formuliert hatte. Jeder kann sich zum vermeintlich Allwissenden aufspielen und behaupten, selbst am besten zu wissen, welche Art der Verteilung nun gerecht sei und welche Bedürfnisse die Menschen tatsächlich hätten. Doch damit wendet man lediglich seine eigenen, subjektiven Standards an und zwingt diese seinen Mitmenschen rücksichtslos auf.

Wenn also jemand moralisch niederträchtig und menschenverachtend vorgeht, dann jene, die Zwang und Gewalt gegen Produktive androhen oder anwenden, denen wir unsere hohen Lebensstandards zu verdanken haben.

Bewährt haben sich nicht solche Systeme, die den Profit verdammen und das Gewinnstreben politisch unterdrücken. Vielmehr sind es solche Systeme, die den Profitmaximierern möglichst grosse Freiheiten einräumen, in welchen die Wirtschaft nicht mit unzähligen Regulierungen, Verboten und Vorschriften eingedeckt und in denen das Wirtschaften nicht durch exorbitante Steuern unattraktiv gemacht wird.

In diesem Sinne gilt: Ein Hoch auf die Profitmaximierer!

Konkurs

Ein Konkurs gilt vielen als Tragik schlechthin. Das ist mit Blick auf die individuellen Folgen für Angestellte und Investoren verständlich. Denn hier geht etwas kaputt. Das ist mit unmittelbarem Leid verbunden: Arbeitsplätze werden gestrichen, die Betroffenen müssen sich umorientieren und die Investoren verlieren ihr Geld.

Man macht es sich jedoch zu leicht, den Konkurs als solchen zu verdammen. Konkurse gehören nun mal zu einer freien Wirtschaftsordnung, wie ein reinigendes Gewitter zur Natur. Man ist gut beraten, sie als wichtigen Bestandteil eines funktionierenden Gefüges zu akzeptieren und ihren Beitrag für unser aller Wohl nicht zu unterschätzen. Konkurse zum Sündenbock zu machen und sie mit politischen Interventionen zu verunmöglichen, würde einen Prozess des schleichenden zivilisatorischen Niedergangs einläuten. Denn ohne Konkurse würde der Wohlstand massiv schrumpfen und der Fokus der Unternehmen würde sich von der Befriedigung des Kundenwohls mehr und mehr wegbewegen.

Dass der Fortbestand eines Unternehmens gesichert werden will, ist verständlich. An ihm hängen eine Menge Interessen. Es gibt Akteure, die von diesen Gebilden ihr Einkommen beziehen und deren soziale Stellung an der Weiterexistenz dieser Organisationen geknüpft ist. Entsprechend werden diese Akteure alles daran setzen, ihre Vorteile in die Zukunft zu retten, indem sie sich für das Weiterbestehen der entsprechenden Firmen einsetzen.

Dies können sie auf zwei verschiedene Weisen tun. Die erste ist die ethisch einwandfreie, weil sie zu einer Win-Win-Situation führt. Hier wendet ein vom Niedergang bedrohtes Unternehmen den Konkurs durch eine Restrukturierung oder Neuorientierung ab, indem es sich neu ausrichtet, indem es unnötige Ausgaben streicht und nach neuen Einnahmequellen sucht. In einer freien Marktwirtschaft bedeutet dies: Das Unternehmen muss besser hinhören, was die Abnehmer konkret wollen. Es muss diese Bedürfnisse in geeignete Produkte und Dienstleistungen ummünzen, für die die Nachfrager bereit sind, freiwillig einen Preis zu bezahlen, der über den Produktionskosten liegt. Schafft die Firma dies, so erwirtschaftet sie einen Gewinn und kann den Konkurs abwenden. Ein Unternehmen gerät so wieder auf die Erfolgsbahn und kann weiterbestehen, wenn es weiterhin für die Gesellschaft Wert schöpft.

Dieser geschaffene Wert misst sich in einer freien Marktwirtschaft (in der es keine Subventionen, Sonderinteressenregulierungen, verzerrende Steuern und andere Staatsinterventionen gibt) an der Höhe des Gewinns. Die entsprechenden Arbeitsplätze wandern zu den erfolgreichen Unternehmen, die mit ihrer Wertschöpfung beweisen, dass die wertvollen Arbeitskräfte damit am richtigen Ort eingesetzt sind.

Die andere (unethische) Weise, um einen Konkurs abzuwenden, ist die folgende: Man ruft den Staat zu Hilfe. Dieser soll mit Subventionen, Hilfskrediten, einer Verstaatlichung oder auf anderen Wegen den drohenden Konkurs abwenden. Doch was geschieht hier eigentlich genau?

Erstens wird durch diesen chirurgischen Eingriff in die freie Marktwirtschaft ein wichtiger Mechanismus gestört, der dafür verantwortlich ist, das Wohlstand geschaffen wird. Wendet ein Unternehmen nämlich fortdauernd mehr Mittel auf, als es erwirtschaftet, so heisst das nichts anderes, als dass die Firma Werte vernichtet. Sie schafft keinen Wohlstand, sondern zerstört ihn. Sie verwendet knappe Ressourcen nicht zur Befriedigung dringender und wichtiger menschlicher Bedürfnisse, sondern macht mit den knappen Ressourcen etwas, was die Menschen nicht entsprechend wertschätzen. Diese fehlende Wertschätzung kommt mit der ausbleibenden oder zu geringen Zahlungsbereitschaft zum Ausdruck. Die Einnahmen bleiben weg.

Indem der Staat den Konkurs durch seine Intervention verhindert, stellt er sicher, dass auch weiterhin Werte durch diese Firma vernichtet sowie knappe Ressourcen und Mitarbeiter durch diese Firma gebunden werden, die andernorts besser und zum grösseren Wohle der Menschheit eingesetzt werden könnten. Insofern kann man schlussfolgern, dass Staatseingriffe zur Verhinderung von Konkursen im besten Fall die Entstehung von Wohlstand verhindert, im wahrscheinlichsten Fall aber den Wohlstand reduziert, resp. die Armut vergrössert. Weshalb sollten wir Massnahmen gutheissen, die vielleicht kurzfristig den Schmerz der Anpassung hinauszögern, die jedoch mittel- bis langfristig zur Verarmung führen?

Zweitens muss man sich anschauen, wie der Staat einen Konkurs abwendet. Die einzige Möglichkeit besteht darin, die fehlenden Mittel jemandem abzunehmen und sie dann der vom Konkurs bedrohten Firma zufliessen zu lassen. Selbst wenn das Geld frisch von der Zentralbank geschöpft wird und dann an das Unternehmen fliesst, wird die Allgemeinheit geschädigt, denn damit wird der Wert der bestehenden Geldeinheiten reduziert, womit den Bürgern Kaufkraft verloren geht. Dies läuft am Ende auf dasselbe hinaus, wie wenn man dem Steuerzahler direkt Geld abnimmt.

Etwas anders stehen die Dinge, wenn es sich beim von einem Konkurs Bedrohten um den Staat handelt, denn dieser ist von Natur aus nicht als gemeinwohlorientierte Institution organisiert, weil er durch seinen Zwangscharakter die finanzielle Schieflage noch lange hinauszuzögern weiss. Damit kann er seine Verschwendung noch lange fortsetzen. Er raubt den Akteuren einfach immer mehr von den Früchten ihrer Arbeit.

Irgendwann aber ist der Punkt erreicht, wo weitere Steuer- und Abgabenerhöhungen zu einer Verringerung der Steuereinnahmen führen (Laffer-Kurve) oder auf zu grossen Widerstand der fiskalisch Ausgebeuteten stossen. Dann kommt die Geheimwaffe der Politik immer ausgiebiger zum Zug: Die Ausweitung der Staatsverschuldung und die uneingeschränkte Ausdehnung der Geldmenge, um die Zinsen und damit die Kosten der Verschuldung künstlich tief zu halten. Diese heimliche Enteignung wird dann so lange fortgesetzt, bis es schliesslich der Hinterste und Letzte auf schmerzvolle Weise gemerkt hat, welches Spiel gespielt wird. Es folgt die Enteignung der Gläubiger zur restlosen Tilgung der Staatsschulden, die dann als «Währungsreform» verkauft wird. Anschliessend beginnt das Spiel auf dem Buckel der Bevölkerung von neuem.

«Währungsreformen» waren bislang im Grunde genommen gar keine Reformen, wie der Ökonom Roland Baader treffend bemerkte: «Nichts wird *reformiert*, weder der Ausgabenwahn des Staates noch die Kumpanei der Notenbank mit den Politikern, weder die verantwortungslose polemische Raserei der Gewerkschaften und Interessenverbände, noch die unbegrenzte Neid- und Bestechungsmentalität der Bürger. Es wird nur etwas *deformiert*, nämlich das Vermögen der Bürger.» Es gilt also bei der nächsten «Reform» unbedingt darauf zu achten, dass eine solche auch ihren Namen verdient. Das Wiederholen der immer gleichen Fehler ist zu vermeiden.

Bereits Adam Smith warnte seinerzeit vor einer Aufblähung der staatlichen Verschuldung: «Haben Staatsschulden eine übermässige Höhe erreicht, so ist [...] kaum ein einziges Beispiel vorhanden, dass sie ehrlich und voll bezahlt worden wären». In der Tat ist die Geschichte – auch die neuere – voll von Anschauungsmaterial, das zeigt, dass Volkswirtschaften immer wieder an zu hohen Schulden zugrunde gehen. Allein seit 1980 kam es weltweit zu 90 Insolvenzen von 73 verschiedenen Staaten. Doch auch hier deckt letztlich der Staatsbankrott einen nicht nachhaltigen Exzess und eine Verschwendung von Ressourcen auf, weshalb es auch in diesem Kontext reinigend wirkt.

Spekulation

Spekulanten geniessen bei den meisten von uns keinen guten Ruf. Sie destabilisierten das Wirtschaftssystem, lautet ein oft gehörter Vorwurf. Hohe Preisvolatilität und Preisblasen seien ihre Schuld. Spekulationsgewinne stellten ausserdem ungerechtfertigte Profite auf Kosten der restlichen Bevölkerung dar. Spekulanten gelte es daher das Handwerk zu legen – etwa durch Verbote und Kapitalverkehrskontrollen.

Doch sind wir im Grunde genommen nicht alle irgendwie Spekulanten in unserem täglichen Leben? Beispielsweise, wenn wir mehr Lebensmittel einkaufen, als wir für den unmittelbaren Verbrauch benötigen? Spekulieren wir dann nicht darauf, dass wir auch in ein paar Tagen noch leben und Nahrung konsumieren werden? Und was ist, wenn wir eine Universität oder Weiterbildung besuchen? Spekulieren wir dann nicht darauf, dass uns dies bei der späteren Jobsuche unterstützen könnte? Wir kaufen Aktien von Unternehmen, bei denen wir davon ausgehen, dass sie im Wert steigen. Doch macht uns das zu schlechteren Menschen? Mitnichten, denn ohne Spekulation könnten wir gar nicht funktionieren.

Hinsichtlich der Spekulation gibt es ein grosses Missverständnis. Oftmals wird davon ausgegangen, Spekulation funktioniere so: Jemand kaufe im grossen Stil ein bestimmtes Produkt, eine Anlage oder einen Rohstoff auf und treibe damit den Preis nach oben. Zu diesem höheren Preis und mit einem ungerechtfertigten Profit verkaufe der Spekulant dann seine erworbenen Güter wieder, weshalb die restliche Bevölkerung einen höheren Preis für dieselben Güter bezahlen müsse. Man geht also davon aus, dass der Spekulant seinen Mitmenschen Leid zufüge und deren Lebensstandards reduziere.

Doch die Realität sieht anders aus. Beim Erwerb von Wertpapieren oder Gütern hat der Spekulant ja selbst aufgrund der von ihm angekurbelten Nachfrage immer höhere

Preise zu bezahlen, je mehr er davon aufkauft. Dies kann man gut beim Börsenhandel beobachten: Angenommen, man möchte von einem bestimmten Wertpapier 10'000 Stück erwerben. Vielleicht kriegt man dann 1'000 Titel zum aktuell gehandelten Preis von 10 Franken pro Stück, weil gerade so viele Verkaufswillige bereit sind, ihre Wertpapiere abzustossen. Die nächsten, sagen wir, 500 Titel jedoch kann der Käufer nur zum höheren Preis von 10.50 Franken erwerben, weil sich zusätzliche Verkäufer erst bei einem höheren Preis finden lassen. Die übernächsten 500 Titel kann er wiederum nur bei einem Preis von 11 Franken erwerben. Und so weiter. Beim Verkauf wiederum ist der Spekulant mit laufend sinkenden Erlösen konfrontiert, weil er damit das Angebot ausweitet. Ohne weitere Einflüsse wäre die Spekulation ein Nullsummengeschäft und würde aufgrund der Transaktionsgebühren für den Spekulanten in Verlusten enden.

Spekulanten verdienen lediglich dann, wenn sich die Preise der erworbenen Wertpapiere oder Güter aufgrund anderer Umstände verändern. Angenommen, die Getreidepreise befänden sich gerade auf tiefem Niveau, weil kaum jemand annimmt, dass es dieses Jahr zu einem Ernteausfall kommen könnte. Der Preis läge um einiges höher, wenn bereits zu diesem Zeitpunkt allgemein bekannt wäre, dass die Ernte schlecht werden würde. Jeder würde sich dann einen Vorrat anlegen wollen, während die Getreideanbieter weniger zum Verkauf anbieten würden, weil sie mehr für sich selbst behalten wollten. Käme es aber von den meisten völlig unvorhergesehen zu einem Ernteausfall, würde der Getreidepreis plötzlich explodieren und viele unvermittelt vor grosse Probleme stellen. Ein Spekulant macht nur dann einen Profit, wenn er den Ernteausfall zu einem Zeitpunkt geahnt hat, als dies die meisten noch nicht vermutet hatten und er die Güter zu den tieferen Preisen einkauft.

Man könnte dem Spekulanten nun vorwerfen, er sei herzlos. Doch in Wahrheit übt er eine äusserst wohltätige Funktion zum Nutzen aller aus – auch wenn seine Aufmerksamkeit einzig dem Profit gälte: Durch seine Spekulation erhöht er die Getreidepreise in Zeiten der Sorglosigkeit – in Zeiten also, in denen die wenigsten sparen und kaum etwas für schwierigere Zeiten lagern. Die Preiserhöhung reizt die restliche Bevölkerung zu einem sparsameren Umgang mit Getreiden an. Während der kommenden Periode der Knappheit senkt der Spekulant dann durch seine Verkäufe die Getreidepreise und trägt damit zur Linderung der Not bei. Die überspitzte Aussage, der Spekulant verdiene am Hunger seiner Mitmenschen, ist deshalb falsch: Vielmehr verdient er an der Arbitrage zwischen Zeitpräferenzen. Der erzielte Profit ist der Lohn für das eingegangene Risiko. Schätzt der Spekulant die Situation falsch ein, fährt er einen Verlust ein – beispielsweise dann, wenn es gar nicht zu Ernteausfällen kommt und er die Ware nur zu Tiefstpreisen verkaufen kann.

Spekulation führt also nicht – wie weithin angenommen wird – zu grosser Preisvolatilität. Vielmehr schwächt sie diese ab. Eine Studie der Universität Basel und der Hochschule Luzern bestätigt diese Erkenntnis: Untersucht wurden Preisschwankungen von 28 Agrarrohstoffen von 2006 bis 2015. Das Resultat: Finanzspekulation hat überwiegend eine dämpfende Wirkung auf Preisschwankungen. Einen wesentlich grösseren Einfluss auf die Preisentwicklung haben realwirtschaftliche Einflüsse, zum Beispiel Ernteausfälle, Wetter- und Klimaeffekte und eine steigende globale Nachfrage.

Ausserdem ist Spekulation einer der wesentlichen Gründe dafür, weshalb Hungersnöte mittlerweile in vielen Ländern der Vergangenheit angehören. Dort, wo der Staat Spekulation mit Gesetzen übermässig zu unterbinden versucht, erhöht sich die Kurzsichtigkeit, was die Wahrscheinlichkeit menschlicher Not erhöht.

Was für Getreidepreise gilt, trifft natürlich auch für Finanzderivate wie Futures, Swaps oder Optionen zu. Ein Grossteil der Menschen versteht diese «Spekulationsinstrumente» nicht, und möchte sie daher am liebsten verbieten.

Doch dies wäre für unsere arbeitsteilige und hochkomplexe Wirtschaft fatal. Denn bei diesen Finanzinstrumenten handelt es sich um elementare Stützen und Hilfsmittel zur Verteilung von Risiken an jene, die sie zu tragen bereit sind. Natürlich ist eine notwendige Bedingung die Möglichkeit, Verluste zu machen und in Konkurs zu gehen. Greift der Staat denjenigen rettend unter die Arme, die sich verspekuliert haben, ist dies ein «moral hazard»-produzierendes Staatsversagen – und nicht ein Marktversagen. Der freie Markt würde für die Bestrafung falschliegender Spekulanten sorgen, weil sie unter der Bedingung des geschützten Privateigentums ihre Verluste selbst zu tragen hätten.

Spekulanten, welche auf einen Wertanstieg gewisser Ressourcen setzen, schaffen für ihre Mitmenschen einen Mehrwert. Denn durch ihre Käufe und Verkäufe – oftmals auf Grundlage von Informationen über Trends und mögliche Ereignisse in der Zukunft – senden sie Preissignale aus. Diese bewegen andere Marktteilnehmer ebenfalls dazu, das stärker nachgefragte Gut mehr wertzuschätzen. Der Spekulant löst damit Anpassungsprozesse aus, welche es der Wirtschaft erlaubt, sich rechtzeitig nach Alternativen umzusehen – z.B. zu einem knapper werdenden Rohstoff – oder ein Problem nicht zu spät zu erkennen, um es unter geringerem Zeitdruck lösen zu können. Gäbe es keine Spekulanten, käme es nicht selten zu abrupten und folgenreichen Krisen.

Für Preissteigerungen hauptsächlich Spekulanten verantwortlich machen zu wollen, greift zu kurz. Die enormen zusätzlichen Gelder, die von den Zentralbanken laufend in die Märkte gepumpt werden und sich über den ganzen Globus verbreiten, haben einen preissteigernden Effekt, der den Einfluss der Spekulanten um Welten übertrifft. Wenn es also «Spekulanten» gibt, welchen das Handwerk gelegt werden müsste, dann sind das die staatlichen Zentralbanken, die mit ihrer Geldschwemme insbesondere die Vermögenspreise in die Höhe treiben und durch entsprechende Verzerrungen wiederkehrende Krisen verursachen.

Gier

Kaum jemand gilt in der weitgehend vom Nullsummenglauben beherrschten Gesellschaft als unanständiger als derjenige, der sich nicht mit seinem jetzigen Wohlstand zufrieden geben will, sondern nach mehr strebt. Dies trifft insbesondere dann zu, wenn dem Betroffenen attestiert wird, dass er doch bereits «genug» habe. Der moralische Vorwurf, der dann im Raum steht, ist jener der «Gier».

Gier ist zwar nach heutigem Recht nicht strafrechtlich belangbar, allerdings sorgt die soziale Ächtung der Neidgesellschaft für eine fast ebenbürtige Bestrafung. Alle, die über sich selbst hinauswachsen und Erfolg haben bei dem, was sie tun, werden mit entsprechenden Diffamierungen sprichwörtlich einen Kopf kürzer gemacht, damit ja niemand das egalitaristische Ideal zu stören wagt. Einzig berühmte Sportler scheinen dem Rufmord noch entkommen zu können, vielleicht weil sie in der allgemeinen Bevölkerung als zu beliebt eingeschätzt werden und man sich nicht mit ihnen anzulegen wagt.

Gier ist aber nicht nur zu einer Art Lieblings-Diffamierungsbegriff von Neidern geworden, um ihrer angedichteten moralischen Überlegenheit gegenüber den wirtschaftlich Erfolgreicheren Ausdruck zu verleihen.

«Gier» ist auch zu einem der wichtigsten Kampfbegriffe gegen eine marktwirtschaftliche und freiheitliche Ordnung geworden. Anstatt dessen wird dann ein System propagiert, in welchem Gier angeblich keine Rolle spielt: die Sozialdemokratie oder der Sozialismus, wobei die beiden Systeme genau genommen auf das Gleiche hinauslaufen: Entweder das sofortige (sozialistische Revolution) oder schleichende (sozialdemokratische) Abschaffen des Privateigentums und damit der individuellen Freiheit der Bürger.

Der Vorwurf lautet in etwa so: Der freie Markt setze dem Individuum und seiner Gier keine Grenzen und entfessele damit den Egoismus. Das führe zu einem rücksichtslosen Streben nach persönlichem Nutzen auf Kosten sowohl des Allgemeinwohls als auch der Solidarität mit den Schwächeren.

Ob jemand mehr oder weniger egoistisch, empathisch oder solidarisch, gierig oder genügsam ist, hängt jedoch von den individuellen Charaktereigenschaften ab. Es steht und fällt mit der Persönlichkeit des Betroffenen und hat letztlich nichts mit dem Wirtschaftssystem zu tun, in welchem dieser lebt. Marktwirtschaften haben im Gegensatz zu staatssozialistischen Systemen hingegen bewiesen, dass sie dazu in der Lage sind, den vorhandenen Egoismus und die vorhandene Gier in einen Nutzen für alle umzumünzen.

Der Marktwirtschaft wohnt ein das Allgemeinwohl fördernder Mechanismus inne, der selbst durch Egoismus und Gier angetriebene Menschen dazu bringt, der Gesellschaft Gutes zu tun. Wer einen möglichst grossen Nutzen in Form eines hohen Einkommens oder Vermögens für sich selbst herausziehen möchte (Egoismus und Gier), muss anderen einen möglichst grossen Nutzen stiften. Etwa indem man der Allgemeinheit Produkte oder Dienstleistungen anbietet, die diese als nützlich betrachtet und deshalb freiwillig nachfragt und kauft. Nur wer anderen am besten dient, schafft es, von seinen Mitmenschen das Geld zu bekommen, nach dem er sich so sehnt.

Der Liberalismus mit seinem kapitalistischen Wirtschaftssystem zeichnet sich durch den Schutz des Privateigentums und die Steuerung des Wirtschaftslebens durch Märkte aus. Dies impliziert, dass jeder mit seinen Eigentumstiteln das machen darf, was er für gut befindet, solange er damit nicht das Eigentum anderer Menschen verletzt. In anderen Worten: Es herrscht Wahl- und Vertragsfreiheit unter der Bedingung der Eigenverantwortung und der Einhaltung des Rechts.

Restlos alle Menschen profitieren von diesem Schutz. Was konkret an dieser Ordnung zu mehr Egoismus und Gier führen soll, ist nicht ersichtlich.

Ganz anders sieht es in staatsinterventionistischen Systemen aus, in denen es keine engen Grenzen der staatlichen Machtausübung gibt. Diese Systeme bieten gewissenlosen, egoistischen und gierigen Menschen die Möglichkeit, sich auf Kosten anderer zu bereichern, ohne ihren Mitmenschen einen Dienst erweisen zu müssen. Für mächtige Interessengruppen ist es dann ein Leichtes, für sich Privilegien herauszuholen: Etwa in Form von Subventionen für einzelne Branchen, NGOs oder Unternehmen, welche von der Bevölkerung bezahlt werden müssen. Oder in Form von marktbehindernder oder -verdrängender Regulierung, welche die Konkurrenz daran hindert, in einen fairen Wettbewerb zu treten. Für die Konsumenten bedeuten solche Regulierungen eine Reduktion der Wahlfreiheit und tendenziell höhere Produktpreise.

Sobald es für Interessengruppen salonfähig geworden ist, für gesetzliche Privilegien zugunsten der eigenen Klientel zu kämpfen, verkümmert das Bewusstsein für die wenigen allgemeinverbindlichen Regeln, die es für friedliche und faire Austauschbeziehungen braucht. An die Stelle der Ordnungspolitik treten dann rücksichtslose und raffgierige Gruppenegoismen: Immer schamloser und gieriger bedient man sich mithilfe des staatlichen Gewaltmonopols am Portemonnaie anderer Bürger und Gruppen.

Ganz anders in einer liberalen Marktwirtschaft: Die Theorie und die Erfahrung haben gezeigt, dass Werte, die allgemein als «gut» erachtet werden – wie Zuverlässigkeit, Aufrichtigkeit und Friedfertigkeit –, hier eher gefördert werden, während «schlechtes» Verhalten eher sanktioniert wird. Agiert eine Person verlogen, aggressiv oder hinterhältig, schadet dies ihrem persönlichen Ruf, womit sie sich diverse unternehmerische und berufliche Opportunitäten verbaut.

Solange kein ausgebauter Sozialstaat zu Hilfe eilt, schaden sich die Personen selbst, die sich so benehmen.

Gleiches gilt für ein Unternehmen, das seine Produkte unzuverlässig ausliefert, unehrlich mit seinen Kunden umspringt oder diesen sogar droht: Sein Ruf oder die Reputation seiner Marke wären schnell zerstört, worauf sich viele Kunden von ihm abwenden dürften. Dies trifft umso mehr im heutigen Internetzeitalter zu, wo innert Kürze – für alle sichtbar – Rezensions-Sternchen vergeben sowie Kundenbewertungen und Erfahrungsberichte verfasst werden können. Es ist also im ureigenen Interesse der Marktteilnehmer, sich adäquat, aufrichtig und anständig zu verhalten.

In einer freien Marktwirtschaft gibt es viele solche Mechanismen zur Eindämmung und Sanktionierung schlechter Verhaltensweisen. Diese ermöglichen es, dass die Informationsasymmetrien zwischen Herstellern und Verbrauchern auf ein Minimum herabgesenkt werden können. Nebst dem Ruf der Führungsperson oder einer Firma gibt es beispielsweise das Mittel der Garantie. Diese ist ein äusserst wirkungsvolles Instrument gegen Betrug, weil sie vertraglich abgeschlossen und notfalls gerichtlich durchgesetzt werden kann, wenn ein Produkt nicht das hält, was es versprochen hat.

Ein ebenfalls bewährter Mechanismus ist das kostenlose Ausprobieren eines Produkts: So kann man sich beispielsweise risikolos – ohne zu bezahlen – bei Onlineshops Kleider und andere Produkte nach Hause bestellen und diese zunächst anprobieren. Überzeugen sie nicht, kann man sie wieder retournieren. Bei komplexeren Produkten wie etwa Medikamenten oder Nahrungsmitteln, wo für die Kunden die Qualität nicht immer auf Anhieb ersichtlich ist, könnten unabhängige private Zertifizierungsstellen – die sich im Wettbewerb miteinander bewähren müssten – die Qualität und Eignung prüfen und sie zum Nutzen der Kunden entsprechend begutachten.

XII.
GESUNDHEITSWESEN

Gesundheitsschutz

«Menschenleben und der Gesundheitsschutz sind wichtiger als das Wohl der Wirtschaft!». Mit dieser oder ähnlicher Rechtfertigung wurden während der Covid-19-Krise enorme Staatseingriffe in die Wirtschaftsfreiheit vorgenommen. Es sei richtig, dass die Entscheide der Behörden durch den Schutz der Gesundheit der Bevölkerung geleitet würden und nicht primär durch wirtschaftliche Überlegungen. Impliziert wurde damit eine Dichotomie zwischen «der Wirtschaft» einerseits und «der Gesundheit» oder «den Menschenleben» andererseits, die es in der Realität gar nicht gibt.

Dass es sich bei der Gesundheit um ein hohes Gut handelt, ist unbestritten und nicht zentraler Gegenstand dieses Missverständnisses – obwohl es keine klare Trennlinie zwischen «krank» und «gesund» gibt und es sich auch bei Gesundheitsleistungen um eine heterogene Menge komplett unterschiedlicher Güter und Dienstleistungen handelt, die in unterschiedlicher Menge, Qualität und Kombination erhältlich sind.

Noch grössere Unklarheit herrscht beim Begriff der «Wirtschaft». Was ist das überhaupt, «die Wirtschaft»? Der Ökonom Israel Kirzner machte in seiner Schrift *Der ökonomische Blickwinkel* deutlich, dass selbst unter Wirtschaftswissenschaftlern keine Einigkeit darüber herrsche, was man darunter überhaupt verstehen soll. Ökonomen stimmten zwar darin überein, dass die Tätigkeiten von Händlern von besonderer Bedeutung seien, jedoch herrsche grosse Uneinigkeit darüber, weshalb. Für die einen sei entscheidend, dass seine Handlungen den Gebrauch von Geld involvierten; für andere, dass es dabei um Austauschhandlungen geht. Ein Händler sei für die einen deshalb ein wirtschaftlicher Akteur, «weil seine Tätigkeiten mutmasslich von Eigennutz motiviert sind». Für andere hingegen sind jene Handlungen ökonomisch, die der

Erhaltung menschlichen Lebens und der optimalen Verfügung knapper Ressourcen dienen.

Die Annahme, «die Interessen der Wirtschaft» müssten den «Gesundheitsinteressen» untergeordnet werden, geht zu einem gewichtigen Teil auf eine bestimmte Vorstellung von Wirtschaft zurück. Demgemäss handeln in «der Wirtschaft» typischerweise Akteure, die rücksichtslos ihrem Interesse nach einer sinnlosen Anhäufung von Geld folgen, dieses Streben über das Allgemeinwohl stellen und daher bereit sind, für ihre Profitmaximierung sprichwörtlich «über Leichen zu gehen». Womöglich wird die Wirtschaft gleichzeitig auch noch als Nullsummenspiel betrachtet, bei dem man Gewinne nur auf Kosten anderer machen kann.

Weil es sich gemäss dieser Vorstellung bei der wirtschaftlichen Tätigkeit ohnehin nur um eine niedere und nebensächliche Aktivität zur unnötigen Selbstbereicherung handelt, darf und soll diese getrost auch über längere Zeit vom Staat eingeschränkt werden können (manche sprachen sogar von «einfrieren»), damit den «höchsten Gütern» – nämlich der Gesundheit und dem Schutz von Menschenleben – die gebührende Priorität eingeräumt wird.

Ein weiterer Grund, weshalb «die Wirtschaft» angeblich «der Gesundheit» untergeordnet werden müsse, geht auf die Vorstellung zurück, wirtschaftlichen Akteuren ginge es primär ums Geld und ums Geldverdienen, nicht jedoch um die Gesundheit anderer Menschen. Hinter dem schlechten Ruf des Monetären steht eine Aversion vieler Intellektueller gegenüber dem Geld, wie der Historiker Alan Kahan aufgezeigt hat. Für viele Intellektuelle sei das Geld und jene, die für Geld arbeiteten, moralisch anrüchig. Das Geldverdienen ist aber oft ein wesentlicher Anreiz, um auf die eine oder andere Art wirtschaftlich tätig zu werden und dadurch anderen Gutes zu tun, indem man lebensnotwendige oder lebensverbessernde Produkte herstellt und anbietet. Abgesehen davon gibt es die nüchterne Notwendigkeit der Menschen, ihren Lebensunterhalt zu «verdienen» und damit für sich und ihre Familie zu sorgen.

Geld per se enthält nichts Unethisches. Für die fortgeschrittene arbeitsteilige Gesellschaft ist Geld als Tauschmittel unabdingbar: Es ermöglicht viel mehr Tauschakte als bei einem reinen Warentausch und erleichtert dadurch zusätzliche wohlstandsbildende Prozesse. Es ist zudem ein Trugschluss, dass Geldverdienen im Widerspruch zur gesundheitlichen Fürsorge für andere Menschen stehen soll. Der Markt für Gesundheitsleistungen ist ein Markt wie jeder andere auch (wenn sich der Staat raushalten würde) – mit Angebot von und Nachfrage nach einer vielfältigen Menge an Gesundheitsgütern und -dienstleistungen: angefangen bei sportlichen und ernährungstechnischen Angeboten zur Prävention gegen gesundheitliche Risiken, bis hin zu medizinischen Eingriffen, Medikamenten und Therapien.

Diese Leistungen sind aus Sicht der Kunden dann am vorteilhaftesten, wenn sie in einem marktwirtschaftlichen und wettbewerblichen Umfeld erbracht werden und wenn sich dafür Preise frei bilden können, die sich aus dem Zusammenwirken von Nachfrage und Angebot ergeben. So ist sichergestellt, dass wertvolle Ressourcen nicht verschwendet werden, indem sie in die Produktion von nicht nachgefragten und nicht-prioritären Dingen fliessen: Diese Effizienz kann gerade im Bereich des Gesundheitswesens Leben retten.

Was in welchem Umfang unter Berücksichtigung der Knappheit der Ressourcen nachgefragt wird und was in der Folge hergestellt werden soll, kann nur herausgefunden werden, wenn die Güter ein marktwirtschaftliches Preisschild aufweisen und Investitionen dadurch an die richtigen Orte gelenkt werden. Geld nimmt deshalb eine unverzichtbare Rolle in modernen Gesellschaften ein und man sollte entschieden dagegenhalten, das Geld selbst oder per se alle Tätigkeiten, die für Geld erbracht werden, als ethisch minderwertig abzustempeln. Denn letztlich können die restlichen

Tätigkeiten, die nicht gegen Bezahlung ausgeführt werden, auch nur in einer wohlhabenden Gesellschaft erbracht werden, wo überschüssige Mittel für die zivilgesellschaftliche Solidarität vorhanden sind. Und Wohlstand ist im heutigen Ausmass ohne monetäre Tauschmittel unvorstellbar.

Selbst unter der Annahme, dass in «der Wirtschaft» lediglich egoistische Motive dominierten, kann man also sagen, dass sie einerseits eine entscheidende Rolle für das Funktionieren der Gesellschaft spielt und andererseits auch nicht als Gegensatz zu Menschenleben und zur Gesundheit begriffen werden kann. Dies wird insbesondere dann klar, wenn man sich bewusst macht, dass erst erzielte Gewinne weitere Investitionen beispielsweise im Gesundheitswesen ermöglichen, was wiederum zu einer Verbesserung von Gesundheitsleistungen und einer höheren Gesundheit führt. Dies zeigt sich etwa in der massiv gestiegenen durchschnittlichen Lebenserwartung in Ländern mit relativ hoher wirtschaftlicher Freiheit. Diese liegt um mehr als zehn Jahre über der Lebenserwartung in wirtschaftlich repressiven Ländern.

Anders formuliert: Wer die freie Marktwirtschaft hochschätzt und ihre wesentlichen Pfeiler – die Eigentumsrechte und die Vertragsfreiheit – schützt, fördert damit auch die Gesundheit der Bevölkerung, weil so immer mehr Mittel zur Befriedigung und immer bessere und vielfältigere Angebote im Bereich der Gesundheitsleistungen und -prävention zur Verfügung stehen. Man führe sich nur einmal vor Augen, welche wertvollen Innovationen uns die Wirtschaft die letzten zwanzig Jahre beschert hat, die uns die Bewältigung von Krankheitswellen wesentlich erleichtern: Angefangen von Online-Apotheken bis hin zu Online-Kooperationstools.

Wer propagiert, «die Gesundheit der Menschen» stünde über «den Bedürfnissen der Wirtschaft» und wer die Politik darauf ansetzt, die wirtschaftliche Freiheit unter diesem Vorwand einzuschränken, gefährdet damit beides.

Prämienbremse

Die Gesundheit ist den Menschen ein wichtiges Gut. Ein entwickeltes Gesundheitswesen ist daher Ausdruck eines hohen Wohlstandes. Doch das Schweizer Gesundheitssystem befindet sich – wie sämtliche anderen Gesundheitssysteme der westlichen Welt – in der Dauerkrise. Die Krankenkassenprämien kennen nur eine Richtung: nach oben. Es ist daher wenig überraschend, dass Politiker hier ein weiteres Betätigungsfeld verortet haben, in dem sie sich mit ihren Forderungen profilieren können. Die steigenden Zwangsprämien sind eine Belastung für immer grössere Teile der Bevölkerung, weshalb hier dringender Handlungsbedarf gegeben ist.

Jedoch droht die Politik auch in diesem Feld mehr Schaden anzurichten, statt die Probleme tatsächlich zu beheben. Die sich in der Mehrheit befindenden etatistischen Umverteilungspolitiker wollen die weniger Vermögenden entlasten, indem «die Reichen» zur Kasse gebeten werden. Dies wird dann irreführend als «Prämienbremse» verkauft.

Eine beliebte Methode, mit der man meint, die Kosten dauerhaft auf vermögendere Mitbürger abwälzen zu können, sind Prämienverbilligungen. In der Schweiz kommt eine wachsende Zahl der Bevölkerung in den Genuss solcher Prämienverbilligungen. Im Jahr 2020 waren es bereits 2,4 Mio. Bezüger – was 27,6 Prozent aller Versicherten ausmacht –, deren Prämien im Durchschnitt um 2'304 Franken verbilligt wurden.

Hinter der Annahme, dass Reiche unbegrenzt zur Kasse gebeten werden können, steckt der fatale Nullsummenirrglaube. Demnach geht man davon aus, dass der Wohlstand ein immer gleich grosser Kuchen darstelle, weshalb Reiche schuld daran seien, dass es Ärmere gebe. Das Problem, dass «Arme» ein kleineres Stück des Kuchens abbekommen, lässt sich gemäss dieser Vorstellung ganz einfach lösen: Der Staat greift ein und verteilt die Stücke gleichmässiger – beispielsweise, indem er ärmeren Haushalten Prämienverbilligungen gewährt und die Kosten dafür den wohlhabenderen Haushalten mittels höherer Steuern in Rechnung stellt. Doch so funktioniert die Wirtschaft nun mal nicht. Je mehr der Staat in die Wirtschaft hineinfunkt und eine andere Verteilung durchsetzen will, desto kleiner wird der gebackene Kuchen, der verteilt werden kann. Warum? Durch seinen Eingriff ändert der Staat die Anreize: Leistung, Fleiss und Bemühungen, für andere Menschen die besten und günstigsten Produkte und Dienstleistungen anzubieten, werden nicht mehr belohnt.

Nur, wenn sich der Staat aus dem Prozess der Wohlstandsschaffung und -verteilung heraushält, kann der Kuchen ungehindert anwachsen. So können die Bedürfnisse immer breiterer Bevölkerungsschichten befriedigt werden. Je weiter sich jedoch ein System von den Grundsätzen des Wettbewerbs und der Vertragsfreiheit entfernt – z.B. durch den staatlichen Befehl, eine obligatorische Krankenpflegeversicherung mit bürokratisch festgelegtem Leistungskatalog abschliessen oder exzessive Steuern zahlen zu müssen – desto kleiner wird dieser Kuchen. Wegen den verfälschten Anreizen sinken die Lebensstandards und das Gesundheitswesen gerät zunehmend in eine finanzielle Schieflage.

Das Problem mit den wachsenden Kosten im Gesundheitswesen hat auch mit einer Illusion zu tun: Das Wünschbare wird mit dem Machbaren verwechselt. Wäre es wünschenswert, dass alle Menschen mit den allerbesten Heilmethoden von den allerbesten Ärzten behandelt werden? Selbstverständlich! Ist es realistisch, dass die allerbesten Ärzte allen Menschen gleichzeitig zur Verfügung stehen, die eine entsprechende Behandlung benötigen? Leider nicht! So trivial diese Feststellung auch erscheinen mag: Sie ist trotzdem Ursache für diverse Fehltritte im Bereich der Gesundheitspolitik: Es herrscht vielerorts der Glaube vor, es gäbe so etwas wie ein perfektes Gesundheitssystem für alle, das der Staat mit geeigneten Eingriffen («Social Engineering») herbeizaubern könne. Doch keine staatliche Aktivität vermag die erwähnte Ressourcenknappheit zu überwinden. Es handelt sich beim Staat ja nicht um eine allmächtige, gottähnliche Gestalt, die alle Wünsche und Träume erfüllen kann. Der Staat ist auch kein Magier, der die Naturgesetze aus den Angeln heben und Ressourcen herbeizaubern könnte. Alles, was der Staat ausgibt, muss er zuvor jemandem wegnehmen.

Ein Gesundheitswesen wird deshalb nicht besser, sondern ineffizienter und teurer, wenn diese Tatsache in der Politik ignoriert wird, z.B. wenn ein sogenanntes «Recht auf Gesundheit» und eine entsprechende Kollektivierung des Gesundheitswesens durchgesetzt werden sollen. Es ist zu erwarten, dass die Gesundheitskosten explodieren und die Politik in der Folge das Kostenwachstum zu bekämpfen versucht, was zu einem Absinken der Qualität oder zu einer eingeschränkten Verfügbarkeit der Gesundheitsleistungen führen wird.

Wenn staatliche Sozialversicherungen einen Grossteil der anfallenden Kosten übernehmen, führt dies aus individueller Sicht zunächst zu einer scheinbaren Vergünstigung von Gesundheitsleistungen. Auch im Gesundheitswesen gilt: Wird etwas billiger, steigt die Nachfrage. Dies trifft insbesondere auf den medizinischen Graubereich zu. Anstatt eines jährlichen Gesundheits-Checks, geht man plötzlich alle drei Monate zur entsprechenden Untersuchung. Anstatt bei Unsicherheit noch etwas abzuwarten, entschliesst man sich sofort für ein MRI. Klar, wenn man die entsprechenden Kosten nicht selbst tragen muss, entscheidet man sich im Zweifelsfall eher für einen Arzttermin zu viel, als einen zu wenig, lieber für die Luxusbehandlung, als für die gewöhnliche.

Der Grund für dieses Verhalten ist die durch den staatlichen Eingriff manipulierte Kosten-Nutzen-Analyse jedes Einzelnen: Wenn der Nutzen tiefer erscheint als die anfallenden Kosten, verzichtet ein Individuum aus rationalen Gründen normalerweise auf die Beanspruchung der entsprechenden Leistung. Werden die individuellen Kosten jedoch künstlich herabgesetzt, erscheint der Nutzen eines zusätzlichen Arztbesuchs oder einer Extrabehandlung wesentlich grösser. Es kommt folglich zum übermässigen Kostenanstieg im Gesundheitswesen, was zur Folge hat, dass an anderen Orten gespart werden muss, sei es nun bei der Altersvorsorge, der Bildung oder beim Sozialen.

Der Staat wird als Reaktion auf das Prämienwachstum wahrscheinlich – anstatt das zwangsweise durchgesetzte Drittzahler-System zu beseitigen und damit das Problem an der Wurzel zu packen – Massnahmen zur Dämpfung des Kostenwachstums ergreifen. Dazu könnte er beispielsweise den Zugang zu Gesundheitsdiensten beschränken, worauf die Gesundheit eines Bürgers von den Entscheiden von Bürokraten abhängig wird. Wo das Angebot eingeschränkt wird, sind lange (und derweilen auch schmerzvolle) Wartezeiten zu erwarten, wie etwa das abschreckende Beispiel Grossbritanniens zeigt, wo Patienten vernachlässigt in Klinikfluren sterben, Rentner stundenlang auf einen Krankenwagen warten und Krebs-OPs verschoben werden müssen. Oder aber der Staat könnte die Ärzte und die sonstigen Gesundheitsdienstleister zwingen, zu niedrigeren Löhnen zu arbeiten oder auf gewisse Behandlungsmethoden zu verzichten, worauf deren Motivation und die Qualität der medizinischen Leistungen tendenziell abnehmen wird. Zudem dürfte es exzellente Ärzte aus Frust eher in andere Länder mit fairerer Bezahlung und geringerer Regulierungsdichte ziehen.

So oder so sind das keine besonders guten Perspektiven für ein Gesundheitswesen, das bezahlbare, aber auch qualitativ gute Leistungen erbringen soll. Denn, wer unter Schmerzen leidet, der will nicht lange warten müssen und der will nicht irgendeine Gesundheitsversorgung: Er will eine möglichst gute Versorgung. Anstatt die Prämienexplosion mit weitergehenden politischen Eingriffen bekämpfen zu wollen (was schlimme Folgeeffekte hätte), gilt es, das Gesundheitswesen weitestgehend zu entpolitisieren und zwangskollektivistische Fehlanreize zu beheben.

Pandemie

«Pandemie» ist ein Begriff, mit dem in den Köpfen der meisten Menschen zuverlässig Angstzustände erzeugt werden können. Bis vor Kurzem hatte man sich darunter eine besonders gravierende und weitverbreitete Infektionskrankheit vorgestellt, die sehr viel mehr Menschen dahinrafft als eine gewöhnliche Krankheitswelle wie etwas die Grippe. Doch neuerdings ist es anscheinend ausreichend, dass die Weltgesundheitsorganisation (WHO) eine solche ausruft, auch wenn obige Kriterien gar nicht erfüllt sind.

Die Internationalen Gesundheitsvorschriften sind völkerrechtlich bindende Vorschriften der WHO, die ursprünglich 1971 in Kraft traten und 2005 angepasst wurden. Sobald die WHO eine «gesundheitliche Notlage internationaler Tragweite» ausruft, haben alle Mitgliederländer zu spuren. Bemerkenswert ist: Es stellt *keine* Voraussetzung für die Inkraftsetzung dieser internationalen Notlage dar, dass die Krankheit übermässig gefährlich sein muss. Es werden keinerlei objektive Kriterien aufgeführt, die eine Krankheit erfüllen muss, damit die WHO für praktisch die ganze Welt Lockdowns, Grenzschliessungen und ähnliche totalitäre Massnahmen ausrufen darf. Das ist ein gewaltiges Machtproblem, das dringend gelöst werden muss.

Die WHO kann im Alleingang eine sogenannte «Pandemie» behaupten und eine solche ausrufen, um eine Reaktionskette in Bewegung zu bringen, die seit der Corona-Krise in etwa so aussieht: 1.) Behörden rufen eine Pandemie aus. 2.) Die Massenmedien nehmen den Ball auf und berichten permanent über den neuartigen Erreger und die Symptome. Indem sie sich auf Horrorszenarien von auserlesenen «Experten» und übertriebene Mortalitätsprognosen fokussieren, schüren sie gezielt Ängste in der Bevölkerung, während sie gleichzeitig Stimmen der Vernunft diffamieren und mundtot machen. 3.) Regierungen erlassen radikale Massnahmen zur

Einschränkung der Freiheit. 4.) Die Pharmaindustrie positioniert sich als Heilsbringer und verspricht, dem Spuk mit einer Wunderpille, einer Wunderimpfung oder Ähnlichem ein Ende zu bereiten. 5.) Die Staaten kaufen den Pharmakonzernen im grossen Stil ihre Wundermittel mit Steuergeldern ab und entbinden die Hersteller gleichzeitig von der Haftung.

Insofern muss man feststellen, dass das Wort «Pandemie» zu einem der gefährlichsten Schlagwörter im 21. Jahrhundert verkommen ist, mit dem die Freiheitsrechte der Bürger im Nu und ohne weitere Argumente ausgehebelt werden können und ein totalitäres Gesundheitsterror-Regime völkerrechtlich verbindlich wird. Wenn das Ausrufen (sprich: Behaupten) einer «Pandemie» aber bereits reicht, um die meisten Bürger in Angst und Schrecken zu versetzen und in ihnen die Akzeptanz für schwerwiegendste und inhumane Zwangseingriffe zu wecken, so gilt es jetzt, die Frage zu stellen, inwieweit man als Freiheitsfreund den Begriff der «Pandemie» überhaupt noch akzeptieren darf, wenn damit mittlerweile derart leichtfertig um sich geworfen wird. Wenn man die Verwendung dieses Begriffs bei Infektionskrankheiten akzeptiert, deren Mortalität in der Grössenordnung einer Influenza (also im Rahmen des Normalen) liegt und vor allem vulnerable ältere Personen mit Vorerkrankungen trifft (die ohnehin bald gestorben wären), so laufen wir Gefahr, dass jede Krankheitswelle zur «Pandemie» hochstilisiert wird – mit der Folge einer dauerhaften Beendigung unserer Freiheiten.

Das wäre fatal, zumal die Studie *Covid-19 und die politische Ökonomie der Massenhysterie* von Prof. Philipp Bagus und weiteren Autoren unlängst gezeigt hat, wie jegliches politisches Eingreifen mehr Schaden als Nutzen verursacht – unabhängig davon, ob es sich um eine echte Pandemie oder um eine herbeigeredete handelt. Nehmen wir an, es handelt sich bei einem neuartigen Erreger tatsächlich um ein gemeingefährliches Virus. Sobald Meldungen die Runde machen, dass ein neuartiger Erreger im Umlauf sei, gäbe es vermutlich Personen, die eigenverantwortlich diverse Vorsichtsmassnahmen ergreifen (z.B. nur noch mit Schutzmasken ihre Einkäufe erledigen, sich von anderen Leuten fernhalten, zuhause bleiben etc.). Wenn die Vorsichtigen dann beobachten könnten, dass das Virus die Unvorsichtigen massenhaft dahinrafft, so bekämen sie in ihrer Vorgehensweise recht und andere würden diese umgehend nachahmen, ohne dass man sie dazu zwingen müsste. Denn sich selbst vor etwas Gefährlichem zu schützen, liegt im ureigenen Interesse. Politisches Eingreifen ist also in einem solchen Fall unnötig, weil sich die Leute selbst schützen.

Ebenfalls unnötig wäre politisches Eingreifen im Fall, in dem sich das Virus als relativ ungefährlich herausstellen sollte. Wenn die Politik Zwangsmassnahmen ergreift, richtet sie in jedem Fall Schaden an: Die Steuerzahler müssten unfreiwillig für Selbsttests, Masken und Impfungen bezahlen, Betriebe erlitten finanzielle Schäden und viele Menschen würden psychisch krank aufgrund der angeordneten sozialen Abschottung. Da wir aber gesehen haben, dass der Schutz vor einem wirklich gefährlichen Virus im ureigenen Interesse liegt, sind gar keine solchen Zwangsmassnahmen nötig. Es ist in jedem Fall besser, die Entscheidungsbefugnis beim Einzelnen zu belassen, damit jeder selbst eine Risikoabwägung vornehmen und entsprechende Massnahmen ergreifen kann. Es gibt hier keine staatlich verordneten Zwangsrezepte, die für alle richtig sind.

Dass die Menschheit so leicht mit dem Begriff «Pandemie» manipuliert werden kann, hat auch mit einem Rückschritt im medizinischen Denken zu tun, der sich unter den modernen Menschen ausgebreitet hat. Er betrachtet Krankheit oft nicht mehr – wie es seit den Griechen üblich war – als ganzheitliches, komplexes Phänomen. Vielmehr glaubt er, dass spezifische Leiden durch ganz spezifische Faktoren (z.B. ein Virus) bedingt sind – und dass sie daher mit ganz speziellen Pillen oder Heilmitteln (z.B. Impfungen) erfolgreich bekämpft werden können.

Dieses monokausale Denkmodell wurde entscheidend durch die Mikrobiologie geformt, deren Aufstieg Ende des 19. Jahrhunderts begann und die ganz bestimmte Mikroorganismen wie Viren, Bakterien und Pilze zur Ursache von ganz bestimmten Krankheiten erklärte, darunter von Massenleiden wie Cholera oder Tuberkulose. Doch so faszinierend einfach diese monokausale Vorstellung war und ist, so wenig hat sie – verschiedensten Medizinern zufolge – mit den komplexen Geschehnissen im menschlichen Körper zu tun. So schreiben etwa Torsten Engelbrecht, Dr. med. Claus Köhnlein und weitere Autoren im Buch *Virus-Wahn*:

> *«Man muss sich klar machen, dass Bakterien, Pilze und Viren allgegenwärtig sind (in der Luft, in unserer Nahrung, auf unseren Schleimhäuten) – und doch sind wir nicht permanent krank. Auch werden nicht alle krank, wenn zum Beispiel in einem Kindergarten eine allgemein als ansteckend erachtete Krankheit ‹ausbricht›, wie man gemeinhin sagt. Ein klarer Beleg dafür, dass Mikroben, wie krankmachend ihr Potenzial auch immer sein mag, nicht die alleinige oder massgebliche Krankheitsursache darstellen können. […] Nicht von ungefähr hat selbst Louis Pasteur auf seinem Sterbebett eingeräumt: ‹Die Mikrobe ist nichts, der Nährboden ist alles.›»*

Wenn jedoch die Mikrobe nichts, und der Nährboden (Vorerkrankungen, ein angeschlagenes Immunsystem etc.) alles ist, so entfällt die Rechtfertigung für politische Zwangsmassnahmen, wenn irgendwelche Erreger im Umlauf sind. Für vulnerable oder bereits kranke Menschen mögen die Erreger eine ernstzunehmende Gefahr darstellen – und selbstverständlich darf niemand diese Personengruppen daran hindern, sich selbst zu schützen. Doch Viren und Bakterien als allgemeine Gefahr abzustempeln und sie als Rechtfertigung für Zwangseingriffe herbeizuziehen, erscheint unverhältnismässig, weil der «Nährboden» von Person zu Person, von Immunsystem zu Immunsystem variiert.

Impfung

Sorgt die Ausrufung einer «Pandemie» zunächst für schrille mentale Alarmglocken, ein instinktgetriebenes Umschalten in den Panikmodus und erhöhte Akzeptanz für radikale politische Massnahmen, so verknüpfen viele den Begriff «Impfung» mit der Hoffnung auf Erlösung. Impfungen werden als Heilsbringer erachtet, die den unsichtbaren viralen Feind zu besiegen und die tatsächliche oder vermeintliche Gefahr zu bannen vermögen. Vorstellbar wird eine Normalisierung der gesellschaftlichen Verhältnisse erst mit der Verfügbarkeit eines spezifischen Impfstoffs gegen einen spezifischen Erreger.

Eine Mehrheit vertraut Impfungen. Wie könnte es auch anders sein? Es gibt doch schliesslich einen grossen wissenschaftlichen Konsens, dass zugelassene Impfungen sicher und wirksam seien. Und wenn dem nicht so wäre, so würde es doch Widerstand von Ärzten und Medizinern geben, die sich mit diesem Thema intensiv auseinandergesetzt haben. So denken zumindest die meisten. Vermehrt aufkommende Forderungen nach politischen Impfzwängen geben den Anlass, das Thema Impfen einmal grundsätzlich unter die Lupe zu nehmen und wissenschaftliche Literatur dazu zu studieren.

Das Impfen hat deshalb eine so spaltende Wirkung, weil sich viele aus einem psychologischen Schutzmechanismus heraus nicht ernsthaft damit auseinandersetzen wollen. Die meisten haben ihre Kinder bereits geimpft und damit die Verantwortung für die Gesundheit oder das Leben ihrer Kinder an Dritte delegiert. Es ist einfacher zu glauben, das Kind sei bereits mit all den verschiedenen Krankheiten geboren worden, als zuzugeben, dass man sich selbst nicht genügend informiert und sein Kind damit gefährdet hat. Heute ist es auch nicht mehr einfach, sich objektiv über Impfungen zu informieren: Zeigten Internetsuchmaschinen gemäss einer Studie von 2002 bei 43 Prozent aller Anfragen zum Thema auch impfkritische Seiten in den ersten zehn Suchergebnissen an (bei Google waren sogar alle Ergebnisse in den «Top Ten» impfkritisch), hat sich die Lage heute komplett verändert. Google, Facebook und andere soziale Medien zeigen praktisch keine impfkritischen Gruppen oder Seiten mehr in ihren Suchergebnissen an. Hier wird offensichtlich Einfluss genommen, damit es schwieriger wird, sich ein objektives Bild zu machen. Doch es ist mit etwas Ausdauer möglich.

Jede Impfung sollte dabei einzeln beurteilt werden. Generell über das Impfen zu reden, macht keinen Sinn. Alles, was man bräuchte, um die Sicherheit und Wirksamkeit einer Impfung zu beweisen, wäre eine randomisierte (stichprobenartige) und placebokontrollierte Studie: Eine Gruppe Kinder erhält die Impfung, eine andere nicht. Doch solche Studien gibt es nicht, weil es als unethisch erachtet wird, Kinder nicht zu impfen. Deshalb sind fast alle Studien lediglich klinische Beobachtungen, Expertenmeinungen, Beschreibungen von Krankenhausfällen, Tierversuche usw. Es gibt also keine adäquaten Untersuchungen über die Sicherheit überhaupt irgendeiner Impfung.

Wissenschaftler erhalten in der Regel keine Stipendien zur Erforschung der Sicherheit der Impfung. Mehr als genug Geld wird jedoch gesprochen um zu erforschen, warum Leute die Impfung verweigern und wie man sie zur Impfung bewegen könnte. Dabei zeigte sich in vielen vergleichbaren Studien: Eltern, die ihre Kinder nicht impfen lassen, sind im Durchschnitt gebildeter und wohlhabender.

Genehmigt die US-Zulassungsbehörde FDA (Food and Drug Administration) einen Impfstoff, wird dieser in den meisten Ländern rasch Teil des wachsenden Impfkalenders. Dabei werden die klinischen Versuchsreihen, die zur Zulassung führen, auf verstörende Weise manipuliert. Statt eines echten Placebos (z.B. einer Kochsalzlösung) wird eine Substanz verwendet, die ein zur betreffenden Impfung vergleichbares Nebenwirkungsprofil hat. Eine der giftigsten Komponenten vieler Impfungen ist Aluminium. Es wird als Adjuvant, also als Hilfsstoff zur Verstärkung der Impfreaktion, beigemischt. Wenn man also die Nebenwirkungen bei der Placebogruppe auf das Niveau der Impfgruppe schrauben will, fügt man im Placebo einfach auch Aluminium bei – völlig legal übrigens. Oder noch absurder: Als Placebo werden oft auch einfach andere Impfungen verabreicht, teilweise sogar experimentelle (!), wie etwa bei der Erprobung des DTP-Impfstoffs gegen Diphtherie, Tetanus und Pertussis. Auf Basis solcher Studien, die nicht einmal randomisiert oder blind durchgeführt werden müssen, erklärt die FDA die Impfung dann für unbedenklich. Wenn also jemand behauptet, eine Impfung sei «absolut sicher», gilt es zu fragen: «Sicher im Vergleich zu was? Zu extrem toxischen Substanzen?»

Die Auswahl der Testpersonen bei klinischen Studien ist ausserdem oft fragwürdig: Bei der Testreihe für die Daptacel-Impfung (DTaP) etwa durften nur absolut gesunde Kinder teilnehmen. Frühgeborene wurden genauso ausgeschlossen, wie jene, die eine Unverträglichkeit gegen eine der Impfkomponenten aufwiesen – was die FDA nicht davon abhält, die Impfung auch für diese Personengruppen zu empfehlen. Weiter mussten die Kinder mindestens einen Monat vor der Testreihe eine Hepatitis B-Impfung erhalten haben und absolut gesund geblieben sein. Das bedeutet, dass aluminiumempfindliche Kinder nicht teilnehmen durften, was es erlaubte, Nebenwirkungen künstlich herunterzuspielen.

Die Studien, in denen die Nebenwirkungen beobachtet werden, dauern selten länger als ein paar Tage oder Wochen. Eine systematische Studie aus 2005 kam zum Schluss: 28 Prozent aller Studien verschweigen die Nachbeobachtungszeit; bei 36 Prozent dauerte diese nur zwei Tage oder weniger. Treten schwerwiegende Nebenwirkungen in dieser kurzen Zeit auf, werden sie fast nie den Impfstoffen zugerechnet. Auch ist es bei solchen kurzen Beobachtungsperioden unmöglich, Krebs, Autoimmunerkrankungen, neurologische und viele andere Erkrankungen festzustellen.

Eine 2017 veröffentlichte Studie untersuchte 600 Kinder in vier US-Bundesstaaten. Bei geimpften Kindern waren die Windpocken 4 Mal seltener, Keuchhusten 3 Mal seltener und Röteln 10 Mal seltener als bei ungeimpften Kindern. Doch Geimpfte hatten 4 Mal häufiger Allergien und Autismusspektrumsstörung (ASS), 5 Mal mehr Lernstörungen, 4 Mal häufiger Mittelohrentzündungen, 6 Mal mehr Lungenentzündungen, 4 Mal häufiger neuronale Entwicklungsstörungen und ADHS, 2,5 Mal mehr chronische Krankheiten, 3 Mal häufiger Ekzeme und 30 Mal häufiger allergischen Schnupfen. Eine weitere Studie aus dem Jahr 2011 kam zum Schluss, dass es eine lineare Korrelation gibt zwischen der Anzahl Impfungen in einem Land bis zum 12. Lebensmonat und der Kindersterblichkeitsrate. Je mehr Impfungen es in einem Land gibt, desto höher ist die Kindersterblichkeit. Mit DTOO (Diphtherie-Tetanus-Pertussis-Polio) geimpfte Kinder litten gemäss einer Studie aus Grossbritannien mit 30'000 Kindern im Vergleich zu ungeimpften Kindern 14 Mal häufiger an Asthma und 9 Mal häufiger an Ekzemen.

Die Wahrscheinlichkeit für Krankenhausaufenthalte und Tod ist umso höher, je mehr Impfungen miteinander verabreicht werden. In einer anderen Studie starben Kinder doppelt so oft, die neben der DTP-Impfung auch noch die Masernimpfung erhielten – im Vergleich zu jenen Kindern, die nur gegen Masern geimpft wurden. Nichts desto trotz empfehlen viele Gesundheitsbehörden nach wie vor die gleichzeitige Verabreichung von Impfstoffen.

Warum folgen viele Ärzte trotz dieser fragwürdigen Praxis dem Impfkalender? Ein Grund ist: Sie riskieren ihre Karriere und den Entzug ihrer Zulassung, wenn sie die offiziellen Behandlungsrichtlinien nicht befolgen. Ein weiterer Grund sind finanzielle Interessen: In den USA etwa zahlt der Versicherer «Blue Cross Blue Shield» Kinderärzten 400 US-Dollar für jedes voll durchgeimpfte Kind – jedoch nur, wenn die Gesamtzahl der durchgeimpften Kinder in der Praxis 63 Prozent übersteigt. Welche Anreize das wohl setzt?

XIII.
UMWELTSCHUTZ

Klimaschutz

Weltweit greifen Staaten immer massiver mit dem Vorwand in Freiheitsrechte ein, den Klimawandel zu bekämpfen. Dennoch treten ständig immer noch radikalere Klimagruppen auf den Plan, die meinen, die jetzigen Massnahmen gingen zu wenig weit. Sie fordern noch mehr Kompetenzen für die Politik und folglich eine noch weitergehende Entmündigung der Bürger. Der Begriff «Klimaschutz» impliziert, dass die Menschheit dazu in der Lage und es wünschenswert sei, das derzeitige Klimalevel einzufrieren. Klimaideologen spielen damit geschickt mit unseren Urinstinkten: Denn die meisten lieben den Status quo und fürchten sich vor Veränderungen. Da mag es instinktiv naheliegen, der Politik den Auftrag zu erteilen, diese Sicherheit zu gewährleisten.

Über die These, wonach der Klimawandel hauptsächlich vom Menschen ausgehe und der Staat die Veränderungen des Klimas durch Massnahmen aufhalten könne, wird in der medialen Debatte kaum noch kontrovers diskutiert. Vielmehr wird dies als wissenschaftliche Tatsache dargestellt. Jeder, der dies in Zweifel zieht, wird als «Wissenschaftsleugner» diffamiert. Doch diese Behauptungen gehören eindeutig in das Reich der Spekulation.

Da es sich beim Klima um ein «natürliches Phänomen» handelt, glauben viele, dass die Klimawissenschaft zu den Naturwissenschaften zu zählen sei. Doch das stimmt nur bedingt. Naturwissenschaften wie die Physik, Biologie und die Chemie befassen sich mit konstanten Beziehungen zwischen Elementen. Sie erkennen diese mit hinreichender Genauigkeit in Laborexperimenten, die beliebig wiederhol- und überprüfbar sind.

Die Naturwissenschaft kann nun zwar die Wirkung von CO_2 auf die Temperatur in einem geschlossenen System (in einem Laborexperiment) feststellen. Unser Planet ist allerdings kein geschlossenes System. Es bestehen verschiedene

Einflüsse auf die Temperatur, wie z.B. die Sonnenaktivität, die Luftfeuchtigkeit, der Niederschlag oder die Wolken. Das bedeutet: Es handelt sich beim Weltklima nicht um ein beliebig wiederholbares Laborexperiment. Experten sind nicht einmal in der Lage, das Wetter über einen längeren Zeitraum vorauszusagen. Wie um alles in der Welt will man dann das Weltklima verlässlich prognostizieren können? Dieses ist ein komplexes System mit Rückkoppelungen, in welchem keine konstanten Beziehungen vorkommen und in welchem es CO_2-Emittenten und Verbraucher gibt.

Es können daher keine naturwissenschaftlichen Vorhersagen über das Klima gemacht werden. Wer solche Prognosen aufstellt, argumentiert nicht naturwissenschaftlich, sondern greift auf die Methode des Verstehens zurück, die von subjektiven Wertungen und Einschätzungen abhängt. Die Prognosen über das Klima basieren also nicht auf objektiven Erkenntnissen, sondern auf persönlichen Interpretationen historischer Daten, die je nach Wertung des Betrachters unterschiedlich ausfallen können, selbst wenn man sich über die Solidität der Daten einig wäre. Das hat nichts mit harter Naturwissenschaft zu tun. Die Ergebnisse können nicht objektiv «bewiesen» werden. Das ist auch der Grund dafür, weshalb Klimawissenschaftler ihre Prognosen ständig korrigieren.

Die Aufforderung «follow the science» ist in diesem Zusammenhang also schlicht Humbug, weil man die Leute in Wahrheit dazu drängt, willkürlich ausgewählten Experten zu folgen, während man andere Expertenmeinungen ignorieren soll. Weil niemand mit Sicherheit sagen kann, welche Faktoren zu welcher Zeit wie stark auf das Weltklima einwirken, bleibt auch die Rolle des Menschen ungewiss. Es gibt schlichtweg keinen wissenschaftlichen Nachweis für einen hauptsächlich vom Menschen verursachten Klimawandel.

Selbst wenn eine grosse Mehrheit aller Klimawissenschaftler zur Ansicht gelangen sollte, dass der Mensch hauptsächlich dafür verantwortlich sei, bleibt diese Behauptung dennoch spekulativ. Auch wenn eine Mehrheit der Mathematiker die Ansicht vertreten würde, dass 1+1 nicht 2, sondern 3 ergibt, sagt das noch nichts über den Wahrheitsgehalt dieser Aussage aus. Historisch irrte die Mehrheit sogar deutlich öfter, als sie richtig lag.

Ein wichtiger Grundsatz der Juristerei lautet «In dubio pro reo» (im Zweifel für den Angeklagten). Wem nicht mit an mit Sicherheit grenzender Wahrscheinlichkeit nachgewiesen werden kann, dass er anderen Schaden zugefügt hat, der darf auch nicht bestraft werden. Es gilt die Unschuldsvermutung.

Weil der Einfluss des individuellen CO_2-Ausstosses für das Weltklima nicht bewiesen werden kann, ist auch von Strafmassnahmen wie CO_2-Steuern, Auto- oder Fleischverboten abzusehen. Denn diese politischen Interventionen stellen einen feindlichen Angriff auf individuelle Freiheitsrechte dar. Weil die Politik keinen entsprechenden Beweis einer Schuld der angegriffenen Bürger vorlegen kann, ist ihr Handeln mit nichts zu rechtfertigen. Sie stellt vielmehr selbst eine illegitime Aggression dar. Alle, die solche Angriffe zu verantworten haben, gilt es entsprechend zur Rechenschaft zu ziehen.

Nun wird gelegentlich zugegeben, dass das Ausmass der Wirkung von CO_2-Emissionen auf das Weltklima nicht wissenschaftlich geklärt sei, dass es aber dennoch sinnvoll sei, alles zu unternehmen, um den CO_2-Ausstoss zu senken.

Doch selbst wenn die Klimaerwärmung mit grossen Anstrengungen aufgehalten werden könnte (wobei unsicher ist, ob das überhaupt gelingen kann): Woher will man wissen, dass die Kosten für diese Anstrengungen und der Freiheitseinschränkungen nicht höher sind als die Kosten, die entstehen, wenn man nichts gegen den Klimawandel unternimmt und sich ihm stattdessen anpasst? Woher will man wissen, ob die Vorteile der Klimaerwärmung – z.B. dass die heute unbewohnbaren arktischen Regionen neu für Siedlung und Landwirtschaft nutzbar gemacht, neue Energiequellen erschlossen werden könnten oder man in milderen Wintern weniger Energie für das Heizen benötigt – nicht sogar grösser sind als die möglichen Nachteile, die er verursacht?

Fakt ist: Für Menschen stellt Kälte ein deutlich grösseres Problem dar als Hitze. Weltweit betrachtet sterben 18 Mal mehr Menschen an Kälte als an Hitze. An Durchfall sterben jährlich fast 300 Mal so viele Menschen wie an klimabedingten Katastrophen. Und 3'500 Mal so viele an Herz-Kreislauferkrankungen. Was Leib und Leben angeht, ist das Klima unser geringstes Problem. Wir sterben zu ziemlich genau 100 Prozent an anderen Ursachen. Die Bekämpfung realer globaler Probleme wie Tuberkulose oder Durchfallerkrankungen wird durch die geforderte Konzentration aller Kräfte und Mittel auf die CO_2-Reduktion stark behindert.

Die illiberale Klimapolitik nötigt allen Menschen unter Androhung oder Anwendung von Gewalt, sich anders zu verhalten und ihre Mittel anders zu verwenden, als sie es ohne Gewaltandrohung getan hätten. Wer z.B. seine überschüssigen Ressourcen lieber in die Krebsforschung investiert hätte, dem wird eine andere Prioritätensetzung aufgezwungen. Eine etatistische Klimapolitik ignoriert somit das inhärente Bedürfnis eines selbstbestimmten Lebens, sich eigene Ziele zu setzen und diese mit selbstdefinierten Mitteln zu erreichen. Sie ist damit ein direkter Angriff auf die menschliche Würde und die Errungenschaften des Humanismus. Es ist erstaunlich, wie die Vertreter einer derart unmenschlichen Politik es geschafft haben, sich als moralisch überlegen darzustellen.

Wer glaubt, mit seinem Handeln irgendwie das Klima beeinflussen zu können, der kann und soll dies natürlich gerne auf privater Ebene tun dürfen. Es geht allerdings nicht an und ist verwerflich, das staatliche Gewaltmonopol auf all jene anzusetzen, die andere Präferenzen und Ziele haben.

Umweltschädlich

Immer öfter wird in heutigen Debatten die Umwelt gegen den Wohlstand ausgespielt. Der Wohlstand liesse sich nur erhöhen, wenn dafür die Umwelt umso stärker geschädigt würde, heisst es. Daher gelte es, das kapitalistische Wirtschaftssystem zugunsten eines ökologischeren Systems zu überwinden. Das ist pikant: Denn je weiter man historisch vom Kapitalismus abwich, desto schlechter war es um die Umwelt bestellt.

Das Problem beginnt allerdings schon beim Begriff «Umwelt». Was ist denn das überhaupt, diese Umwelt? Aufgrund der unglaublichen Fortschritte in Wissenschaft, Technik, Wirtschaft und Kultur wurde in den Vorstellungen breiter Massen Gott als Zentrum des Universums durch den Menschen verdrängt. In diesem neuen menschenzentristischen Weltbild rückte der Mensch plötzlich in den Mittelpunkt von allem. Mit «Umwelt» ist insofern alles um ihn herum gemeint, nur nicht er selbst. Der Mensch wurde zunehmend als etwas von der Umwelt Getrenntes betrachtet.

In mystischer Verklärung wird *die Umwelt* zudem gerne als eine Art handelnde Gestalt dargestellt, die mit ihren «Waffen» wie Unwetter, Seuchen und Klimaerhitzung gegen die Menschheit aufbegehrt, welche sich übernommen habe in ihrem Konsumwahn, ihrer Gier und ihrem Egoismus. Der Mensch wird damit zum Sündenbock abgestempelt. Dieser sei der Aggressor, der Ausbeuter, der Täter; die Umwelt hingegen das unschuldige Opfer. Und wir alle, die zu Sündern erklärt wurden, sollten uns gefälligst schuldig fühlen, für wen wir sind und für was wir tun.

Diese Schuldgefühle sollen dann zu einer grösseren Akzeptanz derjenigen «Strafen» führen, die selbsternannte Umweltschützer uns auferlegen wollen, wie z.B. CO_2-Steuern, Abgaben auf Energieträger, Verbote von Diesel- oder Benzinautos und Ölheizungen, die Ächtung derjenigen, die Kinder auf die Welt bringen usw.

Doch *die Umwelt* ist keine handelnde Instanz, die der Menschheit Rache schwören könnte, weil sie sich schlecht behandelt fühlt. «Umwelt» ist ein Sammelbegriff für alle möglichen Erscheinungen auf der Erde, also Tiere, Pflanzen, Steine, Meere, Luft, Wälder, usw. Und zu dieser Umwelt gehört eben auch der Mensch. Die Umwelt ist nicht etwas vom Mensch Getrenntes. Eine solche Perspektive verkennt die evolutionsgeschichtlichen Hintergründe: Der Mensch ist seit seiner Entstehung *ein Teil* der Umwelt. Er ist, soweit wir wissen, aus dieser hervorgegangen und arrangiert sich mit dieser, wie alle anderen Lebewesen auf der Erde auch. Er muss konsumieren, um zu überleben. Und konsumieren kann er nur Dinge in seiner Umwelt. So sind nun mal die Gegebenheiten in der Natur, wofür der Mensch nichts kann.

Der Umwelt etwas Edles umzuhängen, während man gleichzeitig den Menschen verdammt, hat demnach etwas Absurdes. Vor allem, wenn man bedenkt, dass dieser Hass gegen den Menschen von einigen Menschen selbst propagiert wird. Doch dieses Paradoxon wird vielleicht etwas verständlicher, wenn wir bedenken, dass die behauptete Dichotomie zwischen Mensch und Umwelt für einige zu einem wichtigen Machtinstrument geworden ist. Die Macht nicht weniger Politiker hängt von der Aufrechterhaltung dieser Erzählung ab, genauso wie jener Akteure, die mit vermeintlich «grünen» Technologien (die auf dem freien Markt nicht rentieren würden und nur dank politischen Zwangsmassnahmen zu Geld gemacht werden können) eine Art Ablasshandel versprechen.

Dabei ist es eindeutig: Je freier ein Wirtschaftssystem daherkommt, desto umweltfreundlicher ist es. Je marktwirtschaftlicher eine Ordnung ist, desto eher entstehen im kontinuierlichen Wettbewerb um die Gunst der Kunden fortlaufend Verbesserungen. Selbst grosse Herausforderungen können dadurch mittels unternehmerischen Handelns angepackt und überwunden werden. Gemäss dem Nobelpreisträger Friedrich August von Hayek (1899–1992) zeichnet sich dieses marktwirtschaftliche «Entdeckungsverfahren» durch das

Handeln der Unternehmer, durch Versuch und Irrtum, durch das Fallenlassen gescheiterter Ansätze und die Nachahmung erfolgreicher Lösungen aus. Damit setzen sich immer höhere Lebens- und Umweltstandards durch.

Wenn man heute eine Zwischenbilanz zieht, stellt man fest, dass die Umweltverschmutzung in den letzten Jahrzehnten vor allem in den tendenziell kapitalistischen Ländern drastisch reduziert werden konnte. Die im Wettbewerb entstandenen technischen Innovationen ermöglichten es, die wirklich bedrohlichen Schadstoffe aus dem Produktionsprozess zu eliminieren. Die Schadstoffemissionen der sechs stärksten Luftverschmutzer konnten beispielsweise in den USA zwischen 1980 und 2019 drastisch reduziert werden: Schwebstaub um 63 Prozent, Stickoxid um 68 Prozent, Kohlenstoffmonoxid um 75 Prozent, Schwefeldioxid um 92 Prozent und Blei um 99 Prozent. Reduziert hat sich auch die Anzahl Öllecks in den Ozeanen – trotz wesentlich höheren Ölmengen, die transportiert wurden: In den 2010er-Jahren floss 95 Prozent weniger Öl in die Ozeane als noch in den 1970er-Jahren. In den wohlhabenden Ländern wurde zudem das «Waldsterben» gestoppt: 1990 bis 2015 sind die Wälder in Europa um 0,3 Prozent pro Jahr gewachsen.

Die Behauptung, mehr Wohlstand sei nur zu haben, wenn man dafür die Umwelt stärker belaste, ist falsch. Höhere Lebensstandards bedeuten nicht automatisch, dass die Menschen mehr Ressourcen verbrauchen und damit die Umwelt vermehrt schädigen. Im Gegenteil: Nur wohlhabendere Gesellschaften können sich den Umweltschutz leisten. Dass die Öko-Bewegung ihre Wurzeln gerade im reichen Westen geschlagen hat, ist kein Zufall. Die Menschen werden dort mit den lebensnotwendigen Gütern versorgt, sodass sie sich überhaupt erst Umweltanliegen zuwenden können. Wohlhabende Gesellschaften in den westlich geprägten Industrieländern fordern mit ihrem ökobewussten Konsumverhalten saubere Produktionsmethoden ein, leisten sich Autos mit Abgasfiltern, bleifreies Benzin, Klär- und Kehrrichtverbrennungsanlagen, die Aufforstung von Wäldern, den Schutz der Artenvielfalt, Bio-Produkte und Spenden an Umweltorganisationen sowie für den Tierschutz.

Die freie Marktwirtschaft ermöglicht es zudem, immer mehr Bedürfnisse mit immer weniger Ressourcen zu befriedigen. Man denke nur einmal daran, wie viele vorherige Alltagsgeräte allein das Smartphone obsolet gemacht hat: Klobige Radios, Wecker im Umfang einer ganzen Nachttischoberfläche, Telefonkabinen und der heimische Telefonapparat, separate GPS-Geräte, gedruckte Zeitungen, dicke Lexika und Telefonbücher, Fotoapparate und Videokameras, Taschenlampen und vieles weiteres. Diese teils materialintensiven Geräte und Produkte müssen heute nicht mehr im selben Umfang oder gar nicht mehr hergestellt werden, was natürliche Ressourcen schont.

Die umwelt- und ressourcenschützenden Mechanismen der liberalen Marktwirtschaft werden von Umweltaktivisten viel zu wenig anerkannt. So schützt der marktwirtschaftliche Preismechanismus etwa knapper werdende Ressourcen: Bei sinkender Verfügbarkeit steigen die Preise und machen dadurch den Verbrauch der entsprechenden Ressource weniger attraktiv. Gleichzeitig steigt der Anreiz einer Substitution des Rohstoffs im Produktionsprozess, weil steigende Produktionskosten die Profite gewinnorientierter Unternehmen schmälern. Dadurch werden knappe Rohstoffe vor einer ungesunden Übernutzung geschützt und die Natur geschont. Ressourcenausbeutung findet vor allem dort statt, wo solche kapitalistischen Mechanismen durch Staatseingriffe verzerrt und ausgehebelt werden.

Dass heute immer noch so viele selbsternannten Umweltschützer mit ökosozialistischen Modellen sympathisieren, die punkto Umweltbilanz wesentlich schlechter abschneiden, ist Tragik und Komik zugleich: Denn damit setzten sich diese Aktivisten nachweislich für eine Zerstörung der Umwelt ein. Umweltschutz braucht keine Bevormundung – im Gegenteil!

Überbevölkerung

Lediglich eine Milliarde Menschen bevölkerten den Planeten inmitten der Industriellen Revolution vor 200 Jahren. Im Jahr 1974 waren es vier Milliarden, 1999 sechs Milliarden. Heute stehen wir bei rund acht Milliarden Menschen. Diese Entwicklung macht einigen grosse Angst. Sie fordern daher Massnahmen zur Bevölkerungsreduktion. Sie behaupten: Je mehr Menschen es gibt, desto schlechter ist das für die Menschheit und die Umwelt. Der These wird in der öffentlichen Debatte kaum noch widersprochen. Doch stimmt sie auch?

Schon 1798 warnte der Ökonom und Pfarrer Thomas Robert Malthus angesichts des sich abzeichnenden Bevölkerungswachstums, dass der Menschheit Armut, Hunger und Verderben drohe, weil die Versorgung mit Nahrungsmitteln mit dieser Entwicklung nicht Schritt halten könne. Es kam bekanntlich anders. Der Kollaps ist ausgeblieben. Die weltweite Armut konnte in der Zwischenzeit trotz Bevölkerungswachstum stark reduziert werden.

Die Zahlen der Weltbank zeigen das eindrücklich: Über eine Milliarde Menschen sind der Armut seit 1990 entkommen – und dies vor allem in den Entwicklungsländern. Im 1990 verdiente noch 37,1 Prozent der Weltbevölkerung weniger als 1,90 Dollar pro Tag. Dieser Anteil ist heute auf unter 10 Prozent gefallen (Inflation mitberücksichtigt). Im Durchschnitt sind also seit 1990 fast 130'000 Menschen pro Tag der extremen Armut entflohen. Dies, obwohl die Weltbevölkerung im gleichen Zeitraum um 2 Milliarden wuchs.

Je mehr Menschen es gibt, desto besser geht es jedem Einzelnen. Wie kann das sein? Wie ist das möglich? Dafür gibt es verschiedene Gründe.

Es ist eine Binsenweisheit, dass materielle Ressourcen knapp sind und unser Planet nicht endlos viel für die Produktion von Gütern hergibt. Die «ultimative Ressource» ist jedoch der Mensch selbst, wie es der Ökonom Julian Simon ausdrückte. Die Chancen stehen umso besser, dass jemandem eine nützliche Innovation einfällt, desto mehr Köpfe es gibt – Innovationen, von denen nicht nur der Innovator, sondern auch alle anderen Menschen profitieren, die diese Innovation imitieren oder erwerben können.

Im Gegensatz zu anderen Lebewesen ist der Mensch in der Lage, sich nützliche Vorgehensweisen, Technologien und Werkzeuge von anderen abzugucken und nachzuahmen. Die Entwicklung des menschlichen Lebewesens ist also durch eine kulturelle Evolution geprägt, und nicht nur durch eine genetische Evolution. Erstere geht wesentlich rascher vonstatten als letztere, weil letztere Generationen benötigt, damit sich neue nützliche Fähigkeiten ausbreiten können. Dies gilt im Internetzeitalter erst recht. Mehr als die Hälfte aller Menschen verfügt heute über eine Internetverbindung, weshalb es einfacher denn je ist, Informationen und Wissen über grosse Distanzen hinweg innert Sekundenbruchteilen auszutauschen.

Forscher vermuten, dass der plötzliche Fortschritt in Kunst, Kultur und der ausgeklügelten Werkzeugherstellung im westlichen Eurasien vor rund 45'000 Jahren sowie in Afrika und im Nahen Osten, als dort erstmals modernere Verhaltensweisen auftraten, auf die grössere Bevölkerungsdichte zurückgeführt werden kann. Mehr Menschen lebten so nahe beieinander, um «Know-how» und Fertigkeiten untereinander auszutauschen.

Studien haben zudem gezeigt, dass Menschen in einer grösseren Stadt mehr Wert generieren als in einer kleineren. In den USA ist eine Stadt, die bevölkerungstechnisch zehnmal so gross ist wie eine andere 17 Mal so innovativ. Ist sie gar 50 Mal so gross, ist die Stadt 130 Mal so innovativ.

Der Wissenschaftsautor Matt Ridley zeigte auf, dass Fortschritt entsteht, wenn Ideen miteinander kombiniert würden. Die Welt wurde durch neuartige Kombinationen revolutioniert: Rad *und* Achse, Nadel *und* Faden, Handy *und* Internet. Je mehr Menschen es erlaubt ist, neue Kombinationen auszuprobieren und zu experimentieren, desto wahrscheinlicher heben sich unsere Lebensstandards an.

Je mehr Menschen es gibt, desto intensiver kann auch die Spezialisierung und Arbeitsteilung ausfallen. Wenn jeder sich auf das spezialisieren kann, worin er besonders gut ist, kann die Produktivität gesteigert werden. Alle können so auch mehr Zeit und Energie einsetzen, um in ihrem Bereich noch besser zu werden, sodass es zu immer weiterem Wohlstandswachstum für breite Schichten kommt. Natürlich ist ein unbehinderter Markt eine elementare Voraussetzung für diesen Anstieg der Lebensstandards. Nur so können die Menschen frei Produkte und Dienstleistungen nachfragen und anbieten. Wo freiwillig getauscht wird, da stellen sich alle beteiligten Tauschpartner besser, denn ansonsten würden sie nicht tauschen. Tauschen ist also kein Nullsummenspiel, sondern eine Win-Win-Beziehung, bei der alle Beteiligten gewinnen.

Immer selbstverständlicher wird von ökosozialistischen Gruppierungen, Medien und mittlerweile selbst «bürgerlichen» Politikern, die dieses Klischee unkritisch übernommen haben, behauptet, dieser menschliche Fortschritt gehe auf Kosten unseres Planeten, den wir immer rücksichtsloser ausbeuteten und die Umwelt zerstörten. Doch auch diese Geschichte gehört in das Reich der Legenden. Im vorherigen Kapitel («Umweltschädlich») wurde gezeigt, dass sich immer mehr Menschen um den Umweltschutz kümmern, je besser es ihnen geht. Das leuchtet ein: Zunächst einmal geht es darum, sich und seine Liebsten mit Nahrung, Kleidern und Medizin zu versorgen, also ums nackte Überleben. Erst, wenn diese Grundbedürfnisse gestillt sind und man genügend Ressourcen über das Existenzminimum hinaus erwirtschaftet, kann man sich weiteren Faktoren wie etwa dem Umweltschutz zuwenden. Mehr Menschen und grösserer Wohlstand bedeuten also nicht mehr Umweltverschmutzung – ganz im Gegenteil.

Nun wird gelegentlich ins Feld geführt, das Bevölkerungswachstum ginge auf Kosten der Artenvielfalt. Es wird behauptet, die Biodiversität verringere sich mehr oder weniger im gleichen Tempo, wie die Weltbevölkerung wachse. 1975 prophezeiten Paul und Anne Ehrlich, etwa die Hälfte aller Arten auf dem Planeten würde bis heute aussterben. Da die Welt schätzungsweise 5 bis 15 Millionen Arten beheimatet, würde das bedeuten, dass seither mehrere Millionen Arten ausgestorben wären. Die Internationale Union für die Erhaltung der Natur listet aber nur etwas mehr als 700 Arten auf, die seit dem Jahr 1500 ausgestorben sind. Bei diesen Fällen handelte es sich meist um solche Arten, die in isolierten Gebieten lebten, wie etwa auf ozeanischen Inseln. Die meisten Lebensformen sind also vermutlich flexibel und können sich an verändernde Umgebungen anpassen. Es erweist sich als überraschend schwierig, Beweise für das behauptete Massenaussterben zu finden. Eine bemerkenswerte Studie, die in *Science* veröffentlicht wurde, untersuchte 100 Zeitreihen zur biologischen Vielfalt in marinen und terrestrischen Lebensräumen aus den vergangenen 150 Jahren. Die Annahme war, dass man damit eine klare Abnahme der Vielfalt im Laufe der Zeit feststellen könnte. Mit grosser Verblüffung stellten die Forscher fest: Diese Annahme entspricht nicht der Realität. Die Zusammensetzung der Arten änderte sich zwar, aber sie fanden «keinen Beweis für einen beständigen oder gar einen durchschnittlichen negativen Trend».

Es besteht also hinsichtlich «Überbevölkerung» kein Grund zur Sorge. Eher im Gegenteil: Es zeichnet sich ab, dass das Bevölkerungswachstum schon bald negativ werden könnte. Eine längerfristige Schrumpfung wäre besorgniserregender und alarmierender als ein Wachstum, weil das auf abnehmende Lebensstandards hindeuten könnte.

«Green New Deal»

Der Begriff «Green New Deal» bezeichnet Konzepte, mit denen der «ökologische Umbau» des Wirtschaftssystems vorangetrieben werden soll, um gesellschaftliche Herausforderungen (insbesondere den Klimawandel) zu bewältigen. Dabei wird klar, dass «Green New Deal» lediglich ein weiterer Slogan für das ewig gleiche sozialistische Anliegen ist: nämlich die «Überwindung des Kapitalismus». Denn der «Green New Deal» läuft darauf hinaus, das marktwirtschaftliche Wirtschaftssystem (oder das, was noch davon übrig ist) durch ein anderes zu ersetzen, in welchem dem Staat noch mehr Macht, Einfluss und Kontrolle übertragen werden soll. Der «Green New Deal» reiht sich damit ein in die Tradition des etatistischen Irrglaubens, wonach der Staat ein überlegenes Wissen zum Schutze der Umwelt habe.

In einem Interview mit Greenpeace verriet kürzlich ein Gymnasiast, der an den Treffen der nationalen Klimajugend partizipiert, dass die meisten Teilnehmer einen «System Change» befürworteten. Angesichts der an Klimastreiks skandierten Parolen wie «Kapitalismus versenken, Klimakrise abwenden», «Nieder mit dem Kapitalismus, hoch mit den Bäumen» und «Aufstehen gegen die kapitalistische Naturausbeutung» dürfte dies kaum überraschen. Die eigenverantwortlich handelnden Bürger hat man dabei längst abgeschrieben: «Die Zeit für Freiwilligkeit ist vorbei», heisst es, und: «Um Verbote werden wir nicht herumkommen.» Im Parteiprogramm der Jungen Grünen Schweiz, die sich als Vorkämpfer für den Umweltschutz verstehen, nimmt man ebenfalls kein Blatt vor den Mund: «Die Jungen Grünen sind eine antikapitalistische [...] Partei», die eine «Überwindung des Kapitalismus» anstrebt.

Doch nicht nur Klima- und grüne Parteiaktivisten tun so, als sei die Marktwirtschaft schuld an Umweltschäden. Auch einflussreiche Intellektuelle mischen in der vordersten

Reihe mit. So etwa Jeremy Rifkin, der in seinem vielbeachteten Buch *Der globale Green New Deal* einen Kollaps der «fossil befeuerten Zivilisation um 2028» prognostiziert und für einen weltweiten Plan zur Rettung der Welt, «eine grundsätzlich neue Form des Wirtschaftens» sowie für höhere Steuern und neue Gesetze zur Lenkung privater Investitionen plädiert. Der Staat soll es also richten, weil der Markt zu einer Katastrophe führen würde. Ähnlich argumentiert Naomi Klein in ihrem Buch *Warum nur ein Green New Deal unseren Planeten retten kann*, in welchem sie massive staatliche Subventionen zur Förderung ausgewählter Energiequellen fordert.

Befürworter des «Green New Deal» tun so, als könne ein Ausbau der staatlichen Kontrolle, Besteuerung und Regulierung zu einem besseren Schutz der Umwelt führen. Doch in der Wissenschaft gibt es keinerlei Hinweise darauf, dass ein Mehr an staatlicher Planung und Intervention einen besseren Umweltschutz zur Folge hätte. Vielmehr gibt es zahlreiche theoretischen und empirischen Belege für das Gegenteil.

Wirtschaftliche Freiheit und hohe Lebensstandards sind kein Widerspruch zu einer gesunden Umwelt. Im Gegenteil. Werden Bevölkerungszahl und Wirkungsmacht in Beziehung miteinander gesetzt, wurden von früheren Generationen, die nicht in einem kapitalistischen System und deshalb auch wesentlich weniger wohlhabend lebten, weitaus grössere Umweltschäden angerichtet: Die Maya etwa haben um das Jahr 0 herum offenbar ihre ökologische Lebensgrundlage durch weiträumige Rodungen zerstört und mussten umsiedeln. Die fast komplette Entwaldung der Adria-Küste durch die Römer und die weitflächige Rodung der europäischen Landschaften für den Ackerbau sind weitere eindrückliche Beispiele. In der Steinzeit wurden zudem diverse Tierarten ausgerottet.

Vergleiche zeigen: Je reicher eine Gesellschaft ist, desto mehr nimmt sie tendenziell auf die Umwelt Rücksicht. Die

Sensibilität für eine saubere Umwelt nimmt mit dem Anstieg der Lebensstandards zu. Die Umwelt-Kuznets-Kurve aus der Umweltökonomik verdeutlicht, dass sich der Umweltschutz ab einem gewissen Wohlstandsniveau bei jeder weiteren Zunahme des Pro-Kopf-Einkommens weiter verbessert. Dies gilt vor allem hinsichtlich der Eindämmung gesundheitsschädigender Luftschadstoffe, bei der Wasserverschmutzung sowie bei Abfällen der Landwirtschaft und der Haushalte.

Kein Weg zu einem besseren Umweltschutz führt an höheren Lebensstandards für breite Schichten vorbei – vor allem in Entwicklungsländern. Umweltschutz wird für viele Menschen erst dann zu einer Priorität, wenn zunächst andere lebensnotwendige Bedürfnisse befriedigt werden. Die ehemalige indische Innenministerin Indira Gandhi brachte diese Herausforderung treffend auf den Punkt:

> *«Sind nicht Armut und Entbehrung die grössten Verschmutzer? Wie können wir mit denen, die in den Dörfern und Slums leben, über die Reinhaltung der Ozeane, der Flüsse und der Luft sprechen, wenn doch ihre eigenen Leben an der Quelle verunreinigt sind? Die Umwelt kann unter Bedingungen der Armut nicht verbessert werden.»*

Wissenschaftliche Untersuchungen bestätigen diese Vermutung Gandhis: Für die weltweit Ärmsten geht es gemäss einer globalen Umfrage der UNO vor allem um Aspekte wie Nahrung, Gesundheitsversorgung und Bildung. Das Thema Klimaschutz landete abgeschlagen auf dem letzten Platz der Prioritätenliste. Die Gleichung «je reicher, desto grüner» gilt auch innerhalb der westlichen Wohlstandsgesellschaften: Je wohlhabender ein Haushalt ist, desto schonender fällt der Umgang mit Ressourcen aus. Bernd Biliteski, Professor für Abfallwirtschaft, meint, man könne den Lebensstandard eines Haushalts sehr exakt an dessen Mülltonneninhalt erkennen: «Wohlhabende kaufen viel mehr frische Sachen ein und produzieren daher weniger Verpackungsabfall».

Wir brauchen daher in erster Linie ein Wirtschaftssystem, das die Lebensstandards möglichst vieler Menschen anhebt, damit sich immer mehr Leute dem Umweltschutz widmen können und dieser für immer breitere Schichten zu einer Priorität wird. Erfahrungsgemäss führt einzig eine Politik, die sich weitgehend aus dem Wirtschaftsleben heraushält, zu diesem Ergebnis, und nicht eine solche, die dieses von A bis Z durchplanen, regulieren und lenken will.

Dass tendenziell marktwirtschaftliche Länder den ökosozialistischen Systemen nicht nur beim Wohlstandsniveau, sondern auch beim Umweltschutz meilenweit voraus sind, zeigt unter anderem die Feldstudie, bei welcher ein Gebiet mit der gleichen Sprache und einer ähnlichen Kultur über mehrere Jahrzehnte lang in zwei Gebiete aufgeteilt wurde: in die eher kapitalistische Bundesrepublik und die eher sozialistische DDR.

Die DDR-Führung sah sich beim Schutz der Umwelt gern in der Rolle einer Vorreiterin: Sie schrieb im Jahr 1968 den Umweltschutz als Staatsziel in der Verfassung fest und gründete 1972 – bereits 15 Jahre vor der westlichen Bundesrepublik – ein eigenes Umweltministerium. Der desaströse Zustand der Umwelt in der DDR zeigte jedoch klar, wie krass man dieses Ziel in Abwesenheit marktwirtschaftlicher Mechanismen verfehlte. Unter anderem verursachten eine verschwenderische planwirtschaftliche Produktion sowie eine suboptimale Wasser- und Energieversorgung gewaltige Schäden an der Natur. Jeder zweite grössere Fluss der DDR war biologisch tot und der CO_2-Ausstoss pro Kopf war in den 1970er und 1980er-Jahren einer der höchsten der Welt.

«Green New Deal» mag für Etatisten nach einer verlockenden Losung klingen. Wer jedoch über die Bedingungen eines funktionierenden Umweltschutzes Bescheid weiss, fällt nicht auf diese realitätsferne, technokratische Rhetorik herein. Er weiss, dass die Folgen eines «Green New Deal» nicht nur Umweltverschmutzung, sondern auch Armut sein werden.

XIV. Rechtfertigungen für den «Service public»

Zu kleiner Markt

Staatliche Androhung oder Anwendung von Gewalt wird von etatistischen Kreisen immer wieder damit gerechtfertigt, dass Märkte reihenweise versagen würden. Freie Märkte brächten einfach nicht jene Ergebnisse hervor, die die Allgemeinheit sich wünschen würde. Die Versorgung mit Gütern auf dem freien Markt – wird behauptet – funktioniere nur dort, wo es eine genügend grosse Kundschaft gebe.

Gewisse Sprachregionen und Gebiete stellten jedoch einen zu kleinen Markt dar. Insbesondere in abgelegenen Dörfern gäbe es ohne staatliche Unterstützung beispielsweise keine Postleistungen, keine Verkehrsdienste und keine Medien. Deshalb müsse hier der «Service public» – in anderen Worten: zwangsfinanzierte Betriebe – einspringen. So zumindest lautet die geläufige Begründung für das staatliche Eingreifen in diverse Märkte.

Es ist korrekt, dass es in Randregionen mit weniger Einwohnern eine mengenmässig geringere Nachfrage nach Medien, Post- und Verkehrsleistungen gibt. Doch dies bedeutet noch lange nicht, dass diese Dinge dort nicht auch profitabel auf dem freien Markt angeboten werden könnten. Es gibt keinen Grund anzunehmen, dass diese Leistungen a priori nicht erbracht werden könnten, weil es ja auch dort einen bestimmten Bedarf danach gibt. Ob ein Service gewinnbringend angeboten werden kann, ist letztlich einzig eine Frage der Zahlungsbereitschaft der Kunden. Ist diesen eine Leistung genügend wichtig, ist auch die Zahlungsbereitschaft vorhanden.

Es leuchtet ein, dass solche Leistungen in abgelegenen Bergregionen etwas teurer sein dürften als in gutbelebten Städten oder Agglomerationen, weil zum Beispiel der Anfahrtsweg für den Pöstler etwas weiter ausfällt und die Nachfrage nach Bus- und Zugfahrten zahlenmässig geringer sein dürften.

Doch in abgelegenen Regionen, auf einem Berg oder in einem verlassenen Tal zu leben ist eine freiwillige Entscheidung, die aus persönlichen Abwägungen getroffen wird. Wer das tut, erfreut sich dort vielleicht an einer höheren Umweltqualität, einer sauberen Luft, mehr Ruhe, einer idyllischen Aussicht und dem Gefühl, näher an der Natur zu sein. Ausserdem sind in abgelegenen Dörfern oftmals die Liegenschaftspreise, wie auch die Wohn- und Lebenshaltungskosten niedriger, weshalb ein solcher Entscheid auch aus ökonomischen Überlegungen getroffen worden sein mag.

Es ist alles andere als notwendig und schon gar nicht gerecht, der restlichen Bevölkerung, die nicht von diesen Vorteilen profitiert, zwangsweise ihr Geld abzunehmen, um den Menschen in diesen Regionen ihre Postleistungen, Medien und Fahrdienste zu subventionieren, damit sie dort zu den gleichen Preisen angeboten werden können wie in den Städten.

Die Zwangsumverteilung von Geldern an Menschen, die in abgelegenen Gegenden leben, ignoriert, dass es sich bei diesen Gebieten nicht um Entwicklungsländer und Armutszonen handelt, die ohne die Subventionen nicht überleben könnten. Oftmals befinden sich in diesen Gebieten auch Kurorte sowie Ski- und Wanderressorts – also touristische Hotspots, mit denen die lokalen Anbieter viel Geld verdienen können. Diese Regionen haben keine Unterstützungsgelder nötig, um zu überleben und zu gedeihen. Vielmehr bremst man deren Entwicklung durch solche innerstaatliche «Entwicklungshilfen», weil man lokale und innovative Anbieter durch den «Service public» aus dem Markt drängt, die die gleichen Dienstleistungen oftmals besser und innovativer als ein staatlich finanzierter Player hätten erbringen können. Selbst wenn die privaten Akteure die Ressourcen effizienter und zielgerichteter einsetzen – also bessere Arbeit leisten –, haben sie gegen die reichlich mit Zwangsbeiträgen ausgestatteten staatsnahen Betriebe schwer zu kämpfen, die sie mit unverhältnismässigen Summen aus dem Markt drängen.

Aufgrund der diversen Vorteile, die Menschen in Randregionen geniessen, wären etwas höhere Marktpreise für Post, Medien und Verkehrsdienste durchaus vertretbar. Ansonsten hätten die Bewohner von Randregionen auch die Möglichkeit, tiefere Marktpreise zu bekommen, indem man die eigenen Anforderungen etwas herunterschraubt. So könnte die Abholung bei gelben Briefkästen beispielsweise nur einmal täglich organisiert werden, anstatt wie in den Städten mehrmals. Auch wäre es eine Variante, keine Postschalter vor Ort zu haben, um Personalkosten einzusparen. Pakete könnte man dann bei einem lokalen Geschäft abgeben, das von der Post dafür entschädigt wird. Es ist also nur eine Frage des Preis-Leistungsverhältnisses, nicht eine Frage des «ob». Denn wo eine Nachfrage existiert, da dürften auch Angebote entstehen, weil dies für Marktakteure eine potenzielle Gewinnmöglichkeit darstellt.

Wir haben gesehen, dass die Behauptung, ein Markt sei zu klein, um funktionieren zu können, keiner logischen Betrachtung standhält. Sie dient einzig der Aufrechterhaltung des «Service public» – einem ineffizienten und unethischen System, in welchem sich eine Gruppe von Menschen auf Kosten anderer bereichert. Die aggressive Gruppe versucht ihre Aggression dabei zu tarnen, indem sie sich das Mäntelchen des Allgemeinwohls umhängt: Man stelle doch lediglich sicher, dass schwache Minderheiten nicht vernachlässigt würden, dass Qualität sichergestellt werde, dass nicht zu wenig der gewünschten Leistung bereitgestellt werde usw. Doch das sind bei genauem Hinsehen alles unhaltbare Ausflüchte, die die Ausbeutung der unfreiwillig zahlenden Mehrheit vertuschen sollen.

Woher nehmen sich der Staat oder eine allfällige Stimmmehrheit ihre Legitimation, den Bürgern ihr Eigentum zu bestreiten und dieses für Services einzusetzen, die diese gar nicht freiwillig in dieser Form, Qualität oder Menge nachfragen? Eine solche Gewaltausübung erscheint unter jederlei Hinsicht unhaltbar und ist unverzüglich zu stoppen.

«Service public»-Unternehmen unterliegen nicht den Gesetzmässigkeiten des freien Marktes. Für sie gilt folglich das Gewinnerfordernis nicht, das allen privaten Unternehmen zugrunde liegt. Ihnen fliessen die Einnahmen dank staatlicher Zwangsumverteilung unabhängig davon zu, ob die Kunden zufrieden sind oder nicht. Sie verhalten sich in der Folge oftmals alles andere als kundenfreundlich, weil sie es sich leisten können, sich nicht um deren Meinungen und Bedürfnisse zu scheren.

Für privat operierende, im Wettbewerb stehende Unternehmen wäre eine konstante Missachtung der Kundenbedürfnisse undenkbar. Tagtäglich haben sie um den Vorzug und die Gunst der Kunden zu weibeln. Sie müssen diese mit guten Leistungen, Kundenfreundlichkeit und attraktiven Preisen von sich überzeugen.

Weil «Service public»-Anbieter keine Rücksicht auf den Willen der Konsumenten nehmen müssen, können sie es sich auch leisten, beliebige Preise zu verlangen – und das selbst für Leistungen, die die Kunden gar nicht freiwillig in Anspruch nehmen würden. So haben alle Haushalte beispielsweise Radio- und TV-Zwangsgebühren zu bezahlen, auch wenn sie diese Angebote gar nicht benutzen wollen und anstatt dessen lieber private Medien konsumieren oder ihr Geld für Dinge ausgeben möchten, die sie als prioritärer erachten. Auch andere «Service public»-Betriebe wie die SBB und die Post können es sich mangels privater Alternativen leisten, ihre Preise ständig zu erhöhen.

Marktwirtschaftliche, private Lösungen sind in jedem Fall staatlichem Zwang vorzuziehen, weil sie einerseits in der Regel kundenorientierter, kundenfreundlicher, preiswerter und qualitativ besser sind, und andererseits auch den individuellen Willen der Bürger respektieren.

Qualitätsjournalismus

Eingriffe in die Freiheitsrechte – wie etwa das Eintreiben von Zwangsgebühren für Radio und Fernsehen – werden gern mit noblen Beweggründen gerechtfertigt. So gibt man z.B. im Bereich der Medien vor, es ginge um eine Qualitätssicherung. In einem marktwirtschaftlichen System würden die privaten Medien von reichen Kapitaleignern beherrscht, die danach trachteten, ihre persönlichen politischen Interessen durchzusetzen. Es gäbe ohne staatliche Intervention nur noch Medien, die Propaganda im Interesse der Eigentümer verbreiteten, wobei die wahrhaftige Berichterstattung unter den Tisch fallen würde. Es brauche daher staatlich subventionierte Medien, die unabhängig von solchen Sonderinteressen blieben und wahrheitsgetreu berichten könnten

Zum Schluss, der Staat könne unabhängigen Qualitätsjournalismus sicherstellen, indem er Medien finanziere oder selbst betreibe, kann nur kommen, wer ein idealisierendes und beschönigendes Bild vom Staat hat. Wer in diesem eine makellose Instanz der reinen Güte erblickt; wer glaubt, Machtinteressen seien seinen Vertretern fern und diese sorgten sich ausschliesslich um das Gemeinwohl, verkennt die Realität: Es ist der Staat höchstpersönlich, der aufgrund seines Gewaltmonopols die grösste Gefahr für die Medienfreiheit darstellt.

Staatsromantiker sehen aus ideologischen Gründen die eigentliche Herausforderung nicht beim Machtmissbrauch der verpolitisierten Medien, sondern auf der Seite der Privatwirtschaft, also bei nicht-staatlichen Institutionen, die nicht mit dem Gewaltmonopol ausgestattet sind – beispielsweise profitorientierte Medienunternehmen, Reiche oder «die Wirtschaft». Sie behaupten, diese seien die eigentliche Gefahr für die Medienfreiheit. In einem freien Medienmarkt seien Journalisten auf Gedeih und Verderb von Werbeeinnahmen privater Firmen abhängig und müssten sich wohl oder übel deren

Interessen beugen. Aus diesem Grund müsse der Staat die Unabhängigkeit der Medienschaffenden durch staatliche Subventionen sicherstellen.

Selbstverständlich besteht bei werbefinanzierten Medien ein Spannungsfeld zwischen der Unabhängigkeit der Journalisten und den Interessen der Werbekunden. Angenommen, ein Inserent trägt einen grossen Teil zum Budget bei: In einem solchen Fall besteht tatsächlich die Gefahr, dass die Journalisten weniger kritische Töne in Bezug auf diesen Werbekunden anschlagen könnten, als angebracht wäre. Dasselbe gilt natürlich, wenn die Sender einem Unternehmen oder einer NGO gehören und damit politische Interessen verfolgt werden. Echte Unabhängigkeit und wahre Medienfreiheit sind jedoch nur in einem freiheitlichen, wettbewerbsorientierten Mediensystem zu haben – Werbefinanzierung hin oder her. Journalismus-Experte Jeff Jarvis erinnert zurecht an die befreiende Wirkung, welche die Werbefinanzierung einst hatte: «Bevor wir davon ausgehen, Werbung würde korrumpieren, täten wir gut daran zu bedenken, dass die Werbung einst die Zeitungen vom Besitz und der Kontrolle durch politische Parteien befreit hat.»

Die Abhängigkeit eines Mediums von einer Firma auf dem freien Medienmarkt ist ordnungspolitisch wesentlich weniger schlimm als eine Abhängigkeit vom Staat. Denn wenn die Bürger selbst entscheiden können, welche Sender sie finanzieren und konsumieren, entsteht ein Wettbewerb der Programmanbieter um die Gunst der Kunden. Sobald ein Sender einen blinden Fleck aufweist und über gewisse Themen aus Eigeninteresse nicht mehr oder verzerrend berichtet, werden seine Konkurrenten dies genüsslich ausschlachten und auf die fehlende Unabhängigkeit hinweisen. Für den Entlarvten bedeutet dies ein Verlust der Glaubwürdigkeit und der Reputation, was ihn Kunden kosten wird. Ein Medienunternehmen auf dem freien Markt muss es sich also gut überlegen, wie stark es sich von einzelnen Werbekunden abhängig machen will. Wenn die Interessen bekannt sind, sorgt Vielfalt für ein ausgewogeneres Bild.

Was oftmals vergessen geht: Werbefinanzierung ist nicht die einzige Variante, um auf dem freien Medienmarkt profitabel zu wirtschaften. Eine weitere Möglichkeit stellen Einnahmen aufgrund verkaufter Abonnemente dar. In diesem Falle würden nicht Werber, sondern die Konsumenten selbst für das Produkt aufkommen. So, wie das zu einem gewichtigen Teil auch bei den meisten Zeitungen der Fall ist. Mit diesem Finanzierungsmodell ist das Medium einzig den Konsumenten verpflichtet und nicht irgendwelchen Sonderinteressen.

In einem freien Medienwettbewerb zählen in erster Linie die Bedürfnisse des Publikums, nicht die Bedürfnisse der Eigentümer. Wer ein Medium als Eigentümer zu einem reinen Propagandasender umgestaltet, der tagein tagaus nur noch plumpe Indoktrinierung im Sinne der Eigentümer verbreitet, wird einen signifikanten Anteil seines Publikums verlieren – womit auch die Einnahmen dahinschmelzen.

Sind die Medien aber von der Politik abhängig, besteht die Möglichkeit der gegenseitigen Disziplinierung nicht mehr im gleichen Ausmass wie auf dem freien Markt. Dann nämlich sind alle vom selben Player – vom Staat – abhängig und die Medienlandschaft tendiert dazu, zu einem inhaltlichen Einheitsbrei im Sinne der herrschenden Politik zu verkommen. Und selbst wenn die private Konkurrenz auf die Staatsabhängigkeit der öffentlich-rechtlichen Medien hinweist, wird sie kaum noch wahrgenommen. Denn aufgrund der Marktverzerrung durch Zwangsgebühren und Subventionen rutscht die private Konkurrenz höchstwahrscheinlich in die relative Bedeutungslosigkeit ab, weil sie sich nicht die gleiche Anzahl teurer Produktionen leisten kann und nicht die nötigen Mittel hat, die besten Moderatoren von der staatsfinanzierten Konkurrenz abzuwerben, weil man bei letzterer marktunüblich hohe Löhne zur Bindung der besten Mitarbeiter zahlen kann. Öffentlich-rechtliche Medien können mitnichten als «unabhängig» bezeichnet werden, sondern unterliegen den Vorlieben der Politik. Durch ihre Staatsfinanzierung sind sie vom «Goodwill» der politischen Entscheidungsträger abhängig, was es schwierig macht, den Mächtigen im Staat – also den Politikern und Verwaltungsfunktionären, die die direkte Kontrolle über das Gewaltmonopol innehaben – medial auf die Finger zu schauen und politische Missstände aufzudecken. Denn die Hand, die einen füttert, beisst man in der Regel nicht.

Skurril ist auch ist die Behauptung, nur staatsfinanzierte Medien könnten unabhängigen «Qualitätsjournalismus» gewährleisten: Denn was «Qualitätsjournalismus» ist, kann nur jeder Konsument für sich selbst entscheiden. Das, was die einen unter «Qualität» verstehen, muss für die anderen nicht unbedingt eine solche sein. Die einen verstehen darunter beispielsweise aufgemotzte, luxuriöse TV-Studios, andere eine Berichterstattung aus Sicht der vermeintlich richtigen politischen Perspektive, wieder andere eine unvoreingenommene, möglichst neutrale und kritische Tatsachendarstellung. Für die einen sind die Themen A, B und C entscheidend, für andere D, E und F. Es gibt folglich keine objektive Qualität, die man gesetzlich definieren und durchsetzen könnte. Dies wäre reine Willkür.

Würde man jedoch den Medienwettbewerb spielen lassen und auf die Eintreibung von Zwangsgebühren verzichten, könnte jeder diejenigen Angebote beziehen, die ihm persönlich zusagen. Es gäbe keine Streitigkeiten darüber, welche Art von Medien nun mit den Zwangsgebühren finanziert werden sollen und welchen «Qualitätskriterien» diese genügen müssen. Die freie Marktwirtschaft ist nichts Exkludierendes. Verschiedene Arten der Berichterstattung könnten problemlos nebeneinander bestehen. Echte Medienvielfalt und Medienfreiheit können daher nur in einem marktwirtschaftlichen Mediensystem gedeihen.

Öffentliches Gut

In der Mainstream-Ökonomie, die hauptsächlich von der Politik bezahlt wird und dieser zudient, wird gerne zwischen privaten und öffentlichen Gütern unterschieden. Private Güter wie Joghurts und Deos seien solche, die man dem freien Markt überlassen könne (wenn auch mit regulatorischen Einschränkungen und Begleitmassnahmen, versteht sich). Öffentliche Güter wie z.B. Bildung und Gesundheitsversorgung seien von Natur aus nicht dazu geeignet, dem freien Markt ausgesetzt zu sein. Hier müsse der Staat anpacken und sicherstellen, dass diese Güter in ausreichender Menge bereitgestellt würden. Doch bei genauem Hinsehen entpuppt sich die vorherrschende Lehrmeinung als unbegründete Willkür.

Bei der Bildung wird etwa argumentiert, dass sie positive Externalitäten habe, weil sie positive Auswirkungen auf andere hätte. Der Staat müsse sie deshalb fördern, weil ohne das staatliche Tun zu wenig Bildung entstünde. Doch wer mit positiven Externalitäten argumentiert, um staatliche Interventionen in den freien Markt zu rechtfertigen, bewegt sich auf dünnem Eis. Denn es ist es völlig unklar, wie man kollektive Gewinne und Verluste einer staatlich finanzierten Bildung gegeneinander abwägen soll.

Es ist ja nicht so, dass staatsfinanzierte Bildung nur positive Externalitäten hätte. So stehen Studierende dem Arbeitsmarkt beispielsweise lange nicht zur Verfügung, wo sie Wohlstand für alle hätten schaffen können. Einige studieren das Falsche und erlernen auf Kosten der Allgemeinheit Fähigkeiten, die auf dem Arbeitsmarkt überhaupt nicht gefragt sind und deshalb bei der Befriedigung vordringlicher Bedürfnisse der Mitmenschen nicht hilfreich sind. Auch wird den Schülern und Studenten an den staatlich finanzierten Bildungseinrichtungen oftmals Unfug beigebracht und fragwürdige Ideologien eingetrichtert, was sich wiederum schlecht auf die Gesamtwohlfahrt auswirkt. Es ist unmöglich, die

«Netto-Externalität» zu bestimmen. Daher kann man auch nicht zwingend davon ausgehen, dass der Nutzen dem angerichteten Schaden unter dem Strich überwiegt.

Erschwerend kommt die Tatsache hinzu, dass Externalitäten kaum einzelnen Individuen oder Gruppen zugeordnet werden können. So ist die Annahme, dass positive Externalitäten allen gleichermassen zugutekämen, höchst zweifelhaft. Es wäre beispielsweise möglich, dass ein staatlich subventioniertes Studium vor allem positive Externalitäten für Akademiker hat, jedoch weniger für Nicht-Akademiker. Weshalb sollten dann die Kosten für dieses Studium auch Nicht-Akademikern aufgezwungen werden? Und woher will man wissen, ob die von den Steuerzahlern hier Ausgebildeten auch tatsächlich im selben Kanton oder Land tätig sein werden und nicht auswandern? Wenn sie wegziehen, käme kein einziger Steuerfranken in die Staatskasse zurück, was ein klares Minusgeschäft wäre.

Doch das Argument, Bildung sei ein öffentliches Gut, ist schon im Grundsatz problematisch. In der Mainstream-Ökonomie ist ein «öffentliches Gut» klar definiert: Nötig sind gemäss Lehrmeinung eine Nichtrivalität und Nichtausschliessbarkeit im Konsum. Es leuchtet unmittelbar ein, dass Menschen selbstverständlich vom Konsum von Bildungsangeboten ausgeschlossen werden können – der Numerus clausus oder ein Maturitätsabschluss als Aufnahmekriterium an Universitäten dienen genau diesem Zweck. Auch wenn die Theorien der öffentlichen und meritorischen Güter unter Politikern und staatsnahen Ökonomen beliebt sind, damit der Staat «tätig werden» kann, sind diese genau genommen unbrauchbar: Es wird behauptet, es würde auf dem freien Markt «zu wenig» von einer angeblich wichtigen Leistung angeboten, weshalb der Staat ein entsprechendes Angebot sicherstellen müsse. Doch dies ist lediglich eine Rechtfertigung für eine weitgehende Monopolisierung einer ganzen Branche und für die politische Einflussnahme in einem Gebiet, wo die Politik nichts zu suchen hat.

Eltern und Erziehungsberechtigte wollen in den allermeisten Fällen nur das Beste für ihre Kinder. Das Bedürfnis nach einer qualitativ guten Bildung ist also zweifelsohne vorhanden, ohne dass hier mittels staatlichen Zwangs nachgeholfen werden müsste. Wo eine Nachfrage existiert, da werden Bildungsunternehmer auch eine Gewinnmöglichkeit erblicken und entsprechende Angebote zur Verfügung stellen.

Betreibt der Staat eigene Schulen, so sind die üblichen Folgen staatssozialistischer Einflussnahme unvermeidbar: Es kommt statt einer wünschenswerten Vielfalt an möglichen Angeboten zu einem von staatlichen Funktionären vorgegebenen Bildungseinheitsbrei mit vereinheitlichten Lehrplänen und Methoden. Grössere Ineffizienzen und Ressourcenverschleiss sind die Folgen der von Ludwig von Mises beschriebenen Unmöglichkeit der wirtschaftlichen Kalkulation im Sozialismus: Die wahren Bedürfnisse der Kunden geraten zunehmend aus dem Fokus und die Kosten steigen ins Unermessliche. Die Kostenwahrheit und die tatsächlichen Zahlungspräferenzen der Studierenden sowie der Arbeitgeber gehen verloren. Politisch motivierte Indoktrination und machttragende Ideologien verdrängen echte Bildung, Aufklärung und die Vorbereitung auf ein selbstbestimmtes, eigenverantwortliches Leben.

Doch was ist mit den Armen, die sich nicht ausreichend Bildung leisten könnten? Braucht es nicht gerade für sie staatliche Bildungsangebote? Armut ist dank des Aufkommens des Kapitalismus grösstenteils zu einem Randphänomen verkommen, sodass es völlig unverhältnismässig wäre, das Bildungswesen aufgrund weniger Einzelfälle zu verstaatlichen. Werden mit dieser Rechtfertigung staatliche Schulen errichtet, die sich aufgrund der beschriebenen Anreize auf relativ tiefem Niveau bewegen, dürften sich bald qualitativ hochstehende private Bildungsanbieter positionieren, die sich wesentlich stärker am Kundenwohl orientieren. Der private Sektor nimmt zunehmend eine Ventilfunktion an: Wer besonders unzufrieden ist und es sich leisten kann, weicht auf ein teures, aber überlegenes privates Angebot aus. Die weniger Vermögenden bleiben dann wieder auf den schlechteren Angeboten der Staatsschulen sitzen, weil sie sich die teuren Privatschulen nebst den Steuern, die sie für die Staatsschulen zu begleichen haben, nicht auch noch leisten können.

Ein möglicher – wenn auch aus liberaler Sicht nicht ganz konsequenter – Mittelweg wäre die vom Nobelpreisträger Milton Friedman vorgeschlagene Ausgabe von Bildungsgutscheinen, die auch den Mittellosen die Möglichkeit verschafft, eine Schule ihrer Wahl und gemäss ihren Präferenzen zu besuchen. Friedman schrieb:

> *«Der Staat könnte […] das unabdingbare schulische Minimum dadurch erreichen, dass er den Eltern Gutscheine gibt, die bis zu einer bestimmten Summe pro Kind und Jahr eingelöst werden können, um dafür ‹staatlich anerkannte› Ausbildungsleistungen einzukaufen. […] Die Erziehungsdienstleistung könnte dabei auf privater Basis von gewinnorientierten Unternehmen angeboten werden – oder auch von nicht gewinnorientierten. Die Rolle des Staates würde sich darauf beschränken, dafür zu sorgen, dass alle Schulen einen bestimmten Mindeststandard aufweisen.»*

Tatsächlich traute sich Schweden schon früh an das Modell der Bildungsgutscheine heran. Der schwedische Ökonom Gabriel Heller Sahlgren untersuchte die Auswirkungen des seit 1992 implementierten Modells und fasste sie im Buch *Markt für Bildung* (Edition Liberales Institut) so zusammen:

> *«[Es] wurde verdeutlicht, dass die Sorge, wonach das Gewinn-Motiv in der Bildung für den Bildungserfolg schädlich sein könnte, einer empirischen Prüfung nicht standhält. […] Zudem zeigen die Ergebnisse auf, dass Schüler mit nachteiligem sozioökonomischem Hintergrund am meisten von profitorientierten Privatschulen profitieren, während alle anderen Schüler ebenfalls profitieren.»*

«Fake News»

Das Internet ist eine bemerkenswerte Erfindung: Es ermöglicht auch normalen Bürgern, ihre Meinungen, Erkenntnisse und Beobachtungen mit einem grösseren Publikum zu teilen. Plötzlich konnte sich jedermann einen eigenen Medienkanal aufbauen und ungefiltert mit den «Followern» kommunizieren. Dies zum Leidwesen der traditionellen Medienschaffenden, die ihre «Gate Keeper»-Funktion damit eingebüsst haben – und dadurch nicht mehr so einfach wie früher unliebsame Tatsachen und Themen unter dem Deckel halten können. Seit jeher verbreiten Medien immer mal wieder «Fake News». Doch so wirklich wurde das erst zum Thema gemacht, weil man damit die neuartigen alternativen Medien und den Bürgerjournalismus als «unseriös» brandmarken wollte. Es gelte daher unbedingt, den «professionellen Qualitätsjournalismus» mit staatlichen Geldern zu fördern und derweilen auch zur Zensurkeule zu greifen, um die unliebsamen Alternativmedien zum Schweigen zu bringen.

«Fake News» machten es für die Bürger unmöglich, wahr von unwahr zu unterscheiden, heisst es. In einer Demokratie, in der die Bürger richtungsweisende Entscheidungen an der Urne zu fällen hätten, sei das ein Problem, weil damit nicht mehr auf der Basis von Fakten entschieden werde. Der Staat müsse deshalb «Fake News» bekämpfen, indem er diese ausmache, mit Warnhinweisen versehe oder sie lösche sowie entsprechende Kanäle oder Webseiten sperre.

Es brauche – so der verständliche Wunsch – unbedingt einen zuverlässigen Akteur, dem man vertrauen und auf den man sich verlassen könne. Wenn dieser etwas verkünde, dann sollen die Menschen dies nicht in Zweifel ziehen müssen, weil es eben die Wahrheit und nichts als die Wahrheit sei: Und dieser Akteur ist – so der allgemeine Tenor – der Staat, respektive die staatlich finanzierten Medien. Der Staat sei schliesslich nur dem Allgemeinwohl verpflichtet und würde im Gegensatz zu Privaten keinen Sonderinteressen zudienen.

Wer glaubt, «Fake News» könnten objektiv und neutral durch staatliche Eingriffe oder durch ein staatsfinanziertes Medium verbannt werden, verkennt, dass der Staat keine Anstalt ist, in der ausschliesslich Heilige und Wahrheitssuchende arbeiten.

Wenn dem Staat die Macht verliehen wird, darüber zu richten, welche Nachrichten nun als «Fake News» abzuqualifizieren sind und welche nicht – in anderen Worten: wenn Politiker abschliessend darüber bestimmen dürfen, was nun wahr oder unwahr ist; was gesagt werden darf und was nicht –, besteht die grosse Gefahr des Machtmissbrauchs. Wer kann dann garantieren, dass Nachrichten und Kommentare nicht willkürlich und den Interessen der Regierenden entsprechend manipuliert werden? Ein Überwachungsorgan? Vielleicht. Aber wer überwacht dann wiederum die Überwacher und garantiert, dass nicht die Interessen der Überwacher durchgesetzt werden?

So besteht die ernstzunehmende Gefahr, dass unliebsame aber wahrheitsgetreue Meldungen als «Fake News» abqualifiziert und verbannt werden. Gleichzeitig könnten tatsächliche «Fake News» als Wahrheit verkauft werden. Gerade die Ereignisse der letzten Jahre haben dies überdeutlich gemacht, wo die Komplizenschaft zwischen Massenmedien und Regierungen für jedermann offensichtlich zutage trat.

Die politische Definition von Wahrheit ist ein typisches Merkmal von Diktaturen. Dennoch ist staatliche Propaganda auch ein bekanntes Mittel demokratischer Staaten. Die Kosten der Öffentlichkeitsarbeit in der Bundesverwaltung beliefen sich 2018 bereits auf 84,3 Millionen Franken. 319 Vollzeitstellen beschäftigten sich in den sieben Departementen und in der Bundeskanzlei mit «Information und PR», Tendenz stark steigend.

Erfahrungsgemäss haben politische Entscheide meist wenig mit Objektivität und Wissenschaftlichkeit zu tun. Dennoch werden gerade die offiziellen behördlichen Verlautbarungen oft unkritisch von berichterstattenden Medien übernommen oder medialen Nachrichten wird nur ein Wert beigemessen, wenn sie von den Amtsinhabern verkündet werden.

Die Überzeugung, der Staat oder der staatlich finanzierte Rundfunk versorge die Bürger mit nichts als der Wahrheit, ist nicht nur reichlich naiv, sondern auch gefährlich. Durch diese eingebildete Wahrheitsgarantie entsteht eine kritiklose Aufnahme von News-Häppchen, die oftmals verkappte Staatspropaganda sind.

Vielmehr ist es eine Tugend, gegenüber jeglicher medialer Berichterstattung kritisch eingestellt zu bleiben. Es gibt keine Wahrheitsgarantien: bei alternativen und traditionellen Medien nicht, aber auch nicht beim staatlichen Rundfunk. In den Worten des Politikwissenschaftlers Thomas Mayer: «Wer nicht darauf achtet, was vergrössert wird und was verkleinert, was verzerrt wird, worauf Aufmerksamkeit gerichtet wird, und über welche Themen er nur hinweghastet, weiss am Ende nichts Verlässliches von der Welt und meint doch, informiert zu sein.»

Die Bürger sind mitnichten per se hilflose Wesen, die ohne staatliche Lenkung der Nachrichtenströme auf jegliche «Fake News» hereinfallen würden. Es soll daher ihnen überlassen sein, was sie sehen, hören oder lesen wollen. Sie sollen abwägen, welchen Quellen sie aus welchen Gründen eher vertrauen und welche Nachrichten sie als glaubwürdig oder fehlerhaft einstufen.

Anstatt die Bürger zu behüten wie Kleinkinder, die den noch so absurdesten Märchen blind Glauben schenken, sollte man sie lieber dem freien Markt aus konkurrierenden Meinungen aussetzen. Dort vermag sich eine kritische Medienkompetenz viel eher herauszubilden als unter paternalistischen Vorzeichen.

Hat sich eine solche Medienkompetenz unter den Bürgern erst einmal entwickelt, kann es die Gesellschaft durchaus auch vertragen, wenn ab und zu einmal fehlerhafte Meldungen auftauchen; denn «gedankenlose Beschuldigungen und grundlose Anklagen verlieren von allein ihr Gewicht, sie büssen ihre Glaubwürdigkeit ein und verschwinden einfach dadurch, dass die öffentliche Meinung sie zerredet und zerpflückt». Diese Ansicht vertrat schon der Lausanner Staatstheoretiker Benjamin Constant (1767–1830) und riet von staatlichen Interventionen in die Meinungsfreiheit ab.

Diese Theorie Constants wird auch von neueren Studien bestätigt: Hunt Allcott von der Universität New York und Matthew Gentzkow von der Universität Stanford etwa untersuchten im Zuge der US-Wahlen 2016, wie stark die Bürger tatsächlich auf «Fake-News» hereinfallen. Die Teilnehmer der Studie wurden eine Woche nach den Wahlen gefragt, ob sie sich an 15 ausgewählte Schlagzeilen von wahren und falschen Nachrichten erinnerten. Sie wurden auch gefragt, ob sie diese damals für wahr hielten. Knapp 70 Prozent erinnerten sich an die wahren Nachrichten, wobei die grosse Mehrheit davon diese auch für wahr hielt. Gerade einmal 15 Prozent erinnerten sich an die unwahren Nachrichten: Glauben schenkten diesen aber nur 8 Prozent aller Befragten.

«Fake News» sind also gar nicht das grosse Problem, zu welchem sie immer wieder aufgebauscht werden. Sie sind viel weniger wirkungsvoll, als weitgehend angenommen. Es darf daher nicht zugelassen werden, dass unter dem Deckmantel der «Fake News»-Bekämpfung einem totalitären Einheitsmeinungs- und Zensurstaat der rote Teppich ausgerollt wird. Denn ein solcher wird nicht nur das elementare Menschenrecht der freien Meinungsäusserung zerstören, sondern auch das «Fake News»-Problem vergrössern.

XV.
Tatsächliche und vermeintliche Missstände

Krimineller / Korrupter

Wer korrupt ist oder das Gesetz bricht, ist ein Verbrecher. Und die Verbrecher sind die Bösen. Das wissen wir schon von klein auf von all den Märchen, die uns unsere Eltern vorgelesen haben und all den Hollywood-Filmen, die wir uns angeschaut haben: Da gibt es meist eine klar Unterscheidung zwischen den Guten auf der einen und den Bösen auf der anderen Seite. Es hat sich in unseren Köpfen folglich eine Vorstellung von «Gerechtigkeit» verstetigt, die von einem klaren Schwarz-Weiss-Denken geprägt ist: Die Gesetzesbrecher und Korrupten sind die Bösen, die Gesetzestreuen die Guten.

Doch die Angelegenheit ist manchmal etwas komplizierter. Wer die Sache so vereinfacht sieht, wie oben dargestellt, der geht von der Richtigkeit der folgenden Gleichung aus: Alles was der Staat beschliesst und in Gesetze und Verordnungen hinein giesst, muss notwendigerweise wichtig, richtig und gerecht sein. Doch was ist mit dem deutschen Beamten, der unter dem Regime der Nationalsozialisten schön brav alle Gesetze befolgt und die staatlichen Enteignungs- und Erschiessungsbefehle ohne zu hinterfragen umgesetzt hatte? Gemäss obiger Logik stünde dieser Beamte auf der Seite des Guten. «Vergesst niemals, dass alles was Hitler in Deutschland getan hat, legal war» (Martin Luther King, Jr.). Auf der anderen Seite wäre dann jeder, der solche unmenschlichen Anordnungen missachtete und stattdessen auf sein Gewissen hörte, ein Bösewicht.

Dieses Beispiel verdeutlicht, dass Gesetzestreue immer vor dem Hintergrund der geltenden Rechtsordnung beurteilt werden muss und nicht per se gut oder schlecht ist. Wenn jemand als «kriminell» oder «korrupt» bezeichnet wird, müssen wir deshalb immer genau prüfen, ob die staatlichen Befehle, die gebrochen wurden, gut und gerecht waren. Wenn ja, dann sind diese Bezeichnungen gerechtfertigt. Andernfalls würde es sich bei der Gesetzesuntreue ja eventuell sogar um einen Akt der Menschenfreundlichkeit und der Güte handeln. Man müsste dann analysieren, mit welchem Motiv solche Bezeichnungen dennoch verwendet werden. Ein möglicher Grund besteht darin, unliebsame Befehlsverweigerer aus reinem Machtinteresse zu diskreditieren.

In liberalen Rechtsstaaten, in denen sich staatliches Handeln alleine auf den Schutz von individuellen Abwehrrechten beschränkt, trägt Gesetzesuntreue tatsächlich dazu bei, dass die Ungerechtigkeit ausgeweitet wird. Wenn hier jemand einen anderen bestiehlt oder körperlich angreift, so kann man wohl in den allermeisten Fällen mit Fug und Recht behauptet, dass es sich um ein Verbrechen handelt (vor allem dann, wenn die Gewalt von der entsprechenden Person initiiert wird). Denn er fügt anderen einen Schaden zu, ohne dass sie ihm zuvor einen Schaden zugefügt haben.

In illiberalen Unrechtsregimen jedoch kann man nicht partout davon ausgehen, dass jene, die die Gesetze brechen oder korrupt sind, automatisch auch böse Menschen sind. Ganz im Gegenteil. Ein illiberales Unrechtsregime definiert sich ja gerade dadurch, dass es ungerechte Gesetze durchsetzt, die bestimmten oder allen Menschen schaden. Solche Gesetze könnten etwa die Vergabe von Lizenzen sein: Der Staat verteilt ausgewählten Menschen eine Genehmigung, einer bestimmten Aktivität nachzugehen, während er dies anderen verbietet. Ein Beispiel wäre das Ausüben einer ärztlichen Tätigkeit: Der Arzt muss sich an die staatlichen Vorgaben halten, damit er weiterhin seinen Job ausüben darf. Findet er die staatlichen Anordnungen nicht sinnvoll (z.B. die Vorschrift, dass in jeder Arztpraxis nun ein Maskenzwang zu gelten habe oder er bestimmte Impfungen empfehlen *muss*) und hält sich nicht daran, so kann ihm die Lizenz wieder entzogen werden. Er kann sogar eingesperrt werden, wenn er seine Leistungen weiterhin anbietet, die von anderen freiwillig zu diesen Konditionen nachgefragt werden. Kann man nun tatsächlich behaupten, Ärzte, die diese Lizenzgesetze missachten und trotzdem Leistungen anbieten, seien böse? Sie tun doch niemandem etwas zuleide? Ganz im Gegenteil: Sie dienen jenen Kunden, die unter den genannten Konditionen freiwillig zu diesem Arzt gehen möchten. Es handelt sich also um ein Win-Win-Verhältnis.

In einem illiberalen Unrechtsregime befand sich praktisch die ganze Welt – also nicht nur die sogenannten Schurkenstaaten – während des Corona-Wahnsinns. Und hier trat eine überraschende Erkenntnis zutage: Gerade in jenen Staaten, die auch in «normalen Zeiten» alles andere als liberale Rechtsstaaten sind und in denen Korruption weit verbreitet ist, herrschten oftmals grössere individuelle Freiheiten vor, als in sogenannt «liberaleren» Ländern, die ebenfalls auf Lockdowns, Maskenzwang und Zertifikate gesetzt haben. Zwar galt auch in diesen Ländern «offiziell» ein Masken- und Zertifikatszwang. Doch diese Gesetze wurden vielerorts umgangen oder ignoriert: Zertifikate wurden von korrupten Behörden ausgestellt, ohne dass die entsprechenden Personen tatsächlich geimpft wurden. Und wenn jemand z.B. in einem Restaurant kein Zertifikat vorweisen konnte, so wurde ihm trotzdem Einlass geboten, nachdem man *irgendeinen* QR-Code auf seinem Smartphone präsentieren konnte. Schilder in öffentlichen Gebäuden wiesen prominent auf den geltenden Maskenzwang hin. Doch oft hielten sich nicht einmal die Behörden selbst an diese als widersinnig erachteten Gesetze, arbeiteten selbst ohne Masken und ignorierten zivile Maskenverweigerer demonstrativ.

Ganz anders in den vermeintlich liberalen Rechtsstaaten, die während der Corona-Zeit zu tyrannischen Kontroll-, Überwachungs- und Verbotsstaaten mutierten: Hier wurden die Gesetze meist knallhart durchgesetzt – von den staatlichen Behörden gleichermassen, wie von den eingeschüchterten Privaten, die z.B. den Zertifikatszwang haben überwachen müssen. Warum? In diesen Ländern war aus vernünftigen Gründen eine Kultur der Rechtstreue vorherrschend, weil sich diese Verhaltensnormen in der Vergangenheit als vorteilhaft herausgestellt haben. Man war sich in diesen Ländern daran gewöhnt, Gesetze brav zu befolgen. Die Angst vor Gesetzesübertritten und den entsprechenden Konsequenzen waren gross. Man war sich dies schlicht nicht gewohnt, während die Nichtbeachtung von Vorschriften in anderen Ländern zum Alltag gehörte.

Die Abwesenheit von Korruption und die Gesetzestreue ist in «normalen Zeiten» auch sehr hilfreich, gerade zum Beispiel hinsichtlich der Unternehmensinvestitionen, des internationalen Handels, des Verbleibs von Hochqualifizierten und der Robustheit öffentlicher Haushalte. Je weiter Korruption verbreitet ist, desto weniger haben Menschen einen Anreiz, Ressourcen und Zeit einzusetzen, um Neues entstehen zu lassen, zu investieren oder sich fortzubilden. Produktiv zu sein, lohnt sich weniger, wenn korrupte Staatsdiener einen wesentlichen Teil der Früchte der Arbeit abknapsen. Im Gegenzug haben Menschen einen stärkeren Anreiz, Ressourcen und Zeit auf Aktivitäten zu verwenden, die als unproduktiv zu bezeichnen sind, da sie dem Zweck dienen, von korrupten Strukturen profitieren zu können. Dies muss jedoch in Ausnahme- und Krisensituationen nicht unbedingt gelten. Hier eröffnen Gesetzesuntreue und Korruption unter Umständen sogar mehr Freiheitsräume – gerade für jene, die durch den geltenden Gesetzesapparat unterdrückt, ausgebeutet und benachteiligt werden. Es erlaubt, dass die Menschlichkeit in der Wüste des kollektiven Wahns doch noch hie und da aufblühen kann.

Noch ein ketzerischer Gedanke zum Schluss: Auch wenn demokratische Staaten gerne als weniger korrupt dargestellt werden als «Schurkenstaaten», so kann man sich mit Fug und Recht die Frage stellen, ob nicht die Demokratie auch ein höchst korruptes System ist: Schliesslich geben hier Politiker Versprechen ab, welche Vorteile sie ihrer Klientel verschaffen würden, wenn diese ihnen nur ihre Stimme gibt. Staatliche Sonderprivilegien gegen Wählerstimmen, die dem Politiker einen gutbezahlten Job sichern. Ist das nicht auch eine Form der Korruption?

Diskriminierung

Wer Privilegiengesetze wie Quoten oder Einschränkungen der Meinungsäusserungsfreiheit in Bezug auf bestimmte Gruppen nicht mittragen will, wird heute vorgeworfen, er mache sich der Diskriminierung schuldig: Rasch wird er mit unvorteilhaften Etiketten behaftet wie «Rassist», «Sexist», «homophob», «islamophob», «transphob» oder Ähnliches. Und weil niemand gerne der Diskriminierung bezichtigt werden will, unterstützen zunehmend auch «Bürgerliche» der Woke-Ideologie entstammende Vorhaben, ohne zu erkennen, dass diese dem bewährten liberalen Prinzip der Gleichheit vor dem Gesetz diametral widersprechen.

Die klassisch liberale Aufklärungsbewegung richtete sich gegen die staatliche Willkürherrschaft und plädierte für universelle Menschenrechte, verstanden als Abwehrrechte. An der Wurzel der Aufklärung stand der Gedanke des Diskriminierungsverbots für den Staat: Er soll Gruppen, Klassen oder Einzelpersonen keine Privilegien gewähren – auch nicht Königen, Politikern und Bürokraten. Alle Menschen sollen vor dem Gesetz gleich behandelt werden.

Aus dieser Überzeugung entstanden die für den Aufstieg und Erfolg der westlichen Gesellschaften so entscheidenden Grundrechte wie die Rechtsgleichheit, die Wahl- und Vertragsfreiheit, die Meinungsäusserungsfreiheit, der Schutz des Privateigentums und der Privatsphäre sowie der Schutz vor staatlicher Willkür. Für den Staat mit seinem Gewaltmonopol gilt ein Diskriminierungsverbot, weil vor dem Gesetz alle gleich sein sollen; Private andererseits sollen sich ihre Handlungen nicht von der staatlichen Macht diktieren lassen müssen.

Seit einiger Zeit wird dieses liberale Paradigma gehörig auf die Probe gestellt. Mit viel Klamauk, Lärm und Strassendemonstrationen wird versucht, das Diskriminierungsverbot, das bislang hauptsächlich für den Staat im Hinblick auf die Behandlung der Bürger galt, vermehrt auch auf die Beziehungen zwischen Privaten auszuweiten. Die Motivation dahinter – die Gleichstellung gesellschaftlicher Gruppen, die Inklusion und der Abbau von Vorurteilen – mag eine löbliche sein. Auf den ersten Blick klingen gesetzlich verordnete Diskriminierungsverbote durchaus vernünftig und fortschrittlich. Doch in Wahrheit sind solche Gesetze ein Angriff auf die freiheitliche Grundordnung, auf das Fundament des liberalen Rechtsstaates. Denn die individuelle Freiheit, mit anderen ohne Zwang Verträge abschliessen zu können und auf freiwilliger Basis zu kooperieren, wird damit stark eingeschränkt.

Zu wählen ist an und für sich nichts Verwerfliches, Verbrecherisches oder Unmoralisches: Wer wählt, der exkludiert oder «diskriminiert» – je nach Wahrnehmung und Definition – automatisch die Nicht-Wahl. Wer jemanden heiratet, entscheidet sich gegen andere potenzielle Partner. Wer die Bewerberin A einstellt, kann für dieselbe Stelle nicht gleichzeitig den Bewerber B einstellen. Man darf nicht vergessen, dass die Wahl- und Vertragsfreiheit keine Opfer schafft: Niemandem wird mit Gewalt etwas weggenommen. Und eine Nicht-Interaktion mit irgendjemandem darf auf keinen Fall ein strafrechtlich relevantes Vergehen darstellen, weil wir uns ansonsten alle andauernd und ohne bösen Willen strafbar machen würden und die Gesellschaft damit handlungsunfähig wäre.

Eine liberale Gesellschaft wäre keine liberale Gesellschaft mehr, wenn Privaten die Wahl- und Vertragsfreiheit aberkannt würde – auch dann, wenn dies unter dem noblen Vorsatz der Bekämpfung von Diskriminierung geschieht. Wird die Möglichkeit, frei zu wählen, eingeschränkt oder gar verboten, bedeutet dies, dass ein anderer die Entscheidungen für die Betroffenen trifft: also Politiker und Verwaltungsfunktionäre. Staatliche Willkür und Befehle treten dann an die Stelle von Eigenverantwortung und freiwilligen Übereinkünften, die im Sinne aller Beteiligten getroffen werden.

Wenn sich Liberale für die Wahl- und Vertragsfreiheit (und damit auch für die Diskriminierungsfreiheit) einsetzen, müssen sie persönlich nicht jede Entscheidung ihrer Mitmenschen gutheissen, genauso wie jemand, der für Meinungsfreiheit einsteht, nicht alle Meinungen gut finden muss. Es geht bei der Verteidigung der Freiheit ums Grundprinzip und nicht um eine von persönlichen Geschmäckern abhängige Willkür.

Die derzeitige Forderung nach einer Ausdehnung der Antidiskriminierungs-Gesetzgebung ist auch auf das weitverbreitete schwammige Verständnis des Begriffs «Diskriminierung» zurückzuführen. Viele verstehen unter Diskriminierung eine hasserfüllte, demütigende, erniedrigende und oftmals auch gewalttätige Unterdrückung aufgrund von Vorurteilen gegenüber bestimmten Gruppen. Von Antidiskriminierungs-Gesetzen erhofft man sich eine Überwindung des Hasses und problematischer Vorurteile.

Doch in seiner Essenz bedeutet «diskriminieren» lediglich, zu unterscheiden, zu differenzieren. Aus welchen Beweggründen dies geschieht, ist zunächst einmal unklar. Überlegenheitsgefühle und Hass auf andere Gruppen können durchaus eine Rolle spielen, doch sie sind mitnichten die einzigen Motive, die zu einer Unterscheidung führen können. So können auch Präferenzen, Bedürfnisse, Erfahrungen, Kriminalitätsstatistiken, Studien, Werte, Prinzipien, Weltanschauung, ökonomische Überlegungen und weitere rationale Argumente, die nichts mit Hass zu tun haben, eine wichtige Rolle spielen.

In diesem Sinne gehören das Exkludieren und Diskriminieren zum menschlichen Alltag dazu. Wir alle tun das auf die eine oder andere Weise, ohne dass dabei Hass im Spiel sein muss. Nehmen wir beispielsweise den Markt für romantische zwischenmenschliche Beziehungen. Viele suchen sich ihre potenziellen Partner anhand von diskriminierenden Kriterien wie Geschlecht, Körpergrösse, Gewicht oder Einkommen aus. Die Kriterien mag man als Aussenstehender nun gut oder weniger gut finden. Doch nur, weil jemand beispielsweise eine grosse Frau sucht, bedeutet dies ja nicht, dass er deswegen alle Männer und kleinen Frauen hasst. In den allermeisten Fällen gehen die Menschen freundlich miteinander um, auch wenn sie nicht ihr «Typ» sind. Den richtigen Partner zu finden, der zu einem passt, ist vielmehr Voraussetzung für die Steigerung des individuellen Glücks. Was für den Markt für romantische Beziehungen gilt, gilt natürlich auch für alle anderen Märkte – wie etwa den Arbeitsmarkt. Diskriminierung ist also nicht gleichzusetzen mit Hass. Es ist auch nicht dasselbe wie Gewalt. In den meisten Fällen entscheiden sich die Menschen friedlich für das eine und gegen das andere.

Aber was ist, wenn jemand beispielsweise Gewalt gegen einen Homosexuellen ausübt, weil er Homosexuelle hasst? Brauchen wir nicht gerade für solche Fälle Antidiskriminierungsgesetze, um Minderheiten zu schützen? Liberale antworten auf solche Forderungen in der Regel so: Wer Gewalt initiiert, soll verurteilt und bestraft werden. Es bedarf keiner Gesetze, die bestimmte Gruppen besonders schützen, weil alle Menschen vor dem Gesetz den gleichen Schutz geniessen.

Darauf wird wiederum eingewendet, die Tat sei verwerflicher, wenn sie durch Hass auf eine Minderheitengruppe motiviert sei und müsse daher härter bestraft werden. Liberale entgegnen mit der Frage, ob es besser wäre, wenn der Täter wahllos gegen irgendjemanden Gewalt anwenden würde. In einem liberalen Rechtsstaat sollte der Täter in beiden Fällen gleich hart bestraft werden, denn alles andere würde implizieren, dass einige Opfer schützenswerter sind als andere; dass einige Menschen mehr wert sind als andere, nur weil sie einer gewissen Gruppe angehören. Doch das widerspricht gerade den aufklärerischen Prinzipien, allen voran der Rechtsgleichheit und der universellen Anwendung der Menschenrechte.

Marktversagen

Für alle auftretenden Probleme wird heute der immer gleiche Sündenbock verantwortlich gemacht: Der Kapitalismus mit seinen freien Märkten. Diese Märkte würden im grossen Stil versagen, wenn man sie sich selbst überlassen würde, heisst es. Es kämen dabei nicht jene Ergebnisse heraus, die für die Menschen vorteilhaft seien. Solches Marktversagen gelte es deshalb durch staatliche Interventionen zu «korrigieren».

Ob die Behauptung, Märkte würden versagen, korrekt ist oder nicht, erkennt man, wenn man sich einmal verdeutlicht, was diese Märkte überhaupt sind. Ein freier Markt ist nichts weiter als die Gesamtheit aller Austauschhandlungen, die friedlich (d.h. niemand kommt dabei zu schaden) und freundlich (d.h. man stellt nicht nur sich selbst, sondern auch den Tauschpartner besser) ablaufen. Es handelt sich ausschliesslich um Tauschbeziehungen, die auf Freiwilligkeit basieren und folglich im Interesse aller Beteiligten sind. Ist Gewalt und Zwang im Spiel, so ist nicht von einem Markttausch zu sprechen, sondern von einem Verbrechen, das geahndet werden muss.

Wie bitte sollen nun friedliche und freundliche Tauschhandlungen im breiten Stil «versagen»? Licht ins Dunkel kommt, wenn wir uns vergegenwärtigen, was mit «versagen» überhaupt gemeint ist. Aus Sicht des Bewertenden «versagt» der freie Markt dann, wenn die Ergebnisse nicht so ausfallen, wie er sich das wünscht. Wenn also der Bewertende z.B. ein Anbieter von Solaranlagen ist oder Solarstrom besser findet als andere Energiequellen, so «versagen» aus seiner Sicht vielleicht dann die Märkte, wenn es Marktteilnehmer gibt, die aus was für Gründen auch immer eine Ölheizung bevorzugen. Doch dieses Urteil, wonach der Markt «versagt», ist rein subjektiver Natur und keine objektive Tatsache. Mit dem Vorwurf des «Marktversagens» und der Forderung nach staatlichen Verboten von Ölheizungen wollen die Ankläger vertuschen, dass sie in Wahrheit einen Machtanspruch erheben: Sie wollen anderen vorschreiben, wie diese zu leben haben. Das behauptete «Marktversagen» ist dann eine willkommene Rechtfertigung für deren Angriff auf ihre Mitbürger, die man unter Androhung oder Anwendung von Gewalt am liebsten zu einem anderen Verhalten nötigen möchte.

Ein «Marktversagen» wird auch gerne dort behauptet, wo angeblich ohne staatliche Gewaltandrohung «zu wenig» von einem angeblich «nützlichen» und «nachgefragten» Gut produziert würde (in der Ökonomie spricht man von sogenannten «meritorischen Gütern», wobei das keine exakte Wissenschaft ist, sondern einzig im Auge des Betrachters liegt). Der Staat müsse deshalb z.B. im Bereich des Gesundheitswesens, der Bildung, der Medien oder der Infrastruktur sicherstellen, dass das Angebot nicht zu knapp ausfalle. Doch auch hier stellt es eine Anmassung des Beurteilenden dar, objektiv festlegen zu wollen, welche Menge von einem Gut die richtige ist.

Wenn also z.B. Lehrer von Staatsschulen oder Journalisten von staatlich subventionierten Medien behaupten, ihre Löhne würden auf einem freien Markt zu tief ausfallen, so bezieht sich das «zu tief» lediglich auf ihre eigenen Präferenzen, nämlich nach einem möglichst guten Einkommen. Ausgeklammert wird die Gegenseite der Medaille: Nämlich die Tatsache, dass erzwungene höhere Saläre für Staatsangestellte ein grösseres finanzielles Loch im Portemonnaie der Steuerzahler hinterlassen.

Der staatlich unberührte Marktpreis bringt die individuelle Wertschätzung für ein spezifisches Gut oder eine spezifische Leistung zum Ausdruck. Menschen sind – einmal abgesehen davon, dass sie bestimmte Grundbedürfnisse befriedigen müssen um zu überleben – voneinander grundverschieden. Sie haben unterschiedliche Perspektiven auf die gleichen Dinge und bewerten die gleichen Dinge unterschiedlich. Im Englischen gibt es dafür eine schöne Bezeichnung:

«One man's trash is another man's treasure.» Die unterschiedliche Bewertung kommt von der unterschiedlichen Zielsetzung her. Was uns den eigenen Zielen näher bringt, bewerten wir höher als andere Dinge, die uns nicht gross weiterhelfen.

Wenn wir z.B. seit zwei Tagen durstig durch eine heisse Wüste irren und dann auf einen Getränkehändler treffen, sind wir vermutlich bereit, fast unser ganzes Vermögen herzugeben, um eine Wasserflasche zu kriegen. Denn diese bringt uns unserem Ziel, das eigene Überleben zu sichern, näher, als wenn wir sie nicht kaufen würden. Je näher wir dem Tod sind, desto mehr sind wir bereit, für die Wasserflasche zu bezahlen, weil wir unser Geld ja nicht ins Jenseits mitnehmen können. Auf der anderen Seite wird jemand, der nicht durstig ist und seinen Bedarf auf absehbare Zeit gut stillen kann, nicht dazu bereit sein, viel Geld für dieselbe Wasserflasche zu bezahlen. Der Wert eines Gutes liegt also nicht im Gut selbst (und auch nicht in der Arbeitszeit, die zur Herstellung des Gutes notwendig war, wie Marx behauptete), sondern in der subjektiven Wertschätzung von Individuen.

Der Marktpreis ist ein Aushandlungsergebnis von Angebot und Nachfrage. Wenn man sich preislich findet, so kommt es zum Austausch. Der Marktpreis ist also ein Ergebnis, mit welchem alle Vertragsparteien leben können – ansonsten hätten sie den Vertrag ja nicht freiwillig abgeschlossen. Wenn ein einziger Akteur eine Bewertung vornimmt hinsichtlich dessen, was er glaubt, seien die richtigen Prioritäten der Wirtschaft und die richtigen Mengen, die von einer Sache hergestellt werden sollten, so ist das *eine* Sache. Eine *andere* Sache ist, was im Aushandlungsprozess der Vielen herauskommt, in welchem nicht nur *ein* Urteil einfliesst, sondern die Urteile *aller* Beteiligten.

Wenn jemand behauptet, «der Markt» setze nicht die richtigen Prioritäten und stelle die Dinge in falscher Menge her, so ist das sein subjektives Urteil. Eine solche Perspektive ist letztlich eine egozentrische, weil sie von den eigenen Werten auf das grosse Ganze schliesst: «Ich – und nur ich – weiss, was der korrekte Produktionsschwerpunkt ist und in welcher Menge etwas hergestellt werden muss.» Den anderen wird dieses Wissen nicht zugetraut und – wenn man ein «Marktversagen» anführt – auch eine Stimme im Aushandlungsprozess verweigert. Vielmehr will man seine höchst subjektive Sicht der Dinge mit staatlicher Gewalt durchsetzen, was man dann euphemistisch «Korrektur des Marktversagens» nennt. Dabei lässt man auch gerne ausser Acht, welche ungewollten Nebenwirkungen entstehen, wenn der Staat versucht, mit seinem Machtwort das Gefüge zugunsten von jenen zu verschieben, die die Staatsgewalt direkt oder indirekt beeinflussen. Es entstehen z.B. Schwarzmärkte, auf denen in der Illegalität getauscht wird.

Ein freier Markt versagt nicht. Er bringt lediglich die unterschiedlichsten Bedürfnisse, Präferenzen und Ziele verschiedenster Individuen miteinander in Einklang. Es ist ein friedlicher Aushandlungsprozess zwischen Menschen mit verschiedensten Interessen.

Die Entstehung, resp. das vermehrte Tolerieren freier Märkte ist historisch für den Aufstieg der Lebensstandards in den letzten 200-300 Jahren nicht zu unterschätzen: Erstmals wurde es in breitem Stil möglich, seine Lebenssituation nicht dadurch zu verbessern, andere Menschen auszurauben und fremde Länder zu plündern, sondern indem man mit ihnen zu handeln begann. So gewinnen alle. Wenn man anderen dabei hilft, ihre Situation zu verbessern, (indem man diesen nützliche Produkte und Dienstleistungen anbietet, die diese benötigen), verbessert man seine eigene Lebenssituation (indem man dafür Geld erhält, das man wiederum für den Bezug von Waren und Dienstleistungen ausgeben kann, die man selbst wertschätzt). Die freie Marktwirtschaft verdient deshalb unsere Wertschätzung, nicht unsere Verachtung, weil ihr Beitrag für Frieden, Freiheit und Wohlstand nicht genügend betont werden kann.

Die guten alten Zeiten

«Früher war alles besser». Kein Satz bringt die Politik der Nostalgie besser auf den Punkt. Wer ihn äussert, kann sich die Zustimmung vieler sicher sein. Denn man zapft dabei ein Gefühl an, das bei den meisten von uns verankert ist: Das Gefühl der guten alten Zeiten. Doch selten liegen Gefühl und Realität so weit auseinander wie in diesem Fall.

31 Prozent der Briten, 41 Prozent der Amerikaner und 46 Prozent der Franzosen waren (vor der Corona-Krise) der Ansicht, dass das Leben in ihrem Land schlechter ist als vor 50 Jahren. Natürlich gibt es Dinge, die früher tatsächlich besser waren: Es gab vor einigen Jahrzehnten in Westeuropa noch nicht so viele Vorschriften wie heute. Die Steuersätze lagen wesentlich tiefer. Der Föderalismus war noch nicht ganz so stark vom Zentralismus bedroht wie aktuell, weshalb der Wettbewerb der Gebietskörperschaften zur Freude der Bürger noch viel ausgeprägter spielen konnte. Doch meistens wird dieses «Zurück zu den guten alten Zeiten» nicht von Freiheitsfreunden propagiert, sondern von Gegnern der Offenheit und des Fortschritts.

Besonders in Zeiten des schnellen Wandels ist es wahrscheinlich, dass sich die Menschen besonders nach der Vergangenheit sehnen. Der Romantizismus war eine breite Reaktion auf die Aufklärung, die Industrialisierung, die Verstädterung, die sich vertiefende Arbeitsteilung und die sich ausbreitende anonyme Grossgesellschaft. Verherrlicht wurden die Natur, das Heimatland und die Geschichte. «Dieses akute Bewusstsein der Tradition ist ein modernes Phänomen, das ein Wunsch nach dem Brauchtum und der Routine ausdrückt in einer Welt, die vom konstanten Wandel und der Innovation geprägt ist», schrieb Witold Rybczynski. Regierungen und Intellektuelle machten sich daran, nationale Identitäten zu konstruieren: Volkslieder wurden umgeschrieben, weil sie zuvor zu wenig patriotisch waren. Durch das staatliche Bildungssystem wurden ausserdem in vielen Ländern allen eine nationale Sprache aufgedrückt (im Heiligen Römischen Reich Deutscher Nation sprachen z.B. nur ein Viertel der Bevölkerung tatsächlich Deutsch). So mancher Machthungrige sah in diesen konstruierten nationalen Identitäten ein Instrument, um einen ideologischen Kollektivismus durchzusetzen: Denn die Idee einer gemeinsamen Geschichte und eines gemeinsamen Schicksals schweissen die Bevölkerung zusammen.

Die Vorstellung oder Einbildung, dass man als Kollektiv eine bestimmte Geschichte oder Erfahrung durchgemacht hat, kann natürlich verbindend wirken. Doch diese Tatsache oder Illusion kann auch von Politikern missbraucht werden, um persönliche Machtinteressen durchzusetzen. Man verspricht dann, an die (verloren gegangene) Grösse vergangener Tage anzuknüpfen und diese wiederherzustellen. Vermarktet werden solche Versprechen dann mit Sprüchen wie «Make America Great Again».

In seinem Podcast «Pessimists Archive» ging Jason Feifer angesichts des Slogans «Make America Great Again» der Frage nach, wann dann «die guten alten Zeiten» gewesen sein sollen, wann Amerika also «great» war. Die beliebteste Antwort, die er erhielt war: Die 1950er Jahre. Also fragte er Experten dieser Epoche, ob sie der Ansicht sind, ob dies «die gute alte Zeit» gewesen sei. Dem war nicht so: Die Bürger waren damals sehr besorgt. Besorgt über eine nukleare Eskalation im Kalten Krieg, über Rassenkonflikte und Unruhen in amerikanischen Städten, über die neuen Jugendkulturen und materialistischen, geistlosen und konsumorientierten Studenten. Amerikanische Soziologen warnten davor, dass der aufkommende Individualismus die Familien zerstören würde.

Einige antworteten, die «guten Jahre» seien die 1920er Jahre gewesen. Doch auch da war nicht alles rosig: Viele Menschen hatten damals Angst, wie sich der technologische Wandel auf die Gesundheit auswirken würde: Alles werde beschleunigt und wir seien ob der zu grossen Auswahl (z.B. an Radiosendern und Musikstücken) überfordert. Die steigende Anzahl Scheidungen führte zur Befürchtung, dass die amerikanische Familie bald nicht mehr existieren würde.

Viele denken jedoch noch weiter zurück, wenn sie von der «guten alten Zeit» reden. Sie haben dabei das Leben vor der industriellen Revolution im Sinne. Doch auch hier sind Zweifel angebracht: Rund die Hälfte der Menschen starb vor Vollendung des 15. Lebensjahrs. Mehr als jeder Vierte von jenen, die überlebten, hatte seinen Vater verloren, bevor er dieses Alter erreichten. Die meisten Familien mussten ihre Kinder wegschicken, um in anderen Haushalten als Dienstboten oder Auszubildende zu arbeiten. Johan Norberg bringt es in seinem Buch *Open* auf den Punkt:

> *«Wenn Sie glauben, dass wir heute besonders schwierige Probleme, ein schnelleres Lebenstempo, korrupte Herrscher und aufmüpfige Kinder haben, vertrauen Sie nicht auf Ihr Gefühl. Jede Generation glaubte dasselbe. Jede Generation hat ihre Mühen mit dem menschlichen Dasein und der Schwierigkeit von Beziehungen als ein Zeichen dafür gesehen, dass die Dinge seit einer vermeintlich harmonischen Zeit in der Vergangenheit schlimmer geworden sind.»*

Warum glauben denn aber viele, es sei einst alles besser gewesen? Als wichtiger Grund führt Norberg die Tatsache an, dass wir die früheren Probleme überlebt hätten. Sie erschienen uns in der Rückschau kleiner, weil wir sie überstanden hätten. Im Gegensatz dazu könnten wir uns aber nie sicher sein, ob wir auch die Probleme von heute und in der Zukunft lösen werden. Jede Generation steht vor dieser Herausforderung. Wir wissen heute zwar: Das Radio hat die Jugend nicht ruiniert. Aber wir können uns nicht sicher sein, ob dies nun das Smartphone schafft. Wir wissen, dass wir Polio und Pocken überstanden haben, doch wir können uns hinsichtlich heutiger Erreger nie sicher sein. Heute ist klar: Uns ist die nukleare Eskalation im Kalten Krieg erspart geblieben. Doch wer garantiert uns, dass dies auch heute und morgen noch der Fall sein wird?

Als weiteren Grund nennt Norberg die Verwechslung von persönlicher und historischer Nostalgie. Studien zeigten, dass viele meinten, die beste historische Zeit sei jene gewesen, in der sie zufälligerweise auch jung waren. Doch oftmals hat das nichts mit den historischen Gegebenheiten zu tun, sondern mit der einfachen Tatsache, dass das eigene Leben besonders aufregend ist, wenn wir noch jung sind. Wir sind noch unbeschwert, weil wir einerseits träumen und planen können, andererseits aber auch von unseren Eltern gestützt und finanziell unterstützt werden. Ständig wartet etwas Neues auf uns und wir erleben viele Dinge zum ersten Mal: der erste Schultag, das erste Konzert, der erste Kuss, usw. Die drückende Last der Eigenverantwortung setzt erst später im Leben ein. Wir haben plötzlich unseren eigenen Lebensunterhalt zu verdienen, unsere eigenen Kinder zu ernähren. Das kann anstrengend sein. Der Körper verfällt mit der Zeit, gesundheitliche Probleme kommen hinzu. Wie schön und unbekümmert war doch dagegen die gute alte Zeit.

Wir sollten uns davor hüten, Politikern zuzujubeln, die diese nostalgischen Gefühle in uns triggern und behaupten, heutige Schwierigkeiten liessen sich beheben, indem wir auf den richtigen Pfad zurückkehrten, von dem wir abgekommen seien. Weg also vom Kapitalismus, Individualismus, von der Selbstsucht und der Konsumgesellschaft. Vergessen wir nicht: Viele schreckliche Verbrechen in der Geschichte sind gerade auf dem Boden der Nostalgie erwachsen: Nicht zuletzt kam auch Adolf Hitler mit dem Versprechen an die Macht, Deutschland zu «alter Grösse» zurückzuführen.

XVI.
SCHMÄHBEGRIFFE

Leugner

Der unglaubliche Anstieg unserer Lebensstandards seit der industriellen Revolution ist historisch beispiellos. Die Produktion von Nahrungsmitteln wurde nicht zuletzt dank technologischen Fortschritten wie Düngemittel und Traktoren viel ergiebiger, sodass heute wesentlich mehr Menschen ernährt werden können als vor 200 Jahren. Die Hygienestandards und die Medizin haben sich massiv verbessert, sodass die Menschen heute länger leben. Unsere Arbeitsplätze haben sich zunehmend vom landwirtschaftlichen und industriellen Sektor hin zum Dienstleistungssektor verschoben, was ebenfalls auf neue Technologien zurückzuführen ist, dank welchen wir weniger lebensnotwendigem Komfort mehr Aufmerksamkeit schenken können. In unserem Alltag spielen technologische Gadgets eine immer grössere Rolle.

Dies alles liess unsere Begeisterung für Technologie und Wissenschaft ins Unermessliche steigen. Nicht mehr Gott weist uns den Weg zu einem guten Leben, sondern die Wissenschaft mit ihren beweisbaren Fakten.

Dieser unbändige Glaube an die Wissenschaft hat dazu geführt, dass bestimmte Hypothesen gar nicht mehr infrage gestellt werden (dürfen) und dass alle Aussagen, die von wissenschaftlichen Autoritäten geäussert werden, unkritisch geschluckt werden. Jene, die es dennoch wagen, die Thesen zu hinterfragen, werden dann mit allerlei wüsten Begriffen (wie z.B. «Wissenschaftsleugner») verleumdet – fast so wie die «Ketzer», die es einst wagten, die unhinterfragbaren Wahrheiten der Kirche anzuzweifeln. So wurden im Namen der Wissenschaft zunehmend Dogmen und Glaubenssätze installiert, die man als «Wissenschaftsgläubiger» unkritisch zu akzeptieren hat, wenn man nicht von den Massenmedien verleumdet werden will.

In unserem wissenschaftlich-technischen Zeitalter stellt sich die Frage, wie das Verhältnis von (politischer) Entscheidungsfindung und wissenschaftlicher Erkenntnis zu gestalten ist. Die Technokratisierung der Politik wird von vielen Meinungsmachern als unaufhaltsame Entwicklung dargestellt. Es werden mit Verweis auf Aussagen von Forschern und Studien Sachzwänge behauptet, die ein bestimmtes Eingreifen des Staates als «alternativlos» erscheinen lassen. Besonders augenscheinlich sind diese Tendenzen aktuell im Bereich der Gesundheitspolitik und der Klimapolitik.

Wer die behaupteten Sachzwänge bezweifelt, wird zunächst als «Wissenschaftsleugner» (und je nach Thema auch als «Coronaleugner» oder «Klimaleugner») abgestempelt und anschliessend aus der öffentlichen Debatte «gecancelt». Es sei solchen Kritikern abhandengekommen, etwas anzuerkennen, das nicht verhandelbar sei. Es gelte, das zu akzeptieren, was die Wissenschaft bewiesen habe.

Wer sich gegen diese Notwendigkeit stelle, handle verantwortungslos. Solchen «Leugnern» dürfe man keinesfalls auch noch eine Plattform bieten. Soziale Medien sind deshalb bestrebt, Beiträge, die sogenannten «wissenschaftlichen Befunden» widersprechen, umgehend zu löschen oder sie zumindest mit «Fake News»-Warnhinweisen zu diskreditieren. Und in vielen Massenmedien erscheinen Gegenthesen meist gar nicht erst – wohl aus Angst, selbst als «Wissenschaftsleugner» abgestempelt zu werden und damit als unseriös zu gelten.

Das Hinterfragen, Anzweifeln und Erheben von Widerspruch erscheint aus der Perspektive, wonach wissenschaftlich angeblich alles Relevante geklärt sei, nur als lästig. Es sei schlichtweg unnötig, weiter über etwas zu diskutieren, worüber bereits Klarheit herrsche. Unnötiger Zweifel stehe einer raschen Umsetzung des wissenschaftlich Empfohlenen nur im Weg, womit wertvolle Zeit verloren ginge. So wird beispielsweise unter Einforderung eines Klima- oder Gesundheitsnotstands gewarnt, es müsse *sofort* etwas unternommen werden, sonst sei es zu spät.

Doch wer oder was ist «die Wissenschaft» überhaupt? Wer entscheidet, welche der vielen Studien nun Gewicht im öffentlichen Diskurs erhalten, welche Fachdisziplinen für eine konkrete Fragestellung als relevant erachtet werden, welche Methode die geeignete ist? Wer wählt die sogenannten «Experten» aus, die Sachzwänge behaupten und der Politik angeblich «wissenschaftlich» begründete Handlungsanweisungen erteilen? Kann die Wissenschaft überhaupt verbindliche Vorgaben machen, wie die Politik oder der Einzelne auf bestimmte Phänomene reagieren *muss*? Das sind Fragen, die in der öffentlichen Debatte viel zu wenig diskutiert und beleuchtet werden – gerade auch, weil selbst solch kritisches Hinterfragen fälschlicherweise als «Leugnen» fehlgedeutet wird.

Die Instrumentalisierung der Wissenschaft für politische Zwecke ist eine Gefahr für liberale Gesellschaften. Der Einzelne soll mit Hinweis auf «wissenschaftliche Erkenntnisse» bis ins Kleinste kontrolliert und verwaltet werden, so als ob die Wissenschaft ein für alle Mal festlegen könnte, was als sakrosankt zu gelten hat und nicht mehr hinterfragt werden darf. Ein solches Verständnis hat mit der ursprünglichen Bedeutung von Wissenschaft nicht mehr viel zu tun: «Wissenschaft» wird so zu einer quasireligiösen Autorität erhoben, anstatt sie als eine unkorrumpierbare Methode und einen unbestechlichen Prozess zur Annäherung an die Wahrheit zu sehen. Die Verfechter eines derartigen Wissenschaftsverständnisses plädieren für den neuen Imperativ «Glaubt der Wissenschaft!» – ohne die Absurdität ihrer Forderung zu erkennen.

Der Philosoph Karl R. Popper (1902–1994) argumentierte, Wissenschaft setze gerade nicht unhinterfragbare Glaubenssätze, sondern Thesen voraus, die falsifiziert werden könnten. Wissenschaft basiert demnach auf einem Wettbewerb der Ideen und widerstreitenden Theorien, die sich bewähren müssen. Jeden als «Wissenschaftsleugner» zu bezeichnen, der die vorherrschenden «wissenschaftlichen Erkenntnisse» hinterfragt und nicht einfach unkritisch akzeptiert, ist also weder wissenschaftlich, noch mit dem Pluralismus einer offenen Gesellschaft vereinbar.

Vielmehr dient der Diffamierungsbegriff des «Leugners» dazu, unliebsame Stimmen, die der eigenen Weltanschauung widersprechen, mundtot zu machen. Der Begriff des «Leugners» der gerade auch aufgrund seiner ursprünglich einzigartigen Verwendung bei der Abstreitung oder eben «Leugnung» des Holocausts besonders emotional aufgeladen ist und die Beschuldigten als pietätlos erscheinen lässt, wird wohl gerade auch vor diesem Hintergrund bewusst gewählt, um Andersdenkende geistig in eine Ecke zu stellen, mit der diese nichts zu tun haben wollen.

Natürlich sollten Meinungen von Experten möglichst vorurteilsfrei angehört werden. Selbstverständlich sollten politische Entscheidungen wissenschaftliche Erkenntnisse miteinbeziehen. Dabei darf jedoch weder die Vielfalt der wissenschaftlichen Diskurse ausser Acht gelassen werden, noch darf man sich hinter vermeintlichen «Sachzwängen» verstecken.

Eine offene Gesellschaft zu verteidigen bedeutet, die vielfältigen Ansichten und Bedürfnisse friedlich miteinander in Einklang zu bringen. Voraussetzung dafür ist ein freier Diskurs, nicht eine moralisierende «Cancle Culture» auf der Basis von «Leugner»-Beschuldigungen, weil damit manipulativ eine Wahrheitshegemonie durchgesetzt und alle Andersdenkenden stigmatisiert werden. Sie sollen als «wissenschaftsfeindlich» diffamiert werden, damit man sich nicht mehr mit ihren Argumenten auseinanderzusetzen braucht. Dieser Diskurs besteht nicht nur aus den Beiträgen ausgewählter Spezialisten, sondern aus all den Argumenten, Haltungen und Einstellungen, aus denen sich eine öffentliche Meinung über Vermittlungsprozesse unabhängiger Medien bilden kann.

Verschwörungstheoretiker

Der Begriff «Verschwörungstheoretiker» wird heute meist abwertend gebraucht, um macht- und staatsskeptische Sichtweisen zu diskreditieren. Implizit oder explizit wird der «Verschwörungstheoretiker als Spinner dargestellt, der an Wahnvorstellungen leide und sich Dinge zusammenreime, die gar nicht existieren könnten. Wer etwa offizielle Regierungsverlautbarungen kritisch hinterfragt – z.B. im Bezug auf die Wirksamkeit der von Regierungen gekauften und gepushten Impfungen oder in Bezug auf die Darstellungen der Geschehnisse am 11. September 2001 in den USA – wird einfach pauschal als «Verschwörungstheoretiker» abgetan.

Diese Beschuldigung bezweckt, die Person, die die Skepsis vorträgt, zu diskreditieren und sie aus den öffentlichen Debatten auszuschliessen. Jeder, der sich anschliessend mit diesen Kritikern abgibt, diskutiert oder sogar nur eine ähnliche Meinung vertritt, wird durch die Kontaktschuld-Taktik («guilt by association») ebenfalls abgestraft – ganz nach dem Muster: Der ist unglaubwürdig, weil er Verbindungen zu «Verschwörungstheoretikern» pflegt oder dasselbe «Verschwörungsgedankengut» vertritt. Er wird also ebenfalls zu einer «persona non grata».

Das unrühmliche Etikett des «Verschwörungstheoretikers», das insbesondere von Massenmedien gezielt unliebsamen Kritikern von Regierungsmassnahmen angehängt wird, trägt deshalb ganz entscheidend zur Verengung der Debattenräume bei. Es wird damit ein Klima der Angst erzeugt, wobei man sich davor hüten muss, bei einem bestimmten Thema überhaupt noch eine Meinung zu äussern – vor allem, wenn man sich in einer einflussreichen Position befindet. Niemand möchte schliesslich in die Ecke der «Verschwörungstheoretiker» und damit der Spinner gestellt werden.

Doch was ist das überhaupt, eine Verschwörungstheorie? Welche «Tat» wird jenen vorgeworfen, die man zu diffamieren versucht? Gemäss Wikipedia versteht man unter einer «Verschwörungstheorie» im weitesten Sinne den Versuch, «einen Zustand, ein Ereignis oder eine Entwicklung durch eine Verschwörung zu erklären, also durch das zielgerichtete, konspirative Wirken einer meist kleinen Gruppe von Akteuren zu einem oftmals illegalen oder illegitimen Zweck.» Was ist daran nun so verwerflich, eine solche Theorie aufzustellen, wenn sie Hand und Fuss hat? Vermag eine solche Theorie – wie andere Theorien auch – unter Umständen nicht dazu beitragen, die Welt besser zu verstehen?

Natürlich gibt es bessere und schlechtere Verschwörungstheorien, genauso wie andere Theorien gut oder schlecht sind, die sich z.B. mit Faktoren befassen, die relevant gewesen sein könnten, um eine bestimmte historische Entwicklung zu erklären. Doch wer Verschwörungstheorien pauschal als Unsinn oder Spinnerei abtut, der geht davon aus, dass alle Ereignisse stets zufällig passieren und keine zielgerichteten oder nicht-öffentlichen Handlungen von Individuen oder Gruppen möglich sind. Mal ehrlich: Ist nicht eher derjenige ein Spinner und Realitätsverweigerer, der das ernsthaft glaubt? Warum sollte man solche Handlungen per Annahme ausschliessen?

Natürlich kann jemand – aus welchen Gründen auch immer – eine Verschwörungstheorie auch einfach böswillig erfinden und verbreiten, um gezielt Misstrauen gegenüber einer bestimmten Gruppe von Menschen zu wecken oder um Aufmerksamkeit zu erhaschen. Doch die Beschuldigten könnten solche Vorwürfe ja auch dementieren oder mit Fakten widerlegen, um damit ihre eigene Glaubwürdigkeit zu stärken. Doch solche aufrichtigen Versuche werden von den der Verschwörung bezichtigten Machthabern heute oftmals gar nicht mehr unternommen. Vielmehr greifen sie zum Vorwurf, dass es sich beim Kritiker einfach um einen «Verschwörungstheoretiker» handle, und meinen, damit sei die Sache gegessen. Doch dieses Nichteingehen und die entsprechende Debattenverweigerung führt gerade dazu, dass die (evtl. sogar falsche) Theorie Auftrieb erhält. Was diskussionslos unter den Teppich gewischt werden soll, erscheint erst recht als spannend und verdächtig.

So geschehen etwa im Fall der Terroranschläge vom 11. September 2001: Hier geistern unzählige Verschwörungstheorien herum, wovon einige offensichtlich Unfug sind, andere wiederum aber berechtigte Fragen aufwerfen. Zum Beispiel hat die US-Regierung bis heute nicht beantwortet, weshalb sie in ihrem offiziellen Bericht zu den Vorfällen den Einsturz von WTC7 in New York und seine Ursachen verschwieg. WTC7 ist ein Gebäude, das von den beiden Flugzeugeinschlägen nicht direkt betroffen war und durch den Zusammensturz der «Twin Tower» nur leicht beschädigt wurde. Dennoch fiel es – analog einer Sprengung – aalglatt in sich zusammen. Warum hier nicht einfach alle Fakten transparent auf den Tisch legen? Was hat man hier zu verschweigen? Irgendetwas muss es ja zum Verschweigen geben, sonst könnte man es ja thematisieren und würde nicht jeden als «Verschwörungstheoretiker» beschuldigen, der diese Fragen stellt.

Ein weiteres Beispiel ist das Verhalten der Regierungen während der Krankheitswelle «Corona». Hier wurden im Eilzugstempo Milliardenverträge mit Pharmafirmen abgeschlossen, um entsprechende Impfdosen zu beschaffen, die überhaupt nicht auf ihre Wirksamkeit und auf langfristige Nebenwirkungen geprüft wurden, was angesichts der im Nachhinein aufgetretenen massiven Übersterblichkeit und des enormen Geburtenrückgangs grosse Fragen aufwirft. So hatte Janine Small von Pfizer im Oktober 2022 in einem Hearing im EU-Parlament bestätigt, dass der Impfstoff nie darauf geprüft worden sei, ob er vor Ansteckungen schütze. Dies war den Regierungsvertretern offenbar bekannt, als sie zu brachialen Massnahmen wie dem Impfzwang oder dem Covid-Zertifikat gegriffen haben – und diese Massnahmen damit begründeten, dass die Impfung vor Ansteckungen schütze. Eine glatte Lüge. Doch alle, die damals schon auf diese Tatsachen aufmerksam gemacht hatten, wurden salopp als «Verschwörungstheoretiker» bezeichnet, womit eine entsprechende Debatte in den Massenmedien im Keim erstickt wurde und die Machthaber aus ihrer Verantwortung entlassen wurden.

Gerade solche Beispiele verdeutlichen, dass immer höchste Vorsicht und Aufmerksamkeit geboten sind, wenn zum Diffamierungsbegriff des «Verschwörungstheoretikers» gegriffen wird. Natürlich kann sich eine Verschwörungstheorie – wie jede andere Theorie auch – als falsch herausstellen. Doch kann der Vorwurf, jemand stelle Verschwörungstheorien auf, in einer offenen Gesellschaft ernsthaft dazu führen, dass die entsprechende Person pauschal aus den öffentlichen Debatten ausgeschlossen wird? Ein solcher Ausschluss dient doch letztlich niemandem ausser den Machthabern, die sich keine kritischen Fragen mehr gefallen lassen müssen.

Es wäre ja geradezu naiv zu meinen, es hätte in der Geschichte der Menschheit noch nie eine Verschwörung gegeben. Ganz im Gegenteil. Die Geschichte ist voll von solchen. Übrigens auch die Entstehungsgeschichte der Schweiz: Gemäss Befreiungstradition war das Rütli der geheime Treffpunkt der Verschwörer aus Uri, Schwyz und Unterwalden. Nach dem Tyrannenmord des Landvogtes Gessler durch Wilhelm Tell führten diese Verschwörer einen bewaffneten Aufstand gegen die tyrannischen Vögte der Habsburger aus. Der Schwur der Genossen zu gegenseitigem Beistand gilt als Begründung der Alten Eidgenossenschaft.

Gerade auch in Hinblick auf unsere Geschichte sollten wir also einen etwas entspannteren Umgang mit Verschwörungstheoretikern an den Tag legen und nicht auf diesen Trick der Mächtigen reinfallen. Wir sollten uns dafür einsetzen, dass keine Personen aufgrund ihrer Ansichten und Theorien aus der Debatte «gecancelt» werden, weil dies zum Nachteil aller wäre.

Egoist

Wann immer sich jemand für liberale Reformen stark macht und für weniger Zwangsumverteilung eintritt, so wird ihm rasch und laut entgegengeschleudert, er sei ein Egoist und würde sich «auf Kosten der Schwachen» bereichern wollen. Die «Egoismus»-Beschuldigung erweist sich als sehr effektiv, um jemanden zu diskreditieren, weil man bei einem «Egoisten» gemeinhin an einen kaltherzigen, rücksichtslosen und asozialen Menschen denkt, der ausschliesslich sein eigenes Wohl im Sinn hat. Ganz gewiss ist ein «Egoist» nicht am Wohl seiner Mitmenschen interessiert. Er ist daher das Gegenteil von «sozial».

Doch der Vorwurf lässt Entscheidendes ausser Acht. Erstens geht es denjenigen, die für liberale Reformen eintreten, nicht darum, andere zu schädigen oder zu schwächen. Vielmehr möchten sie erreichen, dass individuelle Abwehrrechte nicht nur für sich selbst, sondern für alle Menschen gleichermassen gestärkt wird, weil man der Überzeugung ist, dass dies ethisch geboten oder zu besseren Ergebnissen führt. Und die Empirie gibt ihnen recht, z.B. der *Index wirtschaftlicher Freiheit,* der Jahr für Jahr zum Schluss kommt, dass eine grössere wirtschaftliche Freiheit zu höheren Pro-Kopf-Einkommen für alle führt.

Wer für liberale Reformen eintritt, tut dies also nicht nur für sich selbst. Er tut auch allen anderen Menschen etwas Gutes – insbesondere «den Schwachen». Man könnte also mit Fug und Recht argumentieren, dass liberalen Reformern ein altruistisches Element anhaftet.

Paradox ist auch, dass im heutigen etatistischen Meinungsklima jeder als «Egoist» gebrandmarkt wird, der selbst über sein hart erarbeitetes Geld verfügen möchte, anstatt es sich vom Wohlfahrtsstaat wegnehmen zu lassen. Wer es jedoch auf das Geld der anderen abgesehen hat, ist natürlich kein Egoist, sondern kann sich damit brüsten, auf der Seite der «Gerechten» zu stehen.

Der Begriff des «Egoismus» ist heute sehr negativ geprägt. Dabei ist allerdings oftmals unklar, was damit eigentlich gemeint ist. Denn wie obiges Beispiel gezeigt hat, ist mitnichten immer ein «Egoist», wer auch als solcher bezeichnet wird. Vielmehr dient der Begriff dazu, jemanden moralisch als minderwertig dastehen zu lassen, obwohl der Beschuldigte oftmals gar keinen Anlass dazu liefert.

Es stellt sich die Frage, wie man den Begriff «Egoismus» sinnvollerweise verwenden kann, damit nicht alle irgendetwas anderes darunter verstehen und er nicht beliebig wird.

Die Schriftstellerin Ayn Rand vertritt in ihrem Buch *Die Tugend des Egoismus* die Auffassung, dass Egoismus per definitionem lediglich die Verfolgung eigener Interessen bedeute, woran nichts auszusetzen sei, solange diese Interessenverfolgung nach dem Nicht-Aggressions-Prinzip geschehe (solange man also gegen andere keine Gewalt initiiere). Vielmehr sei ein so verstandener Egoismus notwendig für das eigene Überleben: Wer seine eigenen Interessen nicht verfolge, wer also z.B. nicht genügend Güter erwirtschafte oder produziere, um seinen eigenen Konsumbedarf zu stillen, der sei schlichtweg der Gnade anderer oder dem Tod ausgeliefert, was keine nachhaltige Lebensweise sei.

Auch wenn diese Egoismus-Definition einleuchten mag, so erscheint es doch als hoffnungsloses Unterfangen, den stark negativ geprägten Begriff nun in einen positiven umzudeuten. Den Leuten zu erklären, Egoismus sei wichtig und gut, führt in den meisten Fällen zu starkem Widerspruch. Es wird z.B. entgegnet, dass dies gar nicht gemeint sei mit dem gemeinhin verwendeten Egoismus-Begriff. Vielmehr ginge es darum, dass jemand *nur* auf sich schaue, dabei rücksichtslos vorgehe und so anderen schade.

Daher kann es sinnvoll sein, die negative Konnotation des Begriffs gar nicht zu bestreiten oder in etwas Positives umkehren zu wollen. Vielmehr kann man auf den negativen Assoziationen aufbauen und die Frage stellen, wer denn genau sich nun rücksichtslos um sich selbst kümmere und dabei anderen schade, wer also tatsächlich egoistisch unterwegs sei und getadelt werden sollte.

Ist der Liberale wirklich ein Egoist, nur weil er verlangt, dass gegen ihn keine Gewalt angewendet werden soll, wenn er selbst keine Gewalt initiiert, und dass niemand ihm sein Eigentum streitig machen dürfe? An dieser Forderung ist zumindest nichts «Rücksichtsloses» zu erkennen. Ganz im Gegenteil. Er verlangt von seinen Mitmenschen kein aktives Tun, sondern lediglich jene Zurückhaltung, die für eine friedliche und prosperierende Gesellschaft nötig ist. Er verlangt Rücksicht und friedliches Handeln.

Rücksichtslos und schädigend verhalten sich nicht jene, die verlangen, dass das rechtmässige Eigentum geschützt werden müsse, sondern jene, welche Angriffe auf ihre Mitbürger gutheissen oder initiieren. Wer also illiberalen Parteien seine Stimme gibt oder in Volksabstimmungen gutheisst, dass seinen Mitbürgern ihre Besitztümer abgenommen werden, der ist – im wahrsten Sinne des Wortes – ein Egoist.

Wer anderen nicht Güter oder Leistungen anbietet, die diese ablehnen können, sondern ihnen ein Übel androht für den Fall, dass sie diese ablehnen, fügt anderen einen Schaden zu und verhält sich rücksichtslos. Er bezieht die Interessen seiner Mitmenschen nicht in die eigenen Handlungen mit ein, sondern verfolgt aggressiv und rücksichtslos seine eigenen Interessen und verletzt damit die Interessen anderer. Wer sich so verhält oder wer diese unethisch-kriminellen Handlungen aktiv befürwortet oder durch konkludentes Handeln implizit gutheisst, ist durch und durch ein Egoist.

Wenn also – um ein Beispiel zu nennen – bestimmte Gruppen den Staat auffordern, unter Androhung oder Anwendung von Busse und Haft für auserwählte Medien Zwangsgebühren einzutreiben, sind sie unmoralisch handelnde Egoisten. Journalisten, die für ein solches zwangsfinanziertes Medium arbeiten, heissen das egoistische Gebaren durch konkludentes Handeln mindestens implizit gut (sie beziehen ihren Lohn aus einem Geldtopf, der sich aus Enteignungsbeute speist) und können daher ebenfalls mit Fug und Recht zur Gattung der Egoisten gezählt werden.

Egoistisch ist es auch, wenn jemand auf Kosten der Gesellschaft lebt und selbst keinen Beitrag zum Wohle anderer leistet (völlige Arbeitsunfähigkeit ohne eigenes Verschulden sei hier selbstverständlich ausgeklammert). So schreibt etwa der Bestsellerautor Robert Greene: «Tatsächlich ist es der Gipfel des Egoismus, nur zu konsumieren, was andere schaffen und sich selbst in das Schneckenhaus begrenzter Ziele und sofortiger Vergnügen zurückzuziehen.» Wer mehr konsumiert als er selbst produziert – oder in anderen Worten: wer mehr Werte vernichtet, als er selbst schafft – der schadet seinen Mitmenschen.

Er verhält sich rücksichtslos, weil er sich zu sehr der Befriedigung seiner eigenen Bedürfnisse widmet und zu wenig der Befriedigung der Bedürfnisse seiner Mitmenschen. Es ist folglich ironisch, wenn Staatsangestellte, Sozialhilfebezüger oder Funktionäre (die auf Kosten anderer leben – nämlich auf Kosten der Steuerzahler) rechtschaffenen Unternehmern, die im freien Markt nachweislich Werte geschaffen haben, Egoismus unterstellen, wenn diese sich z.B. ein ihnen zustehendes Gehalt auszahlen. Man sollte ihre Verwirrtheit argumentativ postwendend auflösen und die rhetorische Frage nach dem wahren Egoisten aufwerfen.

Sozialdarwinist

Befürworter der freien Marktwirtschaft werden von Marktwirtschaftsgegnern immer mal wieder als «Sozialdarwinisten» bezeichnet, um sie moralisch herabzusetzen. Liberale werden beschuldigt, sie würden eine Ordnung gutheissen, in der die Schwachen schutzlos den Starken ausgeliefert seien.

Diese Vorwürfe stammen daher, dass sich Marktwirtschafts-Befürworter, die vom einwandfreien Charakter eines freien Marktes und dessen nutzenstiftender Wirkung überzeugt sind, gegen jegliche gewaltinitiierenden Staatsinterventionen (eben auch gegen sozialstaatliche Zwangsumverteilung) zur Wehr setzen. Eine solche liberale Haltung wird dahingehend fehlgedeutet, dass es dabei darum ginge, die Schwachen zu schädigen und den Starken den Rücken zu stärken. Doch das ist entweder ein grosses Missverständnis oder aber eine böswillige Unterstellung, um bestehende Machtverhältnisse aufrechtzuerhalten, in denen ja gerade Starke (das Gewaltmonopol kontrollierende) über Schwache (nicht über das Gewaltmonopol Verfügende) dominieren.

Eine freie Marktwirtschaft hat nichts mit einer regellosen Gesellschaft zu tun, in welcher die Schwachen den Starken einfach ausgeliefert wären und sich alles gefallen lassen müssten. Der politische Philosoph Murray N. Rothbard (1926–1995) brachte dies treffend auf den Punkt:

> *«Der Markt ist in der Tat genau das diametrale Gegenteil der ‹Dschungel›-Gesellschaft [sozialdarwinistischen Gesellschaft]. Der Dschungel ist gekennzeichnet durch einen Krieg aller gegen alle. Einer gewinnt nur auf Kosten eines anderen, indem er dessen Eigentum beschlagnahmt. […] Auf dem freien Markt hingegen gewinnt man nur, indem man einem anderen dient.»*

Der allergrösste Teil ihrer Geschichte lebte die Menschheit in Gesellschaftsformen, die der von Rothbard beschriebenen Dschungel-Gesellschaft sehr nahe kamen. Die meisten Menschen lebten in überschaubaren Gruppen zusammen, in sogenannten Stammesgesellschaften, die grösser waren als Familien, jedoch kleiner als unsere heutige anonyme Grossgesellschaft. Diese Stämme waren oftmals untereinander verfeindet, auch weil sie vom sogenannten Nullsummenglauben beseelt waren, wonach ein Stamm sich nur auf Kosten eines anderen Stammes besserstellen könne. Doch das war der vielleicht grösste Irrtum in der Geschichte, welcher die Menschheit in Armut gefangen gehalten hat.

Diejenigen, die erkannt hatten, dass man von anderen Stämmen lernen und mit ihnen kooperieren konnte und sich so alle Beteiligten besserstellten, haben den vielleicht wichtigsten Stein des Fortschritts ins Rollen gebracht. Die elementare Arbeitsteilung konnte sich dadurch ausbreiten, wo sie vorher durch Stammesgrenzen limitiert war.

Während der eine Stamm vielleicht besonders gut darin war, robuste Speere herzustellen, war ein anderer Stamm besonders gut in der Herstellung von Steinschleudern. So konzentrierte sich in der Herstellung jeder darauf, was er besonders gut konnte. Anschliessend wurde zum beidseitigen Vorteil getauscht. Letztlich haben jene Stämme, die für die Zusammenarbeit mit anderen offen waren, die Vorteile der eigenen Gruppe mit den Stärken anderer Gruppen kombiniert und konnten dadurch ihre Position stärken.

Wer über die raffiniertesten Technologien verfügte, konnte sich am besten gegen Aggressoren verteidigen oder eben auch andere Stämme unterwerfen. Dieser Prozess könnte tatsächlich, in Anlehnung an die Evolutionstheorie, als ein Überleben der Angepasstesten bezeichnet werden. Wer sich neuen Technologien wie z.B. dem Feuermachen verweigerte, wurde von jenen verdrängt, die dem Feuermachen gegenüber aufgeschlossen waren und die Technologie nutzten (sich also an die neuen Gegebenheiten anpassten).

Kriegerische Auseinandersetzungen haben nichts mit Arbeitsteilung und der Marktwirtschaft zu tun. Im Gegenteil. Die Marktwirtschaft hat aufgrund ihres immer intensiveren Austauschs und der steigenden Abhängigkeit zwischen Wirtschaftsräumen dafür gesorgt, dass Angriffskriege zunehmend kostspieliger wurden und heute weniger Kriege geführt werden als früher. Die internationale Arbeitsteilung ist jedoch fragil und Rückschritte sind nicht ausgeschlossen, wie wir in den letzten Jahren beobachten konnten. Doch solche wirtschaftlichen Entkoppelungstendenzen bleiben jeweils nicht ohne Konsequenzen. Frédéric Bastiat (1801–1850) warnte jedenfalls: «Wenn Waren nicht Grenzen überqueren, werden es Soldaten tun.»

Kriegerische Auseinandersetzungen sind also nicht Ausfluss der Marktwirtschaft, sondern von politischer Macht. Heute geht es meistens um Machtansprüche politischer Führer, wenn ein Krieg vom Zaun gebrochen wird. Es geht z.B. darum, sich günstige Energievorkommen zu sichern, damit die eigene Wirtschaft floriert und so die Besteuerungsbasis wächst. Von dieser Besteuerungsbasis hängt ab, wie gross der Militäretat ausfallen kann, wie viele schwere Waffen sich die Staatsakteure beschaffen können, um konkurrierende Länder in Schach zu halten.

Den Grossmächten geht es darum, möglichst viele Vasallenstaaten auf der Welt unter ihre Kontrolle zu bekommen, um diese Länder nach ihren Wünschen zu gestalten, sodass dort die eigenen Machtinteressen durchgesetzt werden können (z.B. Übernahme von Regulierungen, die der Grossmacht dienen, wie etwa ein automatischer Informationsaustausch von Finanzdaten, um die Ausbeutung der Besteuerten zu erleichtern). Auch hier geht es also um Macht.

Es sind folglich die Staatsakteure (und alle, die diese für ihre Zwecke einspannen), die ein sozialdarwinistisches

Spiel spielen, in dem der eine auf Kosten der anderen gewinnt und die Schwachen schutzlos den Starken ausgesetzt sind.

Mit Marktwirtschaft hat das herzlich wenig zu tun, weil es dort eben darum geht, Angebote zu machen, die im Interesse aller Beteiligten sind. Es geht darum, sich besserzustellen, indem man auch die anderen besserstellt. Und dieses Spiel funktioniert einwandfrei nur mit der Regel des geschützten Privateigentums aller Menschen (wobei hier das Eigentum am eigenen Körper miteingeschlossen ist).

Dadurch ist sichergestellt, dass die Starken den Schwachen nichts anhaben können. Sie mögen zwar je nach Disziplin die Nase im Wettbewerb vorne haben, doch das ist angesichts der menschlichen Unterschiede völlig normal und auch nichts Verwerfliches: Denn unterschiedliche Menschen sind in unterschiedlichen Disziplinen stark. Niemand ist in sämtlichen Disziplinen allen anderen überlegen. Und es gibt unzählige Nischen, in denen man sich positionieren kann.

Die Herausforderung besteht darin, unsere Talente und Fähigkeiten zu entdecken und zu entwickeln, damit wir anderen Menschen dienen können. Wir wollen mit einem Zitat von Murray Rothbard schliessen, der den «Sozialdarwinismus»-Vorwurf der Etatisten als Bumerang entlarvt:

> *«Es ist gerade der Etatismus, der die Herrschaft des Dschungels zurückbringt – er bringt Konflikt, Disharmonie, Kastenkampf [Klassenkampf], Betrug und den Krieg aller gegen alle sowie die allgemeine Armut zurück. […] Es ist der Markt – die Vertragsgesellschaft, […] der die Natur bändigt und den Dschungel überwindet, der es den Schwachen erlaubt, produktiv zu leben oder von aus der Produktion entnommenen Zuwendungen – ein wahrhaft majestätisches Leben. […] Darüber hinaus ermöglicht der Markt, indem er den Lebensstandard erhöht, dem Menschen die Musse, um genau jene Eigenschaften einer Zivilisation zu kultivieren, die ihn von Bestien unterscheidet.»*

Der Autor

Olivier Kessler

Olivier Kessler ist Ökonom, Publizist und Direktor des Liberalen Instituts. Zuvor war er für mehrere Public-Affairs-, Medien- und Finanzunternehmen tätig. Kessler hat an der Universität St. Gallen International Affairs & Governance studiert. Er ist Stiftungsrat der *Free Cities Foundation* und Mitglied der *Friedrich August von Hayek Gesellschaft*. Als Präsident des Vereins zur Abschaffung der Medienzwangsgebühren leitete er die Kampagne der liberalen «No-Billag-Initiative».

Er veröffentlichte Beiträge unter anderem in der *Neuen Zürcher Zeitung, Finanz und Wirtschaft, Weltwoche, Basler Zeitung, Epoch Times, Jungen Freiheit, Umweltzeitung,* im *Tages-Anzeiger,* in *CH-Media*-Publikationen, auf *Finews,* auf der *Achse des Guten,* im *Schweizer Monat, Anleger Plus Magazin,* in *Le Temps, Die Freien, Eigentümlich frei* und beim *Ludwig von Mises Institut.*

Kessler ist Co-Autor des Buches *64 Klischees der Politik: Klarsicht ohne rosarote Brille* (2020) sowie Autor und Mitherausgeber unter anderem der Bücher *Wissenschaft und Politik: Zuverlässige oder unheilige Allianz?* (2022), *Verlockung der Macht: Die Kunst, die offene Gesellschaft zu verteidigen* (2022), *Liberalismus 2.0: Wie neue Technologien der Freiheit Auftrieb verleihen* (2021), *Null-Risiko-Gesellschaft: Zwischen Sicherheitswahn und Kurzsichtigkeit* (2021), *Mutter Natur und Vater Staat: Freiheitliche Wege aus der Beziehungskrise* (2020), *Explosive Geldpolitik: Wie Zentralbanken wiederkehrende Krisen verursachen* (2019), *Zu teuer: Warum wir für unser Gesundheitswesen zu viel bezahlen* (2019) und *Staatliche Regulierung: Wie viel und überhaupt?* (2018).

Das Liberale Institut

Das 1979 gegründete Liberale Institut verfolgt das Ziel der Erforschung freiheitlicher Ideen. Das Institut fördert die Schweizer Tradition und Kultur individueller Freiheit, des Friedens und der politischen Vielfalt und setzt sich für die Weiterentwicklung der liberalen Geistestradition ein. Privatautonomie auf der Basis von Eigentum und Vertrag und der freie Austausch von Ideen und materiellen Gütern auf offenen Märkten in einer dezentralen Ordnung stehen dabei im Mittelpunkt.

Als unabhängige, privat finanzierte Stiftung befasst sich das Liberale Institut mit den grundlegenden Fragen der Gegenwart und Zukunft und bereichert damit die öffentliche Debatte mit zivilgesellschaftlichen und marktwirtschaftlichen Perspektiven.

Edition Liberales Institut ist die Buchverlagsaktivität des Liberalen Instituts. Zuletzt erschienen hier die Bücher

- *Wissenschaft und Politik: Zuverlässige oder unheilige Allianz?* (2022)
- *Verlockung der Macht: Die Kunst, die offene Gesellschaft zu verteidigen* (2022)
- *Liberalismus 2.0: Wie neue Technologien der Freiheit Auftrieb verleihen* (2021)
- *Null-Risiko-Gesellschaft: Zwischen Sicherheitswahn und Kurzsichtigkeit* (2021)
- *Mutter Natur und Vater Staat: Freiheitliche Wege aus der Beziehungskrise* (2020)

Liberales Institut
Hochstrasse 38
8044 Zürich, Schweiz
www.libinst.ch
institut@libinst.ch